SEIS ELEFANTES CEGOS

VOLUME 1

Princípios fundamentais de abrangência e categoria
na programação neurolingüística

Dados Internacionais de Catalogação na Publicação (CIP)
(Câmara Brasileira do Livro, SP, Brasil)

Andreas, Steve
    Seis elefantes cegos, volume 1 : princípios fundamentais de abran-
gência e categoria na programação neurolinguística / Steve Andreas /
[tradução Denise Bolanho]. — São Paulo : Summus, 2008.

    Título original: Slix blind elephants: understanding ourselves and
each other volume 1: fundamental principles of scope and category.
    Bibliografia.
    ISBN 978-85-323-0350-9

    1. Programação neurolinguística I. Título.
II. Título: Princípios fundamentais de abrangência e categoria na programação neurolinguística.

08-06911   CDD-158.1

            Índice para catálogo sistemático:
    1. Programação neurolinguística: Psicologia aplicada 158.1

STEVE ANDREAS

SEIS ELEFANTES CEGOS

VOLUME 1

Princípios fundamentais de abrangência e categoria
na programação neurolingüística

summus
editorial

Do original em língua inglesa
SIX BLIND ELEPHANTS: Understanding ourselves and each other
Volume 1 - Fundamental principles of scope and category
Copyright ©2006 by Real People Press
Direitos desta tradução reservados por Summus Editorial

Editora executiva: **Soraia Bini Cury**
Assistentes editoriais: **Bibiana Leme e Martha Lopes**
Tradução: **Denise Bolanho**
Capa e Projeto gráfico: **Daniel Rampazzo/Casa de Idéias**
Diagramação: **Jordana Chaves/Casa de Idéias**

Summus Editorial
Departamento editorial:
Rua Itapicuru, 613 – 7º andar
05006-000 – São Paulo – SP
Fone: (11) 3872-3322
Fax: (11) 3872-7476
http://www.summus.com.br
e-mail: summus@summus.com.br

Atendimento ao consumidor:
Summus Editorial
Fone: (11) 3865-9890

Vendas por atacado:
Fone: (11) 3873-8638
Fax: (11) 3873-7085
e-mail: vendas@summus.com.br

Impresso no Brasil

Seis elefantes cegos

Estavam discutindo como eram os homens sábios (sem jamais ter visto um).

Não conseguindo chegar a um acordo, decidiram encontrar um e descobrir como ele era pela experiência direta.

O primeiro elefante cego tocou o homem sábio e declarou: "Os homens sábios são achatados".

Depois de tocar o homem sábio, os outros elefantes cegos concordaram.

"AQUILO QUE OBSERVAMOS NÃO É A NATUREZA EM SI MESMA, MAS A NATUREZA EXPOSTA AO NOSSO MÉTODO DE QUESTIONAMENTO."
WERNER HEISENBERG

"NEM VERDADE, NEM CERTEZA. ESSAS COISAS EU PREVI EM MEU NOVICIADO, POIS OS JOVENS DESTINADOS À ORDENAÇÃO DEVEM RENUNCIAR AO MUNDO.
'SE... ENTÃO...' APENAS ISSO EU DECLARO:
E OS MEUS SUCESSOS SÃO APENAS ATRAENTES CORRENTES UNINDO DÚVIDAS DUPLAS, POIS É INÚTIL PERGUNTAR SE AQUILO QUE EU PRESUMO É JUSTIFICADO, OU SE AQUILO QUE EU CONFIRMO POSSUI O TRAÇO DA REALIDADE.

MESMO ASSIM AS PONTES CONTINUAM EM PÉ E OS HOMENS NÃO ENGATINHAM MAIS EM DUAS DIMENSÕES. E ESSES TRIUNFOS RESULTAM EM GRANDE PARTE DO PODER QUE ESSE JOGO, JOGADO COM AS SOMBRAS TRÊS VEZES ATENUADAS DAS COISAS, TEM SOBRE OS SEUS ORIGINAIS. QUÃO FRÁGIL A VARINHA DE CONDÃO, MAS QUÃO PROFUNDO O ENCANTAMENTO!"

CLARENCE R. WYLIE JR., MATEMÁTICO (WEAVER, 1960)

"NENHUM DE NÓS É TÃO BRILHANTE QUANTO TODOS NÓS."
PROVÉRBIO JAPONÊS

Agradecimentos

"Centenas de vezes todos os dias, lembro a mim mesmo que minha vida interior e exterior depende dos esforços de outras pessoas, vivas e mortas, e que eu preciso me esforçar para devolver na mesma proporção em que recebi e ainda estou recebendo."
Albert Einstein

Charles Faulkner ajudou demais no desenvolvimento de muitas das compreensões incluídas neste livro no papel de colega de discussões durante os últimos vinte anos, apresentando comigo uma "pesquisa" inicial em que muitos dos conceitos fundamentais apresentados aqui foram, em primeiro lugar, explorados e desenvolvidos. Ele também sugeriu e acompanhou o processo de leituras relacionadas como editor e crítico dos rascunhos do manuscrito até a prova final. Em diversas ocasiões, ele apontou erros que me teriam feito parecer um perfeito idiota. Sem o seu constante estímulo, apoio e valiosas sugestões, este livro ainda poderia ser "fumaça", existindo apenas no mundo diáfano do "possível, mas ainda não".

Richard Bandler e *John Grinder*, os criadores da programação neurolingüística, ensinaram-me muitas das distinções e métodos para modelar e compreender o pensamento e o comportamento das pessoas – utilizados por mim nos últimos 28 anos –, bem como no desenvolvimento do material deste livro.

Wilson Van Dusen, o único místico com o qual desejei passar meu tempo, cujo exemplo vivo durante cerca de quarenta anos me ensinou muito sobre aceitação e sobre como entrar gentilmente na experiência de outra pessoa com curiosidade, buscando a compreensão não influenciada por qualquer ordem do dia ou objetivos pessoais.

Bruce Horn, um dos *designers* do primeiro computador Macintosh, colega e amigo há muitos anos, ofereceu diversas sugestões e me deu a certeza de que aquilo em que eu pensava estava de acordo com seu amplo e profundo conhecimento de matemática, computação e programação.

Jay Haley e *Paul Watzlawick* me proporcionaram uma ampla variedade de idéias e exemplos em seus muitos livros e *workshops* realizados durante mais de quarenta anos. Grande parte deste livro baseia-se em seu trabalho: algumas vezes ele o desenvolveu um pouco mais e outras vezes modificou alguns trechos.

George Lakoff, cuja maravilhosa obra *Women, fire and dangerous things: what categories reveal about the mind* só descobri quando o primeiro rascunho deste livro estava quase completo. Como resultado, aprofundei e ampliei minha compreensão de categorias e tive de reescrever e ampliar diversas seções do original. Meu foco principal é a utilização prática da categorização (e da recategorização) na solução de problemas, e não os detalhes refinados de Lakoff sobre como a linguagem revela o uso que fazemos das categorias. Também tenho um ponto de partida diferente: os processos que podem ser utilizados na terapia e na mudança pessoal em lugar da lingüística acadêmica. Acredito que este livro seja compatível com a obra de Lakoff, complementando-a. Se em qualquer momento parecer que o estou contradizendo, por favor, suponha que ele esteja certo e que eu não o compreendi ou não me expressei bem.

Finalmente, meus agradecimentos vão para muitos outros colegas e amigos que dedicaram seu tempo a ler o manuscrito e oferecer formas para melhorar o conteúdo e a apresentação. Agradeço especialmente aos participantes dos meus seminários de treinamento nos últimos 28 anos, pelas perguntas, comentários, desafios, exemplos e tantas outras contribuições ao meu aprendizado. Suas diversas respostas me estimularam a fazer distinções melhores e a desenvolver maneiras para compreendê-las, organizá-las e apresentá-las. Vocês sabem quem são.

Muito obrigado a todos.

Sumário

Introdução

Como uma esposa salta da experiência de ver os ovos do café-da-manhã cozidos demais para a conclusão: "Eu preciso me divorciar!"? Como um marido, ao notar o silêncio da esposa, decide que "casou com a mulher errada"?

Todos nós, *o tempo todo*, prestamos atenção a uma *abrangência* limitada de experiência e então a *categorizamos* para criar significado e compreensão. Em geral, esse processo inconsciente e automático funciona muito bem. Mas em outros momentos e locais, ele também pode nos conduzir a armadilhas muito desagradáveis, confusas e algumas vezes devastadoras. Meu principal propósito ao escrever este livro foi compreender como fazemos isso e como podemos usar essa compreensão para modificar a abrangência da atenção e/ou recategorizá-la de maneira mais eficaz.

Por exemplo, a esposa, começando com a experiência de "ovos cozidos demais", pode ter categorizado o marido como "desatencioso" e lembrado de todas as outras vezes em que ele não fez o que ela queria, decidindo então que ele "não a ama" e vendo o divórcio como a única escolha. No entanto, se ela prestasse mais atenção ao marido enquanto ele cozinhava os ovos, poderia ter notado que ele esqueceu dos ovos porque estava ao telefone planejando cuidadosamente alguns eventos importantes para as crianças.

O marido, notando o silêncio da esposa, pode tê-lo categorizado como "indiferença", lembrando da atenção de antigas namoradas e decidindo que "casou com a mulher errada". Se prestasse mais atenção, poderia ter percebido que ela estava muito cansada depois de um longo dia de trabalho e que precisava de um pouco de "tempo sozinha" antes de lhe dar atenção.

Ao compreendermos de que maneira lidamos inconscientemente com uma *abrangência* de experiência, *categorizando-a* de imediato e respondendo ao *significado* dessa categorização, abrimos um mundo de escolhas e opções alternativas. Quando não gostamos do significado de um evento, podemos mudar a abrangência e/ou categoria com a qual estamos lidando a fim de mudar seu significado.

Abrangência e categoria interagem de diversas maneiras. Uma mudança na abrangência costuma modificar nossa maneira de categorizar uma experiência. Enquanto escrevia essas palavras, minha esposa me pediu um *post-it* para colocar em uma carta. Dei-lhe o cor-de-rosa, e ela me disse que queria um *amarelo*. Categorizei essa atitude como "exigente" e irracional, pensando que o *post-it* cor-de-rosa com certeza também serviria, e fiquei irritado ao procurar o amarelo. Então, vi que a carta estava escrita em um papel cor-de-rosa brilhante; um *post-it* da mesma cor ficaria quase invisível, logo seu pedido era bastante razoável. Uma abrangência mais ampla modificou minha maneira de categorizar seu pedido, o conseqüente significado que lhe dei e minha resposta.

Uma categoria também pode ser subdividida em categorias mais *específicas* ou combinada a outras, formando categorias mais *gerais*, criando "níveis lógicos" de pensamento. Com freqüência, escalamos rapidamente essa escada de níveis, chegando a uma categorização inútil.

Por exemplo, talvez você lembre de um momento em que estava fazendo alguma coisa muito bem e então percebeu que era observado. Provavelmente, sua habilidade para executar aquela atividade diminuiu à medida que você foi ficando constrangido, recategorizando o que estava fazendo como uma espécie de "desempenho" ou "avaliação". Nesse caso, uma abrangência mais ampla criou um problema em vez de uma solução.

Se você examinar uma discussão recente com sua esposa ou com alguém especial e depois pensar em *todas* as outras experiências positivas que teve com a pessoa, esse grupo de variedades mais amplas automaticamente mudará seus sentimentos e facilitará uma comunicação razoável com relação às suas diferenças.

A categorização *sempre* altera a abrangência da experiência. A categoria "*todas* as outras experiências positivas que você teve com essa pessoa" trouxe várias outras imagens à mente, colocando a discussão em uma "perspectiva" muito mais ampla de um grupo de outras variedades.

Se alguém lhe disser "essa é uma maneira interessante de fazer isso" e você categorizar essa afirmação como "crítica", a tendência será sentir-se mal e então pensar em outras experiências desagradáveis nessa categoria, sentindo-se ainda pior. Mas se categorizar a afirmação como um "elogio", ficará satisfeito e então pensará nela no contexto de outros elogios, ficando ainda mais satisfeito.

Essas muitas interações entre abrangência e categoria podem às vezes dificultar a descoberta dos diferentes passos seqüenciais naquilo que costuma ser um processo inconsciente muito rápido. O resultado, porém, vale a pena – uma enorme diminuição na frustração, impotência e aborrecimento e um correspondente aumento na liberdade, escolha e satisfação.

Compreender *como* compreendemos as coisas e os eventos ao nosso redor é uma das tarefas mais difíceis de se realizarem, pois precisamos usar o processo de compreensão para entender o processo – mais ou menos como usar um microscópio para examiná-lo. As limitações e preconceitos na maneira de pensar podem facilmente nos impedir de enxergar essas mesmas limitações.

Toda descrição verbal é tão linear e seqüencial quanto as palavras nesta página. Mas os eventos no mundo real e na mente são apenas *parcialmente* seqüenciais; muitos são *simultâneos*. É impossível descrever eventos *simultâneos* usando uma *seqüência* de palavras. Enquanto descrevo um ou mais aspectos de como criamos significado e compreensão na vida, em geral preciso ignorar temporariamente outros aspectos que estão acontecendo ao mesmo tempo. Assim, se de vez em quando você pensar: "Espere um pouco, e o que dizer sobre ...?", um pouco de paciência pode me dar a oportunidade para responder à sua preocupação.

Devido a todos esses fatores complexos, preciso começar com algumas distinções, definições e exemplos relativamente simples e então reuni-los em uma base para descrever os mais complexos, bem como suas aplicações práticas.

Se os primeiros capítulos algumas vezes parecerem um pouco difíceis e irrelevantes no que se refere à compreensão dos problemas da vida, um pouco de paciência será recompensada com muitas aplicações práticas bastante úteis. Você pode ler os capítulos 12 e 13 sobre recategorização para ter uma idéia de algumas delas ou tentar os Exercícios de perspectiva de abrangência categórica agregada na página 212.

Como os primeiros capítulos formam a base para a compreensão do que vem a seguir, sua leitura tornará muito mais fácil o aproveitamento dos capítulos restantes, cuja maioria pode ser lida em qualquer ordem. Contudo, se você gosta de ler algumas partes sem se preocupar com uma seqüência específica, a leitura rápida dos capítulos posteriores pode levá-lo a descobrir a utilidade do que se encontra adiante, antes de retornar aos capítulos iniciais. Cada capítulo apresenta um resumo no final, e essa é outra maneira de conhecer antecipadamente a variedade dos temas inclusos.

Este livro aborda diferentes aspectos da experiência e oferece novas maneiras de pensar nela, organizá-la, esclarecê-la, ampliá-la, apresentando mais escolhas para que se possa modificá-la quando for adequado. Mas, no final das contas, *as respostas estarão na sua experiência, na exploração e na descoberta de como funciona a sua mente.*

Abrangência e *categoria* são processos fundamentais subjacentes a *toda* experiência humana – desde as confusões e satisfações comuns até as experiências divinas descritas por alguns místicos e mestres espirituais. Eles proporcionam uma maneira para unificar, organizar e reexaminar *todos* os métodos e compreensões úteis desenvolvidos no campo da psicoterapia e do desenvolvimento pessoal. Também podem ser utilizados para identificar claramente por que algumas abordagens são becos "sem saída" que não levam a lugar nenhum – ou coisa pior.

Como um menininho com um martelo novo, tenho procurado alegremente em todos os lugares para descobrir o que mais posso martelar com essas novas ferramentas, encontrando aplicações cada vez mais úteis. Muitas seções deste livro passaram por importantes revisões, algumas vezes porque reconheci meus erros, mas com maior freqüência porque outras pessoas os mostraram. Provavelmente, ainda há erros que não encontramos e espero outras correções e acréscimos na busca contínua de compreensões úteis. Se por vezes aquilo que escrevi parecer obscuro, por favor, considere o pedido de Warren S. McCulloch: "Não morda meu dedo, olhe para onde estou apontando".

STEVE ANDREAS
JANEIRO DE 2006

"EU NASCI SEM SABER,
E TIVE POUCO TEMPO PARA MUDAR ISSO AQUI E ALI."
RICHARD P. FEYNMAN

"A MENTE DO HOMEM, UMA VEZ AMPLIADA POR UMA NOVA IDÉIA,
JAMAIS RECUPERA SUAS DIMENSÕES ORIGINAIS."
OLIVER WENDELL HOLMES

Abrangência perceptiva
Estruturando

Quando falo de "experiência baseada nos sentidos", refiro-me à experiência perceptiva que chega a nós por meio dos sentidos, antes de ser categorizada em "coisas", "eventos" etc. A maioria das pessoas não percebe como é raro vivenciar uma experiência crua baseada nos sentidos, antes de ela ser "cozida" – identificada e colocada em alguma categoria. Aquilo que a maior parte das pessoas considera experiência baseada nos sentidos possui apenas um fraco lampejo de sensação, mas isso só fica absolutamente claro quando a categorização automática e inconsciente da experiência falha temporariamente.

Com freqüência, vivenciamos isso quando há pouca luz ou em resposta a uma imagem, som ou sensação fracos. Vemos alguma coisa e, como há poucos detalhes, a mente oscila de um lado para outro entre duas ou mais alternativas antes de perceber o que "é" aquilo – em geral, depois que nos aproximamos para enxergar melhor ou estendemos a mão para tocar, cheirar ou provar.

Ouvimos um som fraco e, por um instante, é apenas "barulho", até podermos identificá-lo como proveniente de alguma "coisa" ou evento específico. "Ah, é a geladeira." A experiência com um idioma estranho é um exemplo disso. Ouvimos os *sons* da fala, mas não conseguimos nem mesmo dizer quando uma palavra termina e a outra começa, quanto mais identificar as palavras para saber seu significado.

No escuro, ou colocando a mão no bolso, podemos sentir alguma coisa estranha, até ela se transformar em algo reconhecível ou ser trazida à luz para vermos do que se trata.

Recentemente, acordei no meio da noite, vi uma luz brilhante entrando pela janela e pensei: "De onde vem toda essa luz?" Meu próximo pensamento foi: "Ah, alguém deve estar lá embaixo trabalhando até tarde". Então percebi que estava em um hotel, e não em casa, e lembrei que estava viajando. Essa categorização permitiu que meu "mundo" voltasse ao lugar.

Embora muito mais raro, esse tipo de experiência também pode ocorrer durante o dia, quando o impacto da incapacidade para categorizá-la é muito maior e mais surpreendente. Há alguns anos, derrubei algumas árvores no quintal, cortei-as a fim de fazer lenha e comecei a carregar os pedaços para serem empilhados.

Enquanto pegava alguns galhos, vi algo na grama – diversos fragmentos de intensa luz azul. Ao não conseguir identificá-los, minha mente começou a buscar desesperadamente explicações cada vez mais extravagantes. Será que eram um presente de alienígenas, gemas radioativas deixadas por acaso ou de propósito? Uma fonte de luz intensa sob meu gramado, que só conseguia atravessar a terra em alguns lugares? Embora isso tenha durado apenas alguns segundos, pareceu *muito* mais demorado e com uma qualidade sinistra de ficção científica. Finalmente meu mundo voltou ao "normal" quando percebi que aquelas luzes azuis brilhando no gramado eram ovos de sabiá, que haviam caído de um ninho em uma das árvores.

Há quase um século, William James comentou sobre a diferença entre a experiência baseada nos sentidos ("perceptos") e sua categorização ("conceitos"):

> "Se o meu leitor puder se abstrair de toda interpretação conceitual e mergulhar em sua vida sensível imediata nesse exato momento, ele descobrirá que ela é aquilo que alguém chamou de uma grande confusão agitada, tão livre de contradição em sua 'instantaneidade' quanto totalmente viva e evidentemente presente. [...]

Com base nessa grandeza primitiva sensível, a atenção esculpe objetos que a concepção especifica e identifica para sempre. [...]

Nós dizemos o que é cada parte do *continuum* sensível e todos esses 'o quês' abstraídos são conceitos. [...]

A vida intelectual do homem consiste quase que totalmente na substituição de uma ordem conceitual pela ordem perceptiva da qual originalmente vem a sua experiência."

(JAMES, 1911, P. 50-51)

Mesmo na experiência "não categorizada" da luz azul, meus sentidos já a categorizaram como "azul" e "luz", e falo da minha *experiência*, que é muito diferente das palavras "azul" e "luz" oferecidas por meu idioma para dar nome àquela experiência e comunicá-la a você. A experiência da cor é o resultado da resposta dos olhos a determinados comprimentos de onda de luz. Mas as cores em si (vermelho, verde, amarelo etc.) não existem no mundo externo de luz, apenas em nossa *resposta* à luz, dividindo um *continuum* de ondas de luz em um espectro de diferentes cores e combinando-as em diversas tonalidades de marrom que não se encontram no espectro. Essa é uma categorização inerente à estrutura e à fisiologia dos sentidos.

Toda experiência baseada nos sentidos que consideramos garantida (ver, ouvir, sentir, cheirar e provar) já foi totalmente processada e categorizada pelos órgãos dos sentidos e pela neurologia, sobre os quais não temos controle. Por mais que eu conheça o espectro eletromagnético da luz visível ou a estrutura da retina, com seus quatro tipos de receptores sensíveis à luz, eu *precisei* ver os ovos de sabiá como "luzes azuis", e não como "pesos pesados" ou "ruídos altos". Apesar de saber que minha experiência resulta de codificações especiais que o sistema nervoso acrescentou às minhas percepções, azul ainda parece *azul*, açúcar tem um sabor *doce* e determinadas temperaturas são quentes ou frias.

Por isso, grande parte da categorização pode ser considerada *precedente* à abrangência que ela categoriza, e até certo ponto isso também se aplica a muitas das categorizações que aprendemos ao crescer em determinada cultura.

Embora a capacidade para aprender um idioma faça parte da fisiologia e da neurologia, ler palavras em determinado idioma não faz. É uma habilidade que levou algum tempo para ser aprendida, bem como o esforço para aprender que os rabiscos no papel indicavam palavras faladas e o significado delas. Depois de aprender um idioma, é quase impossível olhar as palavras e *não* reconhecê-las ou não pensar em seu significado, ainda que isso se baseie totalmente na categorização aprendida. Esse é apenas um exemplo do poder que as categorizações aprendidas exercem sobre a experiência.

Certa vez, mostrei a um bom amigo alguns tomates-pêra – na época, muito mais raros do que atualmente – e pedi que provasse um. Embora confiasse em mim e eu tivesse dito do que se tratava, além de garantir que eram gostosos, a princípio ele achou impossível aceitar isso. Durante algum tempo não conseguiu prová-los porque lhe pareciam muito esquisitos. Ele ficou olhando para os tomates durante alguns minutos, rindo insanamente, preso entre sua compreensão consciente e seu ceticismo inconsciente, antes de finalmente morder um deles.

Outras categorizações aprendidas são muito mais flexíveis e podem mudar em uma fração de segundo. Quando você percebe que aquilo que alguém disse era um "elogio" e não uma "crítica", o significado das palavras muda, os sentimentos mudam, bem como sua "atitude" e sua reação. É disso que trata este livro: aprender como mudar a experiência para torná-la mais proveitosa e agradável.

Abrangência perceptiva

O primeiro passo para compreender de que maneira construímos nosso mundo de experiência é observar o quanto estamos presentes no momento, nas cinco diferentes modalidades sensoriais – o que chamo de *abrangência* de atenção. A percepção consciente está limitada aos famosos 7+/- 2 "segmentos" de atenção descritos há muito tempo por Miller (1956). Alguns experimentos recentes (Simons, Chabris, 1999) sugerem que diversas vezes percebemos ainda menos do que isso. Inconscientemente podemos responder a consideravelmente mais, mas isso ainda não foi quantificado.

Pare de ler por um instante e observe o ambiente ao redor e seu corpo físico com todos os sentidos para ter uma idéia da abrangência de tudo que você estava ignorando enquanto lia...

Mesmo em momentos tranqüilos há uma enorme variedade de coisas e eventos aos quais *poderíamos* prestar atenção, tanto fora quanto dentro do corpo. Com base nessa imensa abundância de possibilidades, selecionamos algumas coisas para observar – uma pequenina fração daquilo que há para ser percebido. O fluxo de consciência é como um pequeno feixe de luz em movimento, iluminando seqüencialmente minúsculas áreas de uma imensa escuridão. Nas bordas desse pequeno feixe de luz estão sombras incolores indistintas, das quais podemos nos tornar conscientes se movimentarmos o feixe de luz; a distância, porém, elas são sombras, sons e movimentos fantasmagóricos que podemos apenas adivinhar.

Quando assistimos a um filme (ou lemos um livro), em geral ignoramos os sons e odores à nossa volta e podemos até ignorar a tela do cinema (ou as palavras que vemos na página). Podemos até mesmo ignorar mensagens desagradáveis do corpo indicando que ficamos durante muito tempo na mesma posição e que está na hora de nos movimentarmos.

Pare novamente e observe o que você vê, ouve e sente neste momento. Cada uma dessas coisas é uma abrangência de experiência....

Apesar de precisarmos apenas ver, ouvir e sentir, é impossível prestar atenção a tudo *simultaneamente*; o melhor que podemos fazer é *alternar* a atenção. Com freqüência, as pessoas enfatizam uma ou duas modalidades sensoriais e tendem a ignorar uma ou duas outras. Como só podemos estar conscientes de uma parte muito pequena do que acontece à nossa volta, o melhor que temos a fazer é examinar os eventos com flexibilidade para ficarmos razoavelmente seguros de ter prestado atenção a pelo menos um pouco daquilo que pode ser proveitoso.

Um experimento recente mostra quantas coisas ignoramos quando prestamos atenção em outras. Universitários assistiram a um vídeo amador com um minuto de duração que mostrava dois times de estudantes: três com camisetas brancas e três com camisetas pretas, movimentando-se rapidamente em uma sala pequena, jogando duas bolas de basquete para lá e para cá. Sua tarefa era contar o número de passes feito pelo time de camisetas brancas. Após 35 segundos, um homem fantasiado de gorila surgia entre o grupo de jogadores, batia no peito com os punhos e então saía de cena nove segundos depois. Imediatamente em seguida ao vídeo, perguntaram aos estudantes o que tinham visto. Apenas *metade* deles afirmou ter visto o gorila, mesmo quando lhes perguntaram se haviam visto qualquer coisa incomum! Quando aqueles que não viram o gorila assistiram ao vídeo novamente, muitos acusaram o pesquisador de enganá-los por usar secretamente um vídeo diferente, o que demonstrou que eles nem mesmo tinham um reconhecimento *inconsciente* da presença do gorila (Simons; Chabris, 1999).

Quando utilizo a palavra "inconsciente", eu o faço de forma diferente daquela empregada na psicanálise, em que "o" inconsciente é considerado uma entidade, uma espécie de alter ego que orienta o comportamento de maneiras que podem não ser aprovadas pela mente consciente. Apenas quero dizer que não temos consciência de muitos aspectos de nosso funcionamento.

Por exemplo, em geral não temos consciência do modo como geramos a linguagem. Temos a intenção de comunicar alguma coisa e as palavras saem da boca com fluência e eficácia sem precisarmos pensar nas palavras, na gramática, na sintaxe etc. Quando a consciência *está* envolvida na fala, isso costuma *interferir* nela, o que acontece quando nos sentimos o "centro das atenções" ao fazer uma apresentação em público, ou nos preocupamos em causar uma boa impressão, ou em "falar a coisa certa", e isso torna a linguagem *menos* fluente, podendo até resultar em hesitação, gagueira ou mutismo.

A maior parte do comportamento é gerada tão inconscientemente quanto a linguagem, e em geral é muito suave e eficaz. Preciso de alguma coisa que está na gaveta, minhas mãos tranqüilamente se dirigem até lá e pego aquilo que desejo. Estou consciente apenas da *intenção*, e o restante acontece de maneira automática e inconsciente. Provavelmente, ficarei consciente do restante somente quando isso *não* funcionar bem – se eu perceber que disse alguma coisa que não queria dizer ou se minhas mãos baterem na gaveta.

Há momentos em que os processos inconscientes espontâneos causam problemas. Ao cometerem erros, as pessoas ficam zangadas ou explodem em lágrimas, o que *também* é gerado inconscientemente, com pouca percepção consciente de como aconteceu. Quando as respostas inconscientes resultam em problemas ou dificuldades, então é bom nos tornarmos conscientes do processo a fim de modificar a resposta. Após realizar uma mudança satisfatória, podemos deixá-la tornar-se novamente inconsciente para que funcione automaticamente e sem esforço.

Por exemplo, alguém que está de luto nunca percebe de fato que a dolorosa sensação de vazio resulta do tipo de imagens internas que está criando. Ao ser orientada para descobrir essas imagens e de que maneira modificá-las, a pessoa pode espontaneamente apresentar uma resposta muito diferente sempre que pensar no ente perdido, uma sensação de calor e de gratidão por tê-lo conhecido (Andreas, 1985a; Andreas, 2002a).

Além de não termos consciência de grande parte da experiência interna, muitas coisas no mundo da "experiência presente", das quais *temos* consciência, na verdade são *lembranças*, e não percepção. Sem virar a cabeça, feche os olhos e pense naquilo que está atrás de você nesse momento... (... indicam uma pausa).

Fechar os olhos elimina a abrangência visual da experiência, permitindo que se preste atenção com mais facilidade nas imagens internas. Provavelmente, você tem algum tipo de imagem daquilo que se encontra atrás de você – não um nada vazio. Agora, vire a cabeça, veja o que está lá nesse momento e compare com a sua imagem...

Quando começar a ler novamente, a imagem daquilo que se encontra atrás de você se tornará, mais uma vez, parte de sua experiência presente, embora seja apenas uma lembrança daquilo que você acabou de ver. Ainda que essa imagem seja eficaz, ela é diferente daquilo que você realmente percebeu, e isso também acontece com relação às imagens de sons e sensações.

A lembrança não pode ser melhor do que um registro daquilo de que você tinha consciência naquele momento, que está sujeito à limitação de seu foco de atenção. Sem virar a cabeça, pense novamente no que está atrás de você e faça uma lista do que pode ver em sua imagem...

Agora, vire novamente a cabeça e compare o que realmente vê com a lista de coisas que viu em sua imagem interna...

A imagem lembrada provavelmente tinha apenas uma pequena fração dos itens, como detalhes, cor, profundidade etc., que você experimentou quando estava realmente olhando para trás. Alguns aspectos de sua imagem podem ter sido realçados por um contraste maior ou se tornado mais distintos de alguma outra maneira, em uma distorção daquilo que você viu.

Essas imagens lembradas também fazem parte da base de experiência que utilizamos para construir nosso mundo de compreensão – também a chamo de "experiência baseada nos sentidos" –, embora elas sejam sombras distorcidas da verdadeira experiência baseada nos sentidos no momento.

Uso o termo "abrangência" para indicar a quantidade de experiência baseada nos sentidos à qual alguém está prestando atenção – seja a experiência *perceptiva real* no momento, seja uma *imagem interna* do passado ou de um futuro imaginado (ignorando deliberadamente as diversas diferenças *muito* importantes entre percepções, lembranças e previsões futuras). Ao contrário, enfocarei aquilo que elas têm em comum, o fato de todas serem experiências daquilo que vemos, ouvimos, sentimos, provamos ou cheiramos, ou uma combinação dessas coisas, a matéria-prima fundamental que utilizamos para compreender. Do mesmo modo que usamos as matérias-primas para construir uma casa, podemos juntá-las de muitas maneiras diferentes, criando uma ampla variedade de casas – algumas das quais são masmorras emboloradas escuras e desagradáveis, enquanto outras são locais quentes, abertos e confortáveis. Sabendo de que maneiras combinar essas matérias-primas, podemos construir uma casa adequada a nós e remodelá-la quando quisermos.

Abrangência pode indicar uma extensão da experiência no *tempo*, no *espaço* ou em ambos. Einstein brincava dizendo que "o tempo existe apenas para que todas as coisas não aconteçam ao mesmo tempo". Contudo, em qualquer momento no tempo, muitas coisas estão acontecendo simultaneamente em diferentes locais no espaço, portanto ele poderia ter acrescentado: "O espaço existe apenas para que todas as coisas não aconteçam no mesmo lugar".

A abrangência da experiência pode mudar de diversas maneiras de momento a momento – do interior para o exterior, do momento presente para algum outro momento, do espaço em que você se encontra para algum outro lugar etc. A maneira como ela muda exerce profundo efeito na experiência e na subseqüente resposta. Para descobrir como a abrangência muda, precisamos considerar algumas das experiências mais simples e compará-las. Em primeiro lugar, discutirei a abrangência no tempo, supondo que o espaço permaneça constante.

Abrangência perceptiva (tempo)

A experiência pode variar no tempo, indo de uma pequena fração de um segundo no presente imediato até a imensa abrangência de um físico ou de um astrônomo que podem imaginar um filme do desenvolvimento gradativo do passado de treze bilhões de anos do universo e visualizar outros cinco ou dez bilhões de anos no futuro. Sempre que alguém pergunta "Quando" ou "Quanto tempo", está pedindo uma especificação da abrangência do tempo mencionado. Como os sentidos só podem responder a eventos no momento presente, nossa experiência do tempo reside principalmente nas imagens internas, podendo abranger desde uma fotografia instantânea até um filme ou um *show* de slides, possivelmente com sons, muitas vezes com comentários, inclusive os sentimentos e emoções que temos em resposta a essa observação. Se entrarmos nesse filme, podemos vivenciar também a experiência cinestésica de estar em uma abrangência de tempo.

Abrangências encaixadas (tempo) Para experimentar o tipo mais simples de mudança de abrangência no tempo, comece com o momento presente e aos poucos aumente a abrangência até criar um filme que inclua o que aconteceu há alguns minutos e aquilo que você espera que aconteça nos próximos minutos. Então, amplie cada vez mais esse filme, tanto antes quanto depois, incluindo um período de semanas, meses ou anos... e, aos poucos, estreite-o novamente até aquele breve momento com o qual você começou, que agora está no passado.

Nesse exemplo há uma série potencialmente infinita de abrangências de diferentes durações, e qualquer abrangência menor sempre pode ser incluída em uma maior, em uma hierarquia de *inclusão de abrangência*, uma relação muitas vezes descrita como "parte–todo". Um dia pode ser incluído dentro de uma semana, mas não o contrário. Uma das características de uma hierarquia de abrangência é o fato de não haver nenhuma ambigüidade com relação ao encaixe. Uma abrangência menor pode ser encaixada dentro de uma maior, porém é impossível encaixar uma abrangência maior dentro de uma menor. Essa descrição de inclusão de abrangência pode parecer irrelevante agora, mas ela se tornará importante mais tarde quando for comparada com um tipo diferente de inclusão criada pela categorização.

Muitas pessoas vivem em uma fatia bastante estreita de tempo no presente, o que algumas vezes foi descrito como estar "no tempo", imersas no momento presente. Esse "viver no agora" é maravilhoso para a espontaneidade e a apreciação total do momento presente quando as coisas vão bem. Mas quando as coisas não vão tão bem, essa imersão pode ser dolorosamente desagradável, como em uma resposta fóbica. Isso também não é muito bom para planejamentos de longo prazo ou para manter compromissos, pois o comportamento "impulsivo" resultante freqüentemente ignora aprendizados do passado e conseqüências futuras.

Outras pessoas experimentam os eventos no presente dentro de uma abrangência mais longa de passado e de futuro, o que por vezes é chamado de "através do tempo", ou "assumir uma perspectiva longa", ou "planejamento estratégico". Isso proporciona uma perspectiva bem mais ampla e equilibrada, uma vez que tantos os eventos agradáveis quanto os desagradáveis são vistos juntos em uma abrangência muito mais ampla de outros eventos. Por mais proveitoso que possa ser, isso sempre acontece à custa de menos atenção aos eventos no momento presente. Na hora em que você está ouvindo sua música predileta ou fazendo amor, resolver elaborar um planejamento de longo prazo só diminuiria o prazer no momento.

A maioria das pessoas vive em uma abrangência que pressupõe um futuro muito amplo, que se estende à frente, e é fácil nos envolvermos demais no planejamento de eventos futuros e ignorar o momento presente. Um acidente quase fatal ou uma doença podem reduzir a abrangência desse futuro a quase nada, e mais tarde provavelmente prestaremos muito mais atenção à valorização do presente. Alguns exercícios de "conscientização" pedem que a pessoa vá até o final da vida e olhe para trás reavaliando-a, ou para que reveja um problema atual com base nessa perspectiva muito mais distante. Uma expressão comum mostra a mudança na resposta, com freqüência resultante dessa mudança de abrangência: "Ninguém em seu leito de morte jamais disse 'Eu gostaria de ter passado mais tempo no escritório'".

Como abrangências mais longas ou mais curtas apresentam vantagens e desvantagens, dependendo do contexto e das necessidades e objetivos, é bom ter flexibilidade para mudar a abrangência, pois isso nos permite aproveitar melhor o que a vida nos oferece. Quando as coisas vão bem, mergulhe no momento presente, apreciando-o plenamente, periodicamente ampliando a abrangência de tempo para ter certeza de que os eventos presentes o estão conduzindo ao futuro que você deseja.

Quando as coisas não vão bem, uma abrangência mais ampla de tempo em geral diminui o aborrecimento do momento e proporciona uma oportunidade para planejar aquilo que você pode fazer a fim de melhorar a situação. Contudo, se você prevê que o aborrecimento continuará por muito tempo, essa abrangência mais longa pode piorar ainda mais um presente desagradável!

Por exemplo, a dor possui três componentes diferentes: a dor presente, a dor lembrada e a dor antecipada. Focalizar o presente pode eliminar a dor passada e a dor futura, e o enfoque de uma parte do corpo que não dói pode diminuir a dor sentida em alguma outra parte. A chave é ter escolha e flexibilidade com relação à abrangência do tempo e utilizá-las de maneira inteligente.

Abrangências diferentes (tempo) Se você pensar em dois períodos de tempo completamente diferentes, que não se sobrepõem de maneira alguma, esse seria um exemplo de abrangências *diferentes*. Se pensar em eventos que ocorreram na infância, provavelmente os bons momentos não se sobreporão aos maus, mesmo que tenham ocorrido no mesmo período. Outras abrangências diferentes, como o jardim-de-infância e o 3º ano do ensino médio, estariam separadas por anos. Um desses eventos poderia ter sido mais longo ou mais curto do que o outro, mas como nenhuma parte deles se sobrepõe, um não pode ser incluído no outro.

Abrangências sobrepostas (tempo) A terceira possibilidade é a de duas abrangências diferentes se sobreporem parcialmente no tempo. Se você pensar em um evento que durou determinado período de tempo e depois em um período que começa no meio do primeiro e se estende para além do seu final, essas duas abrangências se *sobreporiam* no meio. A primeira inclui mais daquilo que ocorreu no início, enquanto a segunda inclui mais daquilo que ocorreu posteriormente. Embora uma delas possa ter sido mais longa ou mais curta do que a outra, uma não pode ser incluída na outra porque apenas *parte* de cada abrangência está inclusa na outra.

Pense em todos os diferentes períodos de tempo que você vivenciou no passado – bons tempos, maus tempos, tempos chatos, infância, adolescência, trabalho, férias etc. Se você considerar quaisquer duas experiências no tempo, poderá facilmente decidir se elas estão encaixadas, se são diferentes ou sobrepostas.

Muitas vezes, as pessoas passam por dificuldades por assumirem que alguém está usando uma palavra para indicar a mesma abrangência de tempo que elas. Por exemplo, ao conversar com alguém a respeito do que aconteceu "ontem", você pode estar falando sobre um evento que durou alguns minutos pela manhã, enquanto a outra pessoa está pensando em um período muito mais longo durante a tarde ou a noite.

Outro exemplo comum: alguém concorda em fazer alguma coisa "logo". "Logo" pode significar "dentro de alguns minutos" para um pai ou um patrão, mas "em algum momento na semana que vem" para um adolescente ou um funcionário.

"Com freqüência" pode significar "uma vez por hora" para uma pessoa, mas "uma vez por mês" para outra. Quando alguém afirma "Você sempre faz X", qual abrangência de tempo está indicando com a palavra "sempre"? Uma pessoa pode querer dizer que você tem feito isso "sempre" durante *anos*, enquanto outra está pensando na *semana* passada. Se você parar de fazer algo que elas não gostavam, a pessoa cujo "sempre" é uma semana provavelmente notará a mudança em uma semana; já a outra, para quem o "sempre" significa anos, pode demorar bem mais, devido à abrangência de tempo muito mais longa que ela utiliza para fazer a verificação. Algumas vezes, quando as pessoas usam a palavra "sempre", querem dizer que algum evento ocorreu diversas vezes dentro de determinado período de tempo, com alguma *freqüência*, e não o significado literal da palavra – "o tempo todo".

Há várias outras palavras que se referem a uma abrangência no tempo e que podem ter significados *muito* diferentes para diferentes pessoas – particularmente se elas forem de culturas distintas –, e isso pode provocar diversos mal-entendidos e terminar em acusações de subterfúgios ou trapaça.

Análogo e digital A abrangência de tempo pode variar muito, incluindo desde o passado distante até o futuro distante, portanto o tempo é basicamente *análogo* – uma qualidade constantemente variável, algo que pode mudar suavemente em uma ampla extensão, como o brilho de uma luz controlada por um redutor de intensidade.

A palavra *digital* vem de "dígito", termo em latim que significa "dedo" e indica um evento nitidamente demarcado ou uma mudança abrupta, como um interruptor de luz. Sempre podemos dividir o tempo em segmentos *digitais* para medir as atividades em "segundos", "minutos" e "horas", ou em "passado", "presente" e "futuro", a fim de organizar nossas lembranças e nosso planejamento. Também podemos dividir o tempo que gastamos executando atividades diferentes em períodos como "dormindo", "acordado", "trabalhando", "relaxando", ou aquele momento digital bem curto quando você diz "eu farei" ou "eu faço". No entanto, por mais convenientes ou úteis que essas divisões digitais possam ser, elas sempre estarão baseadas nos *eventos* que ocorrem no tempo, e não no tempo em si mesmo. Se não existissem eventos, não poderiam existir demarcações digitais do fluxo contínuo do tempo.

Lembre-se de que me refiro à nossa *experiência* do tempo. Atualmente, os físicos acreditam que espaço e tempo são formados de elementos quânticos digitais muito pequenos em uma abrangência extremamente pequena – algo que não podemos experimentar diretamente. Independentemente de estarem certos ou errados, nossa experiência do tempo é análoga e mesmo a velocidade do tempo varia de acordo com aquilo que fazemos e da maneira como prestamos atenção. O tempo passa muito rapidamente quando gostamos daquilo que estamos fazendo no momento. Já quando precisamos esperar por algo numa fila, o tempo passa muito lentamente porque a atenção se volta para um objetivo no futuro que parece distante. Mas se mudarmos a atenção do futuro para o presente, o tempo passará rápido à medida que prestarmos atenção naquilo que está à nossa volta.

Resumo: A abrangência no tempo é uma extensão *análoga* da *experiência baseada nos sentidos* (que podem ser percepções no momento, eventos lembrados ou previsões do futuro), da qual podemos selecionar segmentos digitais que se baseiem nos eventos que ocorrem no tempo. Algumas vezes, uma abrangência de tempo pode estar totalmente *encaixada* dentro de uma mais ampla, em uma hierarquia de inclusão de abrangência – o que, com freqüência, tem sido descrito como uma relação *parte–todo*. Outros períodos estarão totalmente separados, serão *diferentes* e não se sobreporão, enquanto alguns estarão um pouco *sobrepostos*, compartilhando algum período de tempo.

Abrangência perceptiva (espaço) Agora vamos considerar o *espaço*. Se mantivermos o tempo constante, podemos novamente distinguir as mesmas três diferentes possibilidades.

Abrangências encaixadas (espaço) Se você olhar em qualquer direção e focalizar primeiro aquilo que se encontra em uma área muito pequena e depois, aos poucos, ampliar seu campo de atenção até torná-lo panorâmico e tridimensional... e, lentamente, estreitar novamente o foco, você experimentará o tipo mais simples de mudança de abrangência no espaço. Nesse exemplo, uma abrangência de qualquer tamanho está totalmente inclusa em uma maior, portanto podemos falar novamente de uma hierarquia de inclusão de abrangência, uma série análoga potencialmente infinita de abrangências encaixadas, indo do menor pontinho de abrangência até um panorama amplo e profundo.

Um exemplo conhecido da biologia trata de uma membrana que é parte de uma estrutura maior, uma célula, que é parte de um órgão, que é parte de um organismo. Esse tipo de relação é chamado de "inclusão de abrangência", pois cada abrangência está *incluída* em uma maior – uma relação parte–todo.

A ampliação da abrangência na modalidade visual é comumente descrita como "ver o quadro geral" ou "adquirir uma perspectiva mais ampla". Já uma abrangência estreita costuma aparecer como "visão de túnel" ou como "ter vendas nos olhos", quando seria proveitoso ter uma abrangência mais ampla. Entretanto, uma abrangência pequena também pode ser chamada de "concentração", nos momentos em que ajuda muito excluir temporariamente as distrações para nos concentrarmos exclusivamente em alguma tarefa.

Se você está fazendo alguma coisa que tem conseqüências importantes para as pessoas a seu redor, em geral será melhor incluí-la em uma abrangência mais ampla. Mas se essa coisa não exerce nenhum impacto sobre outras pessoas, é melhor excluí-la da percepção. Uma abrangência maior ou menor pode ser uma vantagem ou uma desvantagem – ou ambas, algumas vezes – dependendo do contexto, das necessidades e objetivos etc.

Até agora optei por usar exemplos de mudança de abrangência, principalmente visuais, porque é mais fácil escrever sobre eles. Os mesmos tipos de mudanças ocorrem nas outras modalidades. No sistema auditivo, pode-se focalizar a atenção em um som ou em uma série de sons próximos ou ampliá-la até experimentar os sons panoramicamente. No sistema cinestésico, você pode prestar atenção à sensação de um ponto muito pequeno na pele e então ampliá-la lentamente até prestar atenção às sensações de todo o corpo – às sensações da pele na superfície do corpo e também àquelas dentro do corpo e a seu humor ou estado emocional.

Abrangências diferentes (espaço) Se você olhar em uma direção e depois em outra muito diferente, de modo que aquilo que vê nessas duas direções não se sobreponha de maneira alguma, terá um exemplo de abrangências *diferentes*. Uma delas pode ser maior ou menor do que a outra, mas como nenhuma parte se sobrepõe, uma não está inclusa na outra.

Certa vez, aproximava-me de uma área de construção onde havia um homem sinalizando para os carros diminuírem a velocidade. Então, percebi o medo em seus olhos. Ao olhar para trás, pelo espelho retrovisor, vi uma abrangência muito diferente: um enorme caminhão transportando gasolina, com fumaça saindo dos pneus e deslizando na minha direção! O motorista do caminhão tinha visto o aviso muito tarde, mas conseguiu parar antes de me atingir – ou você não estaria lendo este livro.

À medida que fui envelhecendo, comecei a sentir algumas pequenas dores, e meu equilíbrio e movimentos (freqüentemente, um pouco inseguros, deselegantes ou desajeitados) já não são tão bons quanto antes. Como resultado, a tendência é prestar mais atenção a meu corpo. Entretanto, quando minha atenção está voltada para meu *objetivo* e não para meu corpo, descobri que me movimento naturalmente com muito mais graça, suavidade e habilidade. Depois de pensar nisso, percebi que acontece a mesma coisa quando estou doente. Enquanto focalizo a atenção no corpo enfraquecido, movimento-me com menos graça, mas se presto atenção em meu objetivo, isso ocorre com muito mais suavidade e graciosidade. Trata-se de uma mudança na abrangência que poderia ser rotineiramente ensinada às pessoas mais velhas ou doentes, e ser eficaz para aquelas com problemas de coordenação.

Abrangências sobrepostas (espaço) A terceira possibilidade refere-se a duas abrangências diferentes parcialmente sobrepostas, cada uma incluindo uma experiência baseada nos sentidos não inclusa na outra. Se você olhar em uma direção e então movimentar os olhos vinte graus para a direita, descobrirá que essas duas experiências se sobrepõem no meio. A primeira inclui mais daquilo que está à esquerda e a segunda mais daquilo que está à direita. Uma não pode ser incluída na outra porque apenas *parte* de cada uma está dentro da abrangência da outra.

Toda abrangência nos oferece uma determinada quantidade de experiência baseada nos sentidos, com base na qual construímos nosso mundo de compreensão e resposta. Ao considerar quaisquer duas abrangências no espaço, é fácil determinar se uma está totalmente *encaixada* dentro da outra, se as duas são completamente *diferentes* ou se ambas se *sobrepõem* parcialmente.

Como ocorre com o tempo, quando duas pessoas falam do mesmo evento, a abrangência que elas experimentam pode realmente ser a mesma. Entretanto, com freqüência suas experiências estão encaixadas, se sobrepõem ou poderiam ser completamente diferentes, causando até confusão – a menos que as abrangências sejam cuidadosamente especificadas.

Análogo e digital A abrangência no espaço, como no tempo, é uma função *análoga*, variando dentro de uma enorme extensão em três dimensões diferentes. Sempre podemos dividir essa extensão infinita em partes *digitais* convenientes e úteis, como "aqui" e "lá", "dentro" ou "fora" ou "para cima" e "para baixo" etc., mas por mais natural ou conveniente, ela sempre será uma digitalização um tanto arbitrária de uma extensão análoga subjacente.

Eventos específicos no espaço têm bordas digitais, como um penhasco ou a lâmina de uma navalha, porém o mesmo não ocorre no espaço em si. Se você aumentar muito lentamente a pressão sobre a tecla de um computador, em determinado ponto surgirá na tela uma letra ou um número, um evento digital que é o resultado de uma pressão suficiente para atingir o *limiar* digital do mecanismo do teclado. As distinções digitais são sempre uma propriedade das coisas e eventos que se encontram em determinada abrangência de espaço, e não uma propriedade do próprio espaço. Se não houvesse nada no espaço, não existiriam distinções digitais.

Resumo: Como ocorre com o tempo, a abrangência no espaço é uma extensão *análoga* da *experiência baseada nos sentidos* (que podem ser percepções no momento, eventos lembrados ou previsões do futuro), da qual podemos selecionar segmentos digitais que se baseiam nos eventos que acontecem no espaço. Algumas vezes, uma abrangência de espaço pode estar totalmente *encaixada* dentro de outra mais ampla, em uma hierarquia de inclusão de abrangência. Outras abrangências de espaço estarão totalmente separadas, serão *diferentes* e não se sobreporão, enquanto algumas estarão parcialmente *sobrepostas*, compartilhando alguma abrangência de espaço.

Abrangência perceptiva (tempo e espaço) Separei tempo e espaço na apresentação dessas idéias para simplificar, mas naturalmente tempo e espaço são inseparáveis. Todo evento ocorre em alguma abrangência de tempo *e* espaço, externo ou interno.

Seja qual for a abrangência experimentada por uma pessoa, ela sempre inclui certa quantidade de experiência baseada nos sentidos – seja um evento momentâneo no espaço/tempo ou uma seqüência mais longa que muda no tempo e/ou no espaço. Na modalidade visual poderia ser uma imagem parada ou um filme de determinada duração. Na modalidade auditiva, poderia ser um som rápido ou uma seqüência muito mais longa de sons e/ou palavras. Na modalidade cinestésica, uma rápida sensação perceptiva, uma sensação que dura algum tempo ou uma seqüência mais longa de sensações. Quando vemos um evento ou lembramos do filme de um evento, várias dessas coisas mudarão simultaneamente.

Distinguimos três maneiras pelas quais duas experiências baseadas nos sentidos podem diferir no tempo ou no espaço: *encaixadas*, *diferentes* e *sobrepostas*. Combinando espaço e tempo, há nove maneiras de duas abrangências se diferenciarem uma da outra. Por exemplo, dois eventos em abrangências de espaço distintas poderiam ocorrer em diferentes períodos de tempo, com a mais curta encaixada na mais longa. Ou dois eventos sobrepostos no espaço em abrangências de tempo totalmente separadas etc.

O diagrama a seguir mostra todas as possibilidades de se combinarem diferentes abrangências de espaço e tempo, utilizando a letra E para encaixada, D para diferente e S para sobreposta.

Tempo

		E	D	S
	E	(1)		
Espaço	D	(2)		
	S			

Para facilitar a discussão das abrangências, ajuda bastante parar e pensar em um exemplo que se encaixaria em cada uma das diferentes células no diagrama. Por exemplo, a célula no alto à esquerda (1) representa "espaço encaixado, tempo encaixado". Eu poderia pensar em duas experiências que ocorreram no mesmo dia. Uma discussão entre 10h10 e 10h15 pelo celular em um dos cantos da sala de estar e a arrumação de toda a casa das

10 às 11 horas. Nesse exemplo, a primeira experiência está encaixada na segunda, *tanto* no espaço *quanto* no tempo.

Entretanto, se a discussão ocorreu das 10h até 10h15 em toda a casa e a arrumação na sala ocorreu das 10 às 11 horas, então a primeira está encaixada na segunda no tempo, mas a segunda está encaixada na primeira no espaço. Assim, temos duas possibilidades diferentes para o primeiro *grid* no diagrama.

A outra célula (2) significa "espaço diferente, tempo encaixado". O som do alarme do relógio no quarto às 6h15 e um forte vento em uma cidade vizinha entre 6h e 6h30.

Após imaginar um exemplo que se encaixe em cada célula no diagrama, pense em uma lembrança específica sobre uma falta de comunicação entre você e outra pessoa, e identifique as abrangências de espaço e tempo de cada um de vocês – talvez elas até sejam iguais, mas com freqüência são diferentes. Então, escolha em que célula elas se encaixam. Por exemplo, vocês podem ter usado as palavras "mais tarde" para indicar abrangências de tempo muito diferentes (que podem ou não se sobrepor, ou estar encaixadas), porém estavam pensando na mesma abrangência de eventos no espaço. Ou podem ter discutido um evento no mesmo período de tempo, pensando em abrangências de espaço bastante diferentes etc.

Quando duas pessoas se comunicam, cada uma delas pode escolher entre nove maneiras de fazer isso, criando 81 possíveis combinações. Assim, a chance de ambas estarem prestando atenção à "mesma" experiência é, de maneira geral, de apenas uma entre nove, cerca de 11%. Talvez seja compreensível o fato de nos desentendermos com tanta freqüência. E esse é apenas o início de nossa exploração!

Limitações de abrangência

A abrangência exerce um efeito muito importante na capacidade de solucionar problemas. Se for demasiado ampla, pode tornar difícil nossa concentração naquilo que é necessário e importante para chegar a uma solução, o que muitas vezes é chamado de "sobrecarga", "confusão" ou "opressão".

Se a abrangência é inadequada, não incluirá a informação necessária à solução do problema, como a velha história do homem que procurava as chaves do carro à noite perto do poste porque a luz era melhor lá, embora ele as tivesse perdido no outro quarteirão, em um local escuro.

Finalmente, é comum termos uma abrangência muito pequena para incluir a informação necessária a uma solução. Se pudéssemos ampliar a abrangência e enxergar o "quadro geral" ou adotar uma "perspectiva mais ampla", a solução poderia tornar-se óbvia. A seguir, apresento alguns problemas que ilustram a importância de uma abrangência adequada.

O problema dos "nove pontos" Um exemplo que muitos devem conhecer é o problema simples ilustrado adiante. A tarefa consiste em unir todos os pontos com até quatro linhas retas, sem tirar o lápis ou a caneta da folha de papel. A solução mais conhecida está no Apêndice, com outras duas menos conhecidas, que também ilustram a importância de nossa capacidade de mudar a abrangência. Esse problema também pode ser solucionado com apenas *três* linhas em vez de quatro.

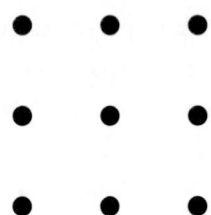

O problema "unir os quadrados" Um problema um pouco diferente está ilustrado a seguir. A tarefa consiste em unir os dois quadrados rotulados com a letra A com uma linha contínua e fazer o mesmo com os outros dois pares de quadrados, rotulados com as letras B e C. Essas três linhas não podem se tocar, cruzar ou se sobrepor, não podem tocar nenhuma parte dos quadrados menores nem tocar ou cruzar os limites do quadrado maior que contém os quadrados menores. Há um exemplo de como deve ser a linha para evitar qualquer ambiguidade nas instruções por escrito. Embora pareça insolúvel, existem duas respostas possíveis, apresentadas no Apêndice e acompanhadas de uma discussão.

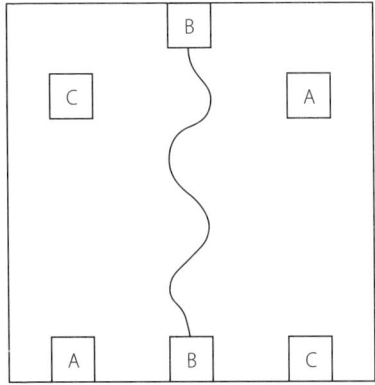

"Só" e "apenas" Uma abrangência estreita pode surgir espontaneamente ao enfrentarmos uma situação problemática – como no quebra-cabeça anterior –, mas algumas vezes recebemos uma "ajuda" considerável das palavras que nós, ou os outros, utilizamos. Dentre outras maneiras, pode-se evocar uma abrangência estreita, freqüentemente chamada de "visão de túnel", com a palavra "só". "Apenas" é outra palavra que estreita a atenção da mesma forma. "Só" e "apenas" basicamente dizem: *"Não preste atenção em mais nada; essa pequena abrangência é tudo que importa"*. Após a abrangência ser estreitada pelas palavras "só" ou "apenas", aquilo que se encontra nessa pequena abrangência é tudo que há para se prestar atenção.

Por exemplo, uma queixa comum que as esposas fazem dos maridos é: "Você *só* se importa com sexo". Como ele deve responder? Provavelmente ele se *importa* com sexo, portanto não pode responder: "Não, eu não me importo" – e, se respondesse, provavelmente não faria sexo por algum tempo! Se concordar, então estará admitindo que *só* se importa com sexo, fazendo-o parecer um "cara mau".

A queixa correspondente dos homens com relação às esposas é: "Você *só* se importa com o dinheiro que eu ganho", o que a coloca no mesmo tipo de apuro. Ela provavelmente se *importa* com o dinheiro que ele ganha, pela segurança que proporciona à família, mas se não reconhecer a armadilha na palavra "só", ficará presa entre mentir sobre seu interesse ou concordar com uma descrição que a transforma em uma pessoa ruim por se importar *só* com isso.

Ao perceber o impacto da palavra "só" ou "apenas", é possível notar que a visão de túnel criada exclui muitos outros aspectos do relacionamento. Então, você pode dizer que, embora considere o sexo ou o dinheiro importantes, eles são *apenas* uma das muitas coisas importantes, e mencionar todos os *outros* aspectos que você valoriza no relacionamento. Isso proporciona uma abrangência bem mais ampla e rica, tanto no espaço quanto no tempo, permitindo a discussão das diferenças e a solução dos problemas.

Abrangência limitada na educação A maioria das pessoas está familiarizada com o "teste de contração do joelho" (reflexo patelar), que os médicos utilizam para verificar o funcionamento da medula espinhal. São dadas pancadinhas com um pequeno martelo de borracha no tendão sob a patela e, em resposta, a perna apresenta um reflexo muscular para a frente. Aqueles que fizeram um curso de fisiologia básica também já devem ter visto um diagrama mostrando como os receptores de estiramento no tendão patelar enviam sinais à medula espinhal, que, em resposta, envia sinais aos músculos da perna, tensionando-os e esticando a perna.

Perguntei a centenas de pessoas: "Para que serve esse reflexo?", e ainda não encontrei *ninguém* que me desse uma resposta satisfatória. Todos os reflexos têm funções úteis. Por exemplo, as pálpebras fecham em uma resposta reflexa ao movimento rápido de um objeto na direção dos olhos ou a um sopro de ar – uma maneira de proteger os olhos de danos. Qual é a *função* do reflexo patelar?

Os detalhes do reflexo patelar são ensinados no contexto do funcionamento dos reflexos espinhais – uma abrangência eficaz porém muito pequena –, enquanto a abrangência mais ampla de sua função natural no corpo é ignorada. Infelizmente, isso também acontece na educação. Com freqüência, as pessoas aprendem fatos e princípios isolados, omitindo-se seu lugar e sua função na abrangência mais ampla do mundo real.

É importante limitar *temporariamente* a abrangência a fim de simplificar o ensino de determinado processo, mas uma vez aprendido, é importante ampliar a abrangência para mostrar de que maneira ela funciona em um contexto mais amplo. Sem essa abrangência ampliada, o processo é apenas um fato isolado, com importância ou utilidade limitadas.

Pode ser ainda melhor fazer perguntas orientadoras para que o aluno aprenda a ampliar a abrangência e a explorar a função desconhecida no contexto mais amplo. Por exemplo: "Sob que condições na vida normal o tendão patelar estica de repente?" ou "Qual a utilidade de o corpo automaticamente esticar a perna em resposta ao estiramento do tendão patelar?"

Esse reflexo é proveitoso milhares de vezes em um dia normal. Sempre que damos um passo à frente, o tendão patelar relaxa enquanto a perna fica suspensa no ar. Quando começamos a colocar o peso sobre a perna, o tendão estica e tensionamos os músculos das pernas para suportar nosso peso. O reflexo patelar nos permite fazer isso de maneira totalmente automática e inconsciente; sem esse reflexo, teríamos muita dificuldade para caminhar.

Depois de ampliar a abrangência, em geral é muito difícil voltar a uma abrangência menor. Na próxima vez que pensar no reflexo de contração do joelho, você acha que será capaz de não pensar na sua função mais ampla no ato de caminhar?

Mudando a abrangência Ampliar a abrangência de uma experiência é uma maneira muito eficaz de alterar seu significado. A seguir, uma mulher descreve como sua vida mudou ao ampliar a abrangência na solução de problemas relacionados com a saúde – comer bem e fazer exercícios.

> *"Tive atitudes saudáveis em algumas ocasiões, alimentando-me realmente bem e me exercitando com regularidade. Entretanto, na maior parte do tempo, não me alimentava adequadamente, não dormia o suficiente e não era saudável. Sentava à frente do computador e trabalhava até ficar absolutamente morta de fome e então precisava pegar qualquer coisa na geladeira que só levasse cinco minutos para ficar pronta. E não fazia nenhum exercício, pois estava ocupada demais trabalhando.*
>
> *Portanto, revisei as coisas que queria fazer. Segui seu conselho e examinei a abrangência total do dia. Em vez de apenas o momento 'Estou morrendo de fome! O que fazer a respeito?', replanejei todo o meu dia. 'Uma pessoa saudável faz refeições regulares, dedica algum tempo aos exercícios e prepara os alimen-*

tos.' Examinei ainda o período de uma semana e pensei: 'Bem, dá na mesma coisa se eu fizer o trabalho de uma só vez ou ao longo de uma semana. Se faço o trabalho e o resultado é o mesmo, por que não incluir todas essas outras coisas?' Também acrescentei outros recursos para transformar o ato de cozinhar em algo criativo, sensual e mais divertido.

Assim, todas essas coisas se tornaram exemplos saudáveis e desde então tem sido fabuloso! Agora, estou no piloto automático no que se refere a ser uma pessoa saudável. Agora, às 9 horas da manhã, percebo que preciso tomar café. E, quando estou no computador ou fazendo alguma outra coisa, digo a mim mesma: 'Ok, já estou aqui há algumas horas. Bem, é melhor preparar alguma coisa', ou 'Ok, vamos dar uma volta', ou vou cuidar do jardim. É tudo automático; apenas acontece. Realmente não preciso pensar. É como se um relógio dentro de mim dissesse: 'Ok, é hora de mudar'. Isso nunca aconteceu antes e é ótimo. Gosto mesmo da idéia de fazer uma mudança de trabalho usando essa abrangência mais ampla de tempo, em vez de uma única experiência. Isso foi inacreditavelmente proveitoso para mim."

(ANDREAS, 2005, P. 172-173)

Talvez você possa pensar em um incidente na vida no qual a expansão da abrangência – enxergar o "quadro geral" – ajudou-o a mudar de alguma forma a compreensão ou a resposta. Por exemplo, há alguns anos fui visitar meu irmão mais velho no Chile, onde ele estava morando, para fazermos uma pequena viagem até os Andes. Encontramo-nos em uma estação de ônibus sombria num dia frio e chuvoso. Quando pedi seu passaporte para poder comprar as passagens para a Argentina, ele me olhou confuso e disse que o documento estava em casa – a duas viagens de ônibus, uma de barco e uma caminhada de dois quilômetros na chuva. Já ficando zangado com aquela complicação desagradável, lembrei que meu objetivo mais amplo era aproveitar uma viagem com meu irmão e decidi que era uma boa hora para adiar meu sentimento ("Sempre posso ficar zangado depois"). Com essa abrangência mais ampla, buscar seu passaporte tornou-se uma outra aventura a qual pudemos compartilhar – e rir dela muitas vezes depois. Esse é um pequeno exemplo de "expandir a consciência" a que diversos mestres espirituais se referem.

Contudo, uma consciência ampliada não se mostra eficaz em certas ocasiões. Freqüentemente, me pego pensando em todas as coisas horríveis que os seres humanos estão fazendo uns aos outros em todo o planeta e me sinto impotente e desesperado. Percebendo que a sensação de impotência certamente não vai ajudar a melhorar o mundo, deliberadamente estreito minha atenção para o ambiente imediato a meu redor e penso naquilo que posso fazer aqui e agora para dar aos eventos um pequeno empurrão numa direção proveitosa.

Outras vezes, torna-se necessária uma abrangência *diferente* em lugar de uma abrangência maior ou menor. A pressuposição da PNL de que "O significado da sua comunicação é a resposta que você obtém" desvia a atenção da *intenção* de se comunicar ou *daquilo* que você comunicou, para a maneira como a outra pessoa *respondeu* à sua comunicação – uma abrangência diferente. Se a resposta (verbal ou não-verbal) indicar que ela recebeu sua mensagem, maravilha. Mas quando a resposta indica confusão ou que ela compreendeu tudo de maneira muito diferente da pretendida, então cabe a *você* mudar sua comunicação caso queira ser compreendido. Sem essa reorientação, é muito fácil culpar a outra pessoa por não entender o que você desejava comunicar.

É de fato bastante fácil mudar a abrangência, desde que você perceba como isso pode ser proveitoso e lembre de fazê-lo quando quiser mudar a experiência. Simplesmente examine a abrangência daquilo em que você está prestando atenção agora e então experimente mudá-la no tempo e/ou no espaço (maior, menor, diferente), até encontrar uma que seja mais eficaz.

Se você parar e pensar em alguma mudança pessoal que realizou espontaneamente ou como resultado do que alguém disse ou fez, que mudança de abrangência isso envolveu? Primeiro, lembre de como era a abrangência de sua atenção antes da mudança e, em seguida, de como ela ficou depois disso. Provavelmente você não percebeu de que maneira estava alterando a abrangência naquela época, mas agora pode descobrir o que aconteceu. Se essa mudança foi eficaz, ela pode se tornar algo que você queira fazer intencionalmente, e não acidentalmente, sem depender de circunstâncias casuais ou da ajuda de outra pessoa.

O próximo exercício é uma oportunidade estruturada para examinar de que maneira passamos de uma abrangência de experiência a outra, e deliberadamente experimentar a mudança de abrangências em uma situação problemática a fim de obter um resultado melhor.

Exercício do *script* de abrangência

1. *Problema* Pense em uma lembrança que ainda o incomoda...

2. *Reveja um filme* dessa lembrança com sons e sensações, do início ao fim...

3. *Descrição* Agora imagine que um amigo vai produzir um filme da sua experiência e você deve preparar um *script*. Você precisa escrever uma frase ou duas para cada abrangência, de modo que o filme seja preciso. Qual o tamanho de cada abrangência no espaço e/ou no tempo? Enquanto passa de uma abrangência à próxima, observe se elas estão encaixadas, se são diferentes ou sobrepostas, o que está incluído ou excluído de cada uma etc.

4. *Reveja o script* Volte então ao *script* e examine a abrangência de cada parte. Quais são menores e quais são maiores? Você continua voltando repetidamente a abrangências anteriores ou fica preso em uma delas durante muito tempo? Suas abrangências são seqüenciais no tempo ou algumas "voltam" a eventos anteriores? Qual é a seqüência de abrangências nesse evento problemático? Quais são adequadas e úteis e quais levam sua mente para uma direção que não é proveitosa?

5. *Revisão do script* É hora de tentar melhorar o *script*. Onde uma abrangência maior, menor ou diferente seria melhor? Sem alterar a situação externa, experimente mudar as abrangências com as quais está lidando. Continue revisando essa seqüência até encontrar uma que seja satisfatória e com mais recursos, conduzindo a um resultado melhor para você...

6. *Ensaie no futuro* Agora pense em uma época no futuro na qual você poderia encontrar o mesmo tipo de situação e ensaie seu novo *script* para descobrir se ele o satisfaz. Se quiser revisá-lo, volte ao passo 5 e depois continue. Ensaiando-o bem diversas vezes em diferentes con-

textos, no futuro ele deverá se tornar uma nova resposta automática na vida real sempre que esse tipo de situação voltar a acontecer.

A "verificação ecológica"

O último passo no exercício anterior é chamado de "verificação ecológica", pois averigua-se se uma mudança está de acordo com todos os outros aspectos importantes de sua vida no futuro, sua ecologia mais ampla. Sempre que você toma uma decisão ou faz qualquer outra mudança, é bom descobrir *antecipadamente* como ela será. Ao ampliar a abrangência *tanto* no tempo *quanto* no espaço e imaginar vividamente como essa mudança poderia afetar *todas* as diferentes áreas de sua vida, suas atividades e as pessoas a seu redor, você tem uma chance para avaliar se gosta dessas conseqüências antes de continuar. Assim, você pode perguntar: "Tenho alguma objeção a essa mudança?"

Se estiver ajudando alguém a fazer uma verificação, pode lhe pedir para fechar os olhos e dizer: "Quero que todas as suas partes, particularmente sua mente inconsciente, considerem cuidadosamente os impactos dessa mudança em todas as áreas de sua vida (lar, trabalho, lazer) e como isso poderia afetar todas as pessoas importantes para você (família, amigos, patrão, colegas etc.). Quero que veja, ouça e sinta como será ter essa nova resposta à disposição em todas as diversas atividades nas quais se envolverá e que me diga caso note quaisquer problemas ou objeções, para que possamos adaptar a mudança e evitar ou minimizar esses problemas".

Até a mudança mais maravilhosa e benéfica terá *algumas* conseqüências indesejáveis, ainda que insignificantes – e às vezes são tudo, menos insignificantes. Se você descobrir que elas são insignificantes ou muito pequenas, pode prosseguir harmoniosamente, sabendo que a mudança vale o preço a ser pago. Mas se as conseqüências se mostram significativas, é melhor voltar e adaptar a mudança proposta para minimizá-las ou eliminá-las.

Algumas vezes, é impossível prever o resultado de uma mudança mesmo fazendo uma verificação minuciosa. No entanto, se você lembrar de uma mudança que não funcionou tão bem quanto o planejado e pensar no que não deu certo, comumente verá que isso resultou da ausência de uma verificação ecológica antecipada. Essa é uma maneira sistemática para utilizar uma abrangência ampliada no espaço e no tempo, bem como a abrangência ampliada de *todos* os resultados, motivos e desejos da pessoa, conscientes e inconscientes. Nos capítulos 6 e 7 examinaremos melhor a mudança de abrangência.

> **Resumo:** Quando duas pessoas discutem um evento, cada uma delas lida com uma abrangência no espaço e no tempo que pode ou não ser igual, freqüentemente levando à discordância. Se cada uma puder especificar exatamente a abrangência que está considerando, muitas vezes será possível esclarecer qualquer confusão a respeito *de a que* se referem, permitindo que conversem sobre *como* estão pensando de maneira diferente.

Uma pequena abrangência de espaço e de tempo pode ser muito eficaz quando é necessário concentrar a atenção em determinada experiência ou solucionar um problema para o qual você reuniu todos os recursos que precisa. Entretanto, uma abrangência reduzida pode excluir as informações necessárias à solução do problema. "Só" e "apenas" são palavras que focalizam a atenção em uma abrangência, excluindo outras. Dependendo da tarefa, trata-se de uma concentração de atenção muito proveitosa, ou uma "visão de túnel" que impede uma solução pela exclusão de informações importantes.

Ao examinar a seqüência de abrangências percorrida em uma situação problemática, você pode descobrir quais delas levam sua mente em uma direção nada proveitosa e experimentar de que maneira é possível mudar abrangências para obter um resultado melhor.

Com freqüência, vale a pena ampliar a abrangência para obter mais informações, descobrindo como determinado evento está relacionado com os outros eventos de sua vida – o que é chamado de "verificação ecológica". A capacidade de mudar a abrangência com flexibilidade, conforme suas necessidades e circunstâncias, ajuda a impedir que você fique preso em uma abrangência muito grande, muito pequena ou diferente daquela que é adequada à situação.

Uma vez que as abrangência são sensoriais (ver, ouvir, sentir, provar e cheirar, externa ou internamente), todas elas se encontram no mesmo primeiro nível de experiência, *antes* de terem sido categorizadas. Embora uma determinada abrangência costume ser imediatamente categorizada de maneira inconsciente, isso é um processo *separado* de identificação de uma experiência como pertencente a determinado *grupo* ou *série* de eventos. Assim, precisamos explorar de que maneira reunimos experiências em *categorias* a fim de aprender como mudá-las sempre que adequado.

"UM SER HUMANO É PARTE DE UM TODO, CHAMADO POR NÓS DE UNIVERSO, UMA PARTE LIMITADA NO TEMPO E NO ESPAÇO. ELE EXPERIMENTA A SI MESMO, SEUS PENSAMENTOS E SENTIMENTOS, COMO ALGO SEPARADO DO RESTANTE, UMA ESPÉCIE DE ILUSÃO DE ÓTICA DA SUA CONSCIÊNCIA. ESSA ILUSÃO É UM TIPO DE PRISÃO PARA NÓS, LIMITANDO-NOS AOS NOSSOS DESEJOS PESSOAIS E À AFEIÇÃO POR ALGUMAS PESSOAS PRÓXIMAS. NOSSA TAREFA DEVE SER A DE NOS LIBERTARMOS DESSA PRISÃO AMPLIANDO OS NOSSOS CÍRCULOS DE COMPAIXÃO PARA INCLUIR TODAS AS CRIATURAS VIVAS E TODA A NATUREZA EM SUA BELEZA."

ALBERT EINSTEIN

2

Categorias simples de "nível básico"
Grupos de abrangências

"Sempre que fazemos ou compreendemos qualquer declaração de tamanho razoável, estamos empregando dezenas, quando não centenas, de categorias: categorias de sons da fala, de palavras, de frases e cláusulas, bem como categorias conceituais. Sem a capacidade para categorizar, não poderíamos funcionar de maneira alguma, seja no mundo físico, seja em nossas vidas social e intelectual.

A compreensão da forma como categorizamos é fundamental para qualquer compreensão a respeito de como pensamos e funcionamos e, portanto, fundamental para a compreensão daquilo que nos torna humanos. A maior parte da categorização é automática e inconsciente e nós nos tornamos conscientes dela apenas em casos problemáticos."

(LAKOFF, 1988, P. 6)

Sem categorias, *toda* experiência seria totalmente nova, desconhecida e confusa, como aquelas luzes azuis brilhantes no gramado, descritas no capítulo anterior. Não saberíamos se alguma coisa é "animal, vegetal ou mineral", qual a sua utilização, se é perigosa ou comestível etc. Sem categorias, a vida seria sempre nova e excitante, mas não teríamos nenhuma das compreensões que possibilitam a sobrevivência.

Uma categoria é um grupo de coisas ou eventos de algum modo semelhantes, com base no que os matemáticos chamam de "teoria do conjunto simples" – a "teoria da categoria" na matemática (sobre a qual não sei nada, a não ser que às vezes os matemáticos brincam chamando-a de "bobagem abstrata generalizada") aparentemente é uma outra coisa.

Uma categoria é um conjunto de experiências, um "pacote" de abrangências. A palavra "rosa" evoca um grupo de diferentes experiências dessa flor: imagens de rosas de diferentes tipos, tamanhos e cores, em diferentes contextos e épocas da vida. Cada uma dessas experiências de uma rosa tem uma determinada abrangência; quando "empacotadas" juntas em uma categoria, essas abrangências são agrupadas.

Ao categorizarmos uma abrangência de experiência como uma "maçaneta", tendemos a ignorar todas as diferenças entre essa determinada maçaneta e as outras que já vimos; o que importa é saber que podemos agarrá-la e girá-la para abrir a porta. Um comportamento ou resposta que aprendemos a adotar em uma situação específica pode então ser aplicado a outros eventos futuros na mesma categoria. Uma categoria reúne experiências semelhantes para que o conhecimento sobre um membro de uma categoria seja aplicado aos outros.

Categorias de nível básico

Podemos criar uma categoria no nível mais simples de diversas maneiras, e todas reúnem um *conjunto* de abrangências sensoriais semelhantes, baseado em algum tipo de semelhança.

1. Categorias inconscientes Embora os animais não utilizem a linguagem para se comunicar, com certeza eles também formam categorias. Comem determinados tipos de grama, arbustos ou outros animais, mas não comem uns aos outros, nem pedras nem gravetos secos (com exceção dos cupins). Para um leão da montanha, a categoria "presa" é qualquer coisa menor do que ele e que foge, e ele se afastará de qualquer coisa maior que não fuja.

O cachorro de um amigo meu, maltratado por um homem quando era filhotinho, é capaz de distinguir muito claramente entre um homem e uma mulher. Ele se aproxima das mulheres abanando o rabo, e rosna, late e se afasta dos homens. Como podemos facilmente distinguir entre homens e mulheres, isso talvez pareça simples, mas a maioria das pessoas descobre que a uma pequena distância não é fácil distinguir um cachorro de uma cadela.

Quando crianças, antes de aprendermos a falar, formamos categorias da mesma maneira que os animais. Observamos uma abrangência de experiência e depois notamos quando alguma coisa semelhante acontece novamente. Agrupamos coisas e eventos usando algum tipo de semelhança visível e as tratamos como iguais.

Lembro muito bem de minha irmã mais nova com cerca de 6 meses, rindo alegremente enquanto observava uma bola rolar pelo chão – uma vez, e outra e mais outra! Ela realmente não se cansava das repetições. Estava aprendendo ativamente e com entusiasmo a formar e a confirmar as expectativas a respeito de "como as bolas rolam" – sem precisar utilizar quaisquer palavras ou outro tipo de linguagem.

Sempre que uma abrangência de experiência atrai nossa atenção e torna-se memorável, ela tende a atuar como um ímã, juntando outras experiências semelhantes para formar uma categoria. As categorias estabelecidas por esse processo inconsciente baseiam-se principalmente nas propriedades físicas visíveis das coisas e eventos, que são os *critérios* para criar a categoria.

Quando estão aprendendo a falar, as crianças passam a ligar nomes às categorias que *já* formaram. Uma mãe ficou surpresa ao ouvir o filho de 3 anos chamar o carro de "trás", até perceber que sempre que eles iam entrar no carro, ela lhe dizia: "Vá para trás".

Quando começam a usar mais palavras, elas aprendem a formar categorias de uma maneira diferente. Uma nova palavra pode juntar-se a uma experiência específica para ser rotulada, criando o núcleo de uma nova categoria e podendo acrescentar outros exemplos a ela. "Aquilo é um grampeador." Isso *reverte* o processo inconsciente que todos utilizamos no início da infância, na medida em que o nome vem *antes* de a categoria ser formada, e não depois. Esse processo de primeiro nomear ou descrever a fim de criar uma categoria pode ser ainda mais diferenciado em outras maneiras.

2. Lista Uma das maneiras consiste em usar palavras para fazer uma *lista* completa dos membros de uma categoria. "*Mobília* inclui mesas, cadeiras, sofás, tapetes, estantes etc." As propriedades físicas de diversos membros desse tipo de categoria podem ser bastante diferentes – um tapete não se parece muito com uma mesa. Mas mesmo assim eles têm algo em comum: nesse caso, sua *localização* em uma sala ou escritório ou a *função* de tornar um espaço utilizável e confortável. As palavras são particularmente úteis na criação de uma categoria baseada em semelhanças que não são diretamente observáveis em seus membros.

3. Definindo critérios Em vez de fazer uma lista dos *membros* de uma categoria, você pode elaborar uma lista explícita de *critérios* que podem ser utilizados para determinar o que pertence àquela categoria, formalizando o processo que todos nós usamos inconscientemente quando crianças. Por exemplo: "Um *bem* é alguma coisa que *pertence* a alguém; a pessoa tem algum *controle* sobre ele e pode *vendê-lo* ou *dá-lo* se quiser". Se alguma coisa preencher esses critérios (em *itálico* na frase anterior), então ela é um "bem". Observe que nesse exemplo todos os critérios especificam *relacionamentos*, e não propriedades inerentes aos objetos. *Qualquer coisa* pode se tornar um bem desde que preencha esses critérios; portanto, as características físicas observáveis de diferentes bens podem ser muito distintas.

4. Regra ou procedimento generativo Outra maneira é criar uma regra ou procedimento para determinar os membros da categoria. "Os números ímpares positivos compõem-se do número 1 e de todos os números que podem ser criados acrescentando-se 2 ou múltiplos de 2 ao número 1." Essa é uma forma muito mais eficiente de criar essa categoria do que fazer uma relação de todos os números que se encontram nela – o que demoraria literalmente uma vida inteira!

Critérios: Todos os quatro métodos relacionados anteriormente são formas de estabelecer critérios a fim de incluir uma coisa ou um evento em uma categoria. Na vida cotidiana, os critérios para algo como uma "boa discussão" podem ser indefinidos, intuitivos, implícitos ou até mesmo totalmente inconscientes e muito difíceis de serem comunicados aos outros. Por exemplo, quais são exatamente os seus critérios para diferenciar um "comentário", um "elogio" e uma "crítica"? São as palavras, o ritmo, o volume ou o tom de voz utilizados, a expressão facial, a postura, os gestos, o contexto ou uma combinação de tudo isso?

Se alguém lhe perguntasse quais são os seus critérios para categorizar alguém como uma "estrela do rock", provavelmente você pensaria em diversas estrelas do rock e examinaria a imagem delas a fim de identificar esses critérios.

Outras vezes, os critérios para uma categoria podem ser definidos de maneira clara e cuidadosa, quando se encontram em alguma área de conhecimento desenvolvida – seja como praticar bem determinado esporte ou em qualquer campo exato da ciência. Os critérios costumam ficar mais claros sempre que precisamos tomar uma decisão na qual não temos certeza se determinada experiência satisfaz ou não os critérios. "Esse é o carro que quero comprar?"

Os critérios para a mesma palavra podem variar muito entre as pessoas, mas toda categoria tem um ou mais critérios para a inclusão. Os critérios para uma categoria também variam muito de acordo com o contexto. Os critérios para a categoria "cão" no contexto da escolha de um animal de estimação são muito diferentes de quando a palavra é usada a fim de descrever um bicho de pelúcia, um inimigo ou uma pintura. No próximo capítulo examinaremos melhor os critérios.

A maior parte da educação baseia-se na criação de uma categoria utilizando um ou mais dos três últimos métodos, que começam todos com palavras – diferente do processo inicial e mais automático da aquisição inconsciente de uma nova categoria pela aprendizagem experimental e posterior identificação. Usar palavras é muito eficiente: pense em quanto tempo seria necessário para uma pessoa compreender os princípios da matemática ou da física somente por meio da aprendizagem experimental! Entretanto, grande parte da educação omite totalmente a experiência, em geral utilizando uma torrente de palavras e deixando os alunos com um "conhecimento" que não pode ser aplicado aos eventos do mundo real.

Além disso, com freqüência um tema é ensinado em um contexto que o *contradiz*. Se um professor ensina verbalmente uma "visão que respeita os outros" enquanto de modo não-verbal demonstra desrespeito pelos outros, as crianças terão de encontrar uma maneira para lidar com essa discrepância. Muitas vezes, elas aprenderão *ambos* os aspectos da incongruência – aceitando o princípio verbal "da boca para fora" e, ao mesmo tempo, comportando-se de forma oposta.

Um exemplo flagrante disso é o fato de que a maioria das crianças aprende sobre democracia em uma sala de aula *organizada* como uma ditadura. Por mais benevolente que esta se mostre, seria melhor ensinar democracia criando oportunidades para as crianças vivenciarem experiências reais de diferentes tipos de democracias e suas conseqüências, e de como isso difere de uma ditadura.

As categorias são digitais Um determinado evento está ou *não* em uma categoria – uma alternativa *digital* sim/não. Como afirmou William James há quase um século: "A grande diferença entre perceptos e conceitos é que os perceptos [abrangência] são contínuos e os conceitos [categorias] são separados" (1911, p. 48).

Por exemplo, cada uma das experiências inclusas na categoria "beijo" é *análoga* em abrangência: cada uma tem um determinado calor, duração, suavidade, umidade etc. Alguns exemplos mal satisfazem os critérios, enquanto outros os excedem – alguns são definitivamente *muito* melhores do que outros! Contudo, uma vez satisfeitos os critérios, uma experiência está *na* categoria e suas qualidades análogas tendem a ser ignoradas. Embora a categorização simplifique muito a nossa vida, isso sempre acontece à custa da omissão de informações, reduzindo uma experiência plena a uma distinção "dentro ou fora", "sim ou não", especificada pelos critérios da categoria.

Os limites digitais de uma categoria na conversa habitual muitas vezes são um tanto "obscuros", a menos – ou até – que alguém especifique os critérios de inclusão de forma mais precisa. Se considerarmos a categoria "cão", a maior parte das pessoas concordaria que os itens a seguir podem ser chamados de cão: a foto ou a estátua de um cão, um bicho de pelúcia, um cão de porcelana ou um cão de desenho animado. Outras diriam que esses não são *realmente* cães, e sim *representações* de cães. Se decidirmos que um critério para cão é ter carne e sangue, isso excluiria as representações de um cão, mas incluiria um cão morto. Portanto, embora às vezes uma categoria pareça à mente um tanto obscura, sempre podemos especificar os critérios para criar uma categoria bem definida e distinta.

Quando as pessoas falam, as palavras indicam a categorização digital e a musicalidade da voz – tom, ritmo e volume –, a abrangência da atenção do orador. Alguns discursos são muito melódicos e fluentes, indicando atenção à abrangência e à forma como coisas e eventos estão ligados, embora usem palavras digitais para descrever suas diferentes partes. Gestos com as mãos, com a cabeça e outras partes do corpo seguem o mesmo princípio geral, movendo-se suavemente de um lugar para outro no espaço, como um habilidoso *tai chi*, que nunca pára de fluir, mesmo no final do exercício. Gestos suaves juntam as palavras digitais em uma única abrangência análoga de espaço e tempo.

Outros discursos são muito mais abruptos e irregulares, indicando ênfase na categorização, em como a experiência é separada em categorias. Gestos como socar, cortar, arremessar ou apontar, ou quaisquer outros movimentos com início e término bem determinados, correspondem aos segmentos digitais daquilo que é comunicado. Os movimentos de algumas pessoas que aprenderam *tai chi* em fotos de livros revelam isso pelas pausas ou interrupções curtas entre as diferentes "partes" do movimento ilustradas em fotografias distintas.

O significado da palavra "cadeira" pode variar, dependendo não somente do contexto da frase na qual ela se encontra, como também de quem está falando e do contexto mais amplo no qual a frase é dita. "Ele vai pegar a cadeira" é muito diferente de "ele é a cadeira", ou "sente naquela cadeira", porém em cada frase a palavra cadeira terá um significado digital específico. Naturalmente, algumas palavras como "gradativamente", "ampla variedade" ou "um pouco" indicam eventos análogos; em geral, são utilizadas para modificar outras palavras que têm significado digital, indicando um *continuum*. Se não houvesse essas palavras, eu não seria capaz de escrever sobre eventos análogos! Entretanto, ainda assim elas se referem a uma categoria digital de coisas ou eventos que pode variar dentro de uma abrangência.

Normalmente, a voz de alguém pode variar dentro de uma abrangência considerável sem mudar o significado de uma palavra; a palavra "cadeira" dita em diferentes volumes, tons ou ritmos costuma indicar o mesmo objeto. Contudo, o significado de uma palavra pode se alterar por uma mudança no som e isso pode ser análogo ou digital. Quando se pronuncia uma palavra em tom mais alto ou com maior duração do que as palavras antes ou depois dela, geralmente isso indica alguma coisa maior, mais longa, mais pesada, mais significativa ou importante do que o habitual – uma diferença análoga. No entanto, a palavra "cadeira" pronunciada com uma entonação interrogativa torna-se algo menos do que uma cadeira real e, com um tom sarcástico, deixa de ser uma cadeira – ambas mudanças digitais.

Discriminação e generalização

A *discriminação* (ou *diferença*) e a *generalização* (ou *semelhança*) são as duas funções básicas dos neurônios, os elementos fundamentais do sistema nervoso. No nível mais simples, quando um neurônio dispara em resposta a um evento e um neurônio próximo não, isso é discriminação, ou seja, uma *diferença* – como entre o vermelho e o verde ou entre duas palavras diferentes em um livro.

Generalização ocorre quando dois neurônios disparam juntos, significando que duas experiências são *semelhantes* de algum modo, criando uma categoria. Ao vermos a cor vermelha e verde (ou lermos duas palavras diferentes), uma parte do cérebro reconhece que ambas são cores (ou palavras); portanto, embora possam ser discriminadas, elas *também* podem ser agrupadas em uma categoria.

Se utilizássemos apenas a discriminação, notaríamos as diferenças, mas não as semelhanças. O mundo seria totalmente fragmentado em diferentes eventos individuais.

Se notássemos *apenas* as semelhanças, o mundo seria um todo, mas não seríamos capazes de encontrar nosso caminho nele para satisfazer nossas necessidades, uma vez que todas as suas partes pareceriam iguais, como uma viagem no inverno, cercada pela "brancura da neve" por toda parte. Ao sentir fome, não conseguiríamos saber a diferença entre "tapete" e "alimento". Há um distúrbio neurológico muito raro chamado síndrome de Kluver-Bucy em que isso acontece; os pacientes tentam comer objetos não comestíveis, e um deles tentou fazer sexo com a calçada.

Considere a pergunta: "O que Einstein e um *hippie* têm em comum?" Ambos dizem: "É tudo energia, cara", uma generalização muito universal. A experiência do *hippie*, contudo, é apenas uma compreensão metafórica muito vaga que não pode ser usada para de fato *fazer* alguma coisa. Ao contrário, a representação de Einstein é excepcionalmente detalhada, especificando as condições exatas sob as quais um tipo de energia pode ser transformado em outro, as relações matemáticas precisas entre matéria e energia etc.

Um funcionamento saudável requer *ambas* as habilidades: a generalização para organizar experiências agrupando-as em categorias e a discriminação para notar diferenças importantes entre categorias ou entre abrangências distintas dentro de uma categoria.

Algumas pessoas tendem a notar a semelhança (enquanto pressupõem a diferença), com freqüência dizendo coisas do tipo: "Isso é o mesmo que ...". Outras tendem a notar as diferenças (enquanto pressupõem a semelhança), afirmando algo como: "Bem, isso é diferente de ...". Se esses dois tipos de pessoas precisarem debater qualquer assunto, provavelmente terão longas discussões sobre se alguma coisa ou evento é semelhante ou diferente de alguma outra coisa.

Indução é o processo de encontrar *semelhanças* ou *regularidades* em diferentes experiências e juntá-las em uma categoria. Essas diferentes experiências muitas vezes estão espalhadas em diferentes abrangências de espaço e/ou tempo.

Quando descobrimos que duas coisas são azuis, têm o mesmo tamanho ou peso, ou fazem sons semelhantes, estamos agrupando-as pelas propriedades sensoriais dos objetos em si mesmos. Entretanto, há *muitas* outras formas de encontrar semelhanças. Podemos agrupar coisas que encontramos em um local semelhante (ferramentas de uma oficina) ou que formam partes do mesmo todo (partes de um carro), por sua relação com alguém (parentes), ou porque seus nomes têm sons semelhantes (arte, marte, parte) etc. Os membros desses grupos podem incluir coisas ou eventos *bastante* diferentes em grande parte ou em todas as suas propriedades sensoriais inerentes. Pense na variedade de eventos que caberiam na categoria "surpresa".

Curiosamente, podemos até mesmo usar a *ausência* de semelhança para criar uma categoria. Lakoff (1987, p. 92-96) relata que as pessoas que falam o idioma australiano nativo, o dyirbal, dividem a maior parte do mundo em três categorias principais; simplificando muito: "homens e coisas de homens", "mulheres e coisas de mulheres" e "alimentos que não são carne", usando uma desconcertante quantidade de semelhanças. Uma quarta categoria inclui tudo que *não* se encaixa nas outras três categorias, como um arquivo de "diversos" ou a "gaveta de bugigangas" da sua cozinha, que reúne todas as coisas que *não* são pratos, prataria, temperos etc.

Dedução é o processo de considerar uma nova experiência e reconhecer que ela é membro de uma categoria existente. Depois disso, podemos utilizar o conhecimento da categoria para concluir alguma coisa a respeito da nova experiência. Por exemplo, ao colocar uma nova experiência na categoria "barco", podemos deduzir que ele flutua na água e é capaz de carregar algum tipo de carga etc.

Modalidades sensoriais As cinco modalidades sensoriais diferem em sua utilidade para a discriminação e a generalização. Podemos facilmente fazer discriminações *muito* pequenas na modalidade visual. Se duas folhas de papel de cores diferente são colocadas lado a lado, uma pessoa com visão normal é capaz de distinguir mais de *seis milhões* de nuanças e tons diferentes de cor. Podemos ver claramente o disco do Sol, embora esteja a 150 milhões de quilômetros de distância. Quando vemos alguma coisa, como uma estrela no céu, somos capazes de diferenciá-la com grande precisão, embora ela possa estar a vinte anos-luz de distância.

No outro extremo do espectro estão as sensações e emoções avaliativas. Se você pedir para alguém pensar em todos os sentimentos que já experimentou, identificados ou não – raiva, tristeza, culpa, surpresa, expectativa etc. e todas as suas nuanças –, a maioria das pessoas começará a se esforçar a partir de trinta e estará completamente exausta mais ou menos em 75. (Se você é cético, tente.) A maior parte das pessoas faz um número menor de distinções e algumas têm apenas três: "bom", "ruim" e "razoável". Compare isso com os seis milhões de cores que podem ser discriminadas apenas na modalidade visual!

As sensações e emoções avaliativas são muito úteis para a generalização, para *unificar* experiências, mas não para discriminar diferenças *entre* experiências. Como as emoções são boas para a generalização, não nos surpreende o fato de os místicos e mestres espirituais, que visam experimentar a "união com Deus" ou "a unicidade de toda a criação", descreverem esses estados como emoções arrebatadoras de êxtase ou de amor.

As outras modalidades sensoriais — auditiva, sensações perceptivas, olfativa e gustativa — estão em posição intermediária na quantidade de discriminações que somos capazes de fazer. Quantas diferentes discriminações de volume, tom e ritmo você consegue fazer naquilo que ouve? Quantas diferentes sensações na pele ou nas posições corporais consegue discriminar? Quantos sabores ou aromas? Provavelmente, uma quantidade consideravelmente maior de distinções do que as mais ou menos 75 no sistema cinestésico, mas ainda muito menos do que os milhões de discriminações do visual.

Sempre que nos lembramos de uma experiência, podemos incluir qualquer uma ou todas essas diferentes modalidades sensoriais. Se alguém está principalmente voltado para a imagem visual de uma experiência como "expectativa", será capaz de fazer discriminações muito mais detalhadas do que alguém que está prestando atenção principalmente na sensação cinestésica.

Algumas pessoas com excesso de peso não conseguem discriminar entre as sensações de fome e as de solidão. Em geral, essas duas sensações avaliativas são experimentadas na mesma área do abdome ou na parte inferior do torso e se assemelham muito, uma vez que ambas indicam que está faltando alguma coisa. Se alguém categorizar erroneamente uma sensação de solidão como fome, comerá em vez de telefonar para um velho amigo ou encontrar um novo. No entanto, como o ato de comer não satisfaz a necessidade de companhia, a pessoa ainda terá a sensação de solidão, identificada erroneamente, e logo estará comendo novamente porque ainda sente "fome".

Essa é uma oportunidade para ensinar uma discriminação eficaz e muito fácil. Em primeiro lugar, peça que a pessoa se lembre de uma época da vida na qual vivia um relacionamento carinhoso ou na companhia de alguns bons amigos e sentia fome porque não comia havia algum tempo, observando essas sensações com bastante detalhes...

Então, peça-lhe que pense num momento em que acabara de fazer uma refeição satisfatória, mas estava sozinha e sentia uma forte necessidade de estar com outras pessoas, observando *essas* sensações com muitos detalhes...

Finalmente, peça-lhe que alterne entre as duas experiências e note cuidadosamente as *diferenças* entre as duas sensações. Quando ela conseguir discriminar claramente as duas situações, será fácil e natural comer em resposta à fome e encontrar um amigo em resposta à solidão.

Com freqüência, a pessoa identifica corretamente uma sensação, como a fome, mas responderá digitalmente, ignorando as variações na intensidade. Ao primeiro sinal de fome, ela decide que está *morrendo de fome!* e corre para a geladeira. Um amigo já me disse estar "morrendo de fome" apenas duas horas após comer um enorme sanduíche. A maioria dos adultos saudáveis pode ficar sem comer durante dez dias sem sofrer nenhum dano, e muitos já passaram mais de quarenta dias sem comer. *Pensar* que está morrendo de fome cria uma emergência mental do tipo "Estou quase morrendo" e pode levar alguém a comer *muito* antes de realmente precisar. Essa urgência também impedirá qualquer possibilidade de perda de peso após o ganho de alguns quilos extras e excessos.

Rotulando uma categoria Nomeamos uma categoria para poder usar a palavra e nos comunicar com os outros sobre a mesma coisa ou evento. Um nome é um sinal ou um símbolo completamente *arbitrário* que, de algum modo, indica a categoria daquilo que chamamos de linguagem. Diferentes idiomas utilizam sons, hieróglifos ou palavras escritas totalmente diferentes a fim de representar uma categoria semelhante de experiência. Para a maior parte das pessoas, o nome de uma categoria é uma palavra falada ou escrita. Mas pessoas cegas podem ler símbolos em Braille com os dedos, cinestesicamente, e pessoas surdas que usam a linguagem dos sinais "lêem" visualmente os gestos das mãos, do rosto e da parte superior do torso, e as que lêem os lábios compreendem as palavras pelos movimentos muito sutis da boca.

Uma palavra é como a alça de uma mala, que nos permite compreender e carregar as experiências na mala. Quando ouvimos uma palavra e não conhecemos seu significado, ela é apenas um som porque não indica nada para nós. É como uma mala vazia – ou talvez uma alça sem a mala presa a ela –, pois não está ligada a nenhuma abrangência de experiência.

Tendemos a ignorar uma palavra assim que a identificamos porque o que nos importa é o grupo de experiências que a palavra *indica*. Quando ficamos absortos na leitura de um livro, as palavras tendem a desaparecer de nossa consciência enquanto nos "perdemos" na história, concentrando a atenção nas imagens, sons e sentimentos que as palavras evocam em nós. A maioria das pessoas que já fez a transcrição de um discurso gravado descobre que é *muito* difícil escrever as verdadeiras palavras que ouvem, pois prestam atenção principalmente naquilo que as palavras indicam, e não nas próprias palavras.

Os tradutores profissionais fazem exatamente o inverso. Prestam atenção principalmente nas palavras enquanto as traduzem para outro idioma; mais tarde, lembram pouco ou nada de seu significado. Para fazer a tradução, foi necessário acessar o significado, mas a maior parte da atenção estava na tradução em si.

A não ser por coisas ou eventos com nomes específicos, todas as palavras indicam categorias de experiência. Mesmo quando se utilizam os nomes "próprios" de determinadas pessoas ou lugares para indicar um evento específico, eles são considerados membros de uma categoria.

Quase todas as palavras que usamos se referem a categorias de experiência. Agrupamos naturalmente palavras em *coisas* (*substantivos*) e *processos* (*verbos*). "Montanha" é uma imagem parada, um tipo diferente de experiência daquela de "correr", que é um filme. Apesar de algumas vezes transformarmos um verbo em um substantivo ("correr" em uma "corrida"), raramente fazemos o contrário e falamos de "montanhar".

Em geral, os *substantivos* (e pronomes) indicam *coisas* relativamente duradouras, como livros, estrelas e pessoas. Como a maior parte das categorias contém mais do que um exemplo, os substantivos são *plurais*, indicando claramente um *grupo* de coisas ou de eventos. Embora uma palavra como "mesa" ou "parede" possa indicar uma única coisa, compreendemos que essas palavras pressupõem sua participação em uma categoria mais geral, e as mesmas palavras "mesa" e "parede" podem ser usadas para toda a categoria se acrescentarmos um "s".

Os *verbos* indicam *processos* que com freqüência são transitórios, como sorrir, queimar ou fluir. Na realidade, é claro que *todas* as coisas mudam, mas algumas mudam muito mais depressa do que outras. "Um substantivo é um verbo lento."

Nominalizações são palavras que soam como se fossem coisas, mas que na verdade são processos – como "frustração", "amor" ou "relacionamento". Trata-se de categorias utilizadas como substantivos e que parecem ser coisas, mas que de fato também são processos: "frustrar", "amar" ou "relacionar".

Os *adjetivos* indicam *sub*categorias de *coisas*. Em "Uma caixa azul", "azul" indica uma *sub*categoria da categoria "caixa", que inclui caixas de *todas* as cores. Em geral, separamos o mundo primeiro em *coisas* e, depois, prestamos atenção a suas *qualidades*. Contudo, podemos facilmente pensar em uma categoria chamada "coisas azuis", na qual a qualidade ou propriedade "azul" é o principal critério de inclusão e a "caixa", que indica sua condição de "coisa", é secundária.

Os *advérbios* indicam *sub*categorias de *processos*. Em "Ele caminhou lentamente", "lentamente" nos diz algo sobre a qualidade do processo "caminhar". "Caminhar lentamente" é uma categoria mais específica dentro da categoria mais geral "caminhar". Tendemos a notar primeiro os processos e depois as qualidades dos processos. Mas poderíamos começar com uma categoria de "eventos lentos" em que a lentidão é o principal critério e "caminhar", a atividade, é uma subcategoria secundária.

As *preposições* indicam a relação espacial ou temporal existente entre dois (ou mais) objetos ou eventos. Por exemplo, "sobre", "sob", "dentro" indicam categorias gerais de relações espaciais entre eventos, como em "O coelho está *sobre* a mesa", ou movimentos e direções gerais como "Ele foi *para* a praia" ou "*através* da abertura" etc. Em "Eu o encontrei *depois* do jogo", "*durante* o intervalo", ou "*antes* da tempestade", a preposição indica a relação entre dois eventos no tempo, e não no espaço.

Artigos como "um", "uma" etc. são palavras que selecionam *um* exemplo de uma categoria e, apesar de indicarem um único evento, pressupõem que há uma categoria da qual foi selecionado *um* exemplo.

Prefixos e *sufixos* também indicam subcategorias de experiência. Por exemplo, pré-, sub-, in- etc. modificam uma palavra como "verbal" para indicar aspectos ou qualidades adicionais de maneira muito semelhante aos adjetivos e advérbios.

Conjunções como "e" estabelecem categorias unindo duas ou mais coisas ou categorias. "Maçãs *e* laranjas" criam uma categoria mesmo quando "fruta" não está explicitamente determinado.

Disjunções como "mas" dividem a experiência em duas categorias diferentes. "Eu gosto de você, *mas* gostaria que não criticasse as pessoas."

Um lingüista falará de maneira muito mais precisa sobre a maneira como as palavras funcionam na categorização; meu propósito é apenas mostrar como *todas* as palavras indicam algum tipo de categoria. Mesmo quando usamos designações específicas para selecionar um evento, as palavras indicam que ele é um evento de uma categoria de eventos.

Se temos apenas *um* exemplo de alguma coisa, em geral não pensamos nela como uma categoria (embora um matemático possa descrevê-la como um caso especial de uma categoria com apenas um exemplo). Normalmente, não pensamos no "universo" como uma categoria, porque só conhecemos um. Mas se pensarmos nos "universos paralelos" postulados por alguns físicos teóricos, então o universo torna-se um membro de uma categoria mais geral.

Na matemática é possível ter um "conjunto nulo", uma categoria sem nenhum exemplo, mas na comunicação comum o conjunto nulo é considerado engraçado, um pouco estranho, até indicador de algo irreal ou sobrenatural, por exemplo: "Um animal que nunca morre" ou "Uma pessoa que pode existir simultaneamente em dois locais distantes ao mesmo tempo". Mesmo quando uma religião considera verdadeiro um evento como esse, ele é adequadamente categorizado como um "milagre".

Ouvi falar de uma fruta asiática chamada durian que tem um cheiro horrível, mas um sabor maravilhoso. Como jamais cheirei ou provei uma, não tenho nenhuma experiência baseada nos sentidos, apenas palavras. Quando tento pensar como seria comer alguma coisa com um sabor maravilhoso e um cheiro horrível, não consigo realmente imaginar; portanto, para mim, trata-se de uma categoria vazia.

Algumas pessoas que aprenderam conceitos e teorias elaborados, e até mesmo algumas que ensinam essas teorias em universidades, são exemplos mais amplos da minha experiência de durian. Suas categorias não incluem experiência, apenas conjuntos de palavras – e muitas dessas palavras também são categorias que só contêm palavras. Uma vez que eles têm pouca ou nenhuma experiência pessoal direta daquilo que suas palavras realmente indicam, não conseguem relacioná-las com o mundo real de experiência, e isso pode acontecer até mesmo no mundo da física. Na década de 1950, quando Richard Feynman começou a ensinar física no Brasil, ele descobriu que os estudantes podiam repetir afirmações relativas à ótica como: "O ângulo de incidência é igual ao ângulo de reflexo" sem ter a menor idéia do que isso significava ou de como poderia ser utilizado.

Os estudos de povos pré-letrados descobriram que eles usavam a linguagem para indicar categorias de maneira muito parecida com a nossa. Naturalmente, suas categorias e os critérios para elas podem diferir muito dos nossos, uma evidência adicional de que as categorias são imposições arbitrárias dos processos de pensamento em nosso mundo de experiência baseada nos sentidos.

A linguagem também pode ser usada para descrever e criar novas categorias de experiência, fazendo distinções que anteriormente não foram notadas: nomeando-as com novas palavras, novas combinações de velhas palavras ou usando velhas palavras de maneiras novas. Isso é particularmente comum em qualquer campo da ciência no qual novas descobertas ou teorias precisam de novas palavras para indicar as novas distinções, e este livro inclui diversos exemplos disso.

A nomeação *associa* uma experiência a uma categoria. Como qualquer evento pode ser nomeado ou descrito de maneiras diferentes, qualquer um deles pode ser associado a *muitas* categorias distintas, dependendo dos critérios usados. Assim que alguma coisa é nomeada e categorizada, a atenção se *direciona* para determinados aspectos e ao mesmo tempo nos *impede* de pensar nos outros. Por exemplo, pense em um objeto que normalmente você chamaria de "carro" e durante alguns instantes observe como você representa esse objeto na mente...

Agora note como a sua imagem interna muda enquanto você considera de que forma esse mesmo objeto pode ser renomeado das seguintes maneiras: "um objeto feito pelo homem", "uma escultura abstrata", "um conjunto de produtos químicos", "uma fonte de prazer", "utilidade", "força", ou "uma enorme fonte de poluição e mudança climática". Ao ser colocado no mar, ele poderia servir de "âncora", "estrutura para controle da erosão" ou "habitat artificial para peixes". Quando você pensa num carro como "uma estrutura para controle da erosão", sua imagem provavelmente é muito diferente da que teria se ele estivesse categorizado como "uma escultura abstrata".

Em uma maravilhosa sessão de terapia gravada com uma mulher que descreveu como freqüentemente ficava perturbada por um ciúme irracional, Leslie Cameron-Bandler (1987) imediatamente respondeu: "Portanto, você o ama muito", direcionando-a a pensar no quanto amava o marido. Essa categorização positiva proporcionou uma base eficaz para que ela se sentisse melhor com relação à sua resposta de ciúme e constituiu um bom ponto de partida para explorar sua maneira de amá-lo, o modo como evocava respostas positivas nele e como ele demonstrava que também a amava.

O marido dessa mulher nunca fizera nada que indicasse que ele a traía ou que iria deixá-la. O problema é que ela pensava em si mesma como uma mulher "intercambiável", que qualquer outra poderia substituir facilmente – assim, todas as mulheres eram uma ameaça. Ela não percebia o quanto era especial para o marido nem sua capacidade de evocar respostas amorosas e positivas nele. Quando realmente se deu conta de sua capacidade para manter o relacionamento, não se sentiu mais insegura nem correndo perigo de perder o marido.

Se Leslie tivesse respondido: "Portanto, você realmente se sente insegura!", também seria *verdade*, porém muito menos eficaz, direcionando a atenção para o sentimento de inadequação etc. Isso a teria feito se sentir ainda pior com relação ao ciúme, tornando muito mais difícil a descoberta e a percepção da força de seu amor e de sua habilidade para manter o relacionamento com o marido.

Infelizmente, grande parte da psicologia e da psiquiatria ainda está direcionada principalmente à utilização de categorias patológicas que chamam a atenção para a fraqueza, a doença, a falta de habilidade e a insanidade, e não para a força, a saúde, a competência e a sanidade. Isso faz os clientes se sentirem piores, dificultando a realização de mudanças úteis. As terapias da PNL baseadas nas forças e focalizadas na solução são felizes exceções. A repetição da descrição é uma importante maneira para modificar o significado pela recategorização, e exploraremos muitas dessas aplicações nos capítulos 12 e 13.

Categorização peremptiva Sempre que damos um nome a alguma coisa, nós a associamos a uma determinada categoria, o que tende a *impedir* que pensemos nela como membro de uma categoria diferente. Quando Leslie categorizou o ciúme de sua cliente como evidência de "amá-lo muito", isso diminuiu bastante a probabilidade de a cliente pensar nele como evidência de "insegurança".

Perto de Boulder, Colorado, onde moro, há uma grande formação rochosa muito proeminente, visível na linha do horizonte, projetando-se ao lado da montanha. Os colonizadores deram a essa rocha o nome de "o polegar do diabo". Embora ela pareça um pouco com um polegar, também é consideravelmente parecida com outra parte da anatomia masculina – muitas vezes, mais embaraçosa. Ao denominá-la polegar do diabo, a probabilidade de as pessoas pensarem nela de outro modo diminuiu muito. Entretanto, eles também poderiam tê-la chamado de "polegar de Deus", "polegar de caubói", "polegar machucado" ou "polegar do Joe". Chamando-a de "polegar do diabo", indicavam que ela era um tanto maligna, num aparente reconhecimento inconsciente da categoria não nomeada. Sempre que categorizamos alguma coisa de alguma forma, fica mais difícil renunciar a essa categoria e categorizá-la de outra maneira, algo que exploraremos detalhadamente mais adiante.

Comparações formam categorias Toda vez que alguém diz "Isso se parece com ..." ou "Ambas são ...", está explicitamente indicando que duas (ou mais) experiências são semelhantes ou equivalentes de algum modo, criando uma categoria que inclui as duas coisas. Por exemplo, se alguém afirma: "Essa montanha se parece com uma mesa", está claramente indicando que elas são iguais no formato ou que ambas são planas no topo etc.

Quando dois eventos são comparados e considerados *diferentes* de alguma maneira, isso ainda é uma comparação que pressupõe uma categoria. Palavras como "melhor" ou "mais brilhante" pressupõem uma categoria, uma vez que deve haver pelo menos duas coisas em comparação que precisam ter algo em comum, mesmo quando *notamos* como uma é diferente da outra. Isso fica muito óbvio se eu disser que uma maçã é maior, mais vermelha, mais saborosa etc. do que outra.

Mas mesmo ao comparar duas experiências muito diferentes, como um pensamento e uma maçã, é preciso que tenham *alguma coisa* em comum – ou eu não poderia compará-las. Nesse caso, ambas poderiam ser descritas como "coisas nas quais posso pensar" ou "eventos que podem ser expressos na linguagem", ou algum outro grupo. Se duas experiências fossem diferentes em *todos* os aspectos, seria impossível compará-las, já que não poderíamos nem sequer pensar em ambas.

Categorização implícita Há outras maneiras para criar o mesmo tipo de equivalência e categorização. Quando os anunciantes juntam a imagem de um carro com a de uma linda mulher, que categoria explícita eles esperam criar? Há diversas possíveis respostas a essa pergunta – todas muito óbvias para merecer uma exploração –, e elas realmente parecem funcionar.

Em outras ocasiões, os anunciantes criam categorias implícitas que não são aquelas pretendidas. Recentemente, um cartaz chamou minha atenção. "Sanduíches Subway, mais baratos do que *lipoaspiração*." Provavelmente, a categoria implícita pretendida era "elegância": comendo sanduíches Subway, você continuará magro e não precisará de uma lipo. Contudo, como eu já havia assistido a vídeos de lipoaspirações, essas imagens ensangüentadas da sucção de tecido gorduroso agora estão associadas em minha mente aos sanduíches Subway – e com certeza elas não me deixam com vontade de comer um sanduíche! Como as saladas já estão associadas à dieta na mente de muitas pessoas, "melhor do que uma salada" poderia ter sido uma escolha bem melhor para o *slogan*.

Um amigo trabalhou como médico durante vários anos nas remotas montanhas do México. Muitos de seus esforços para ensinar saneamento básico, a maneira de tratar feridas e lidar com partos etc. ou não foram seguidas ou o foram apenas esporadicamente. Após alguns anos, ele escreveu um livro ilustrado sobre seu trabalho e o publicou, levando exemplares para a vila onde ficava sua clínica. Quando os habitantes viram a mesma informação em um *livro*, de repente começaram a colocar seus ensinamentos na categoria "sério", pois o único livro que a maioria havia visto era a Bíblia e eles levavam *muito* a sério os ensinamentos desse livro.

Em uma sessão de terapia, uma cliente certa vez me disse que seu nome era Molly. Acontece que tenho uma filha chamada Molly e pensei em mencionar isso. Se o tivesse feito, essa comparação colocaria implicitamente a cliente na categoria "filha", o que poderia evocar toda sua possível "bagagem" emocional com relação ao pai etc. Como eu queria um relacionamento entre iguais e sem nenhuma "bagagem" de parentesco, não mencionei o nome da minha filha.

Meu pai faleceu aos 61 anos. Quando eu estava quase com essa idade, descobri que vinha pensando muito nele, fazendo diversas comparações entre a sua vida e a minha e sobre a morte, em razão da coincidência das idades. A maior parte desses pensamentos não era particularmente proveitosa.

Com freqüência, as pessoas estabelecem acordos que implicam trocas, como "Faço isso para você se você fizer isso para mim". Isso é comum a todos nós, parte da convivência com outras pessoas e da divisão colaborativa de tarefas e privilégios que fazem parte da interação social. Muitas vezes essas trocas surgem espontaneamente, sem grandes considerações a respeito da categoria que criam. Qualquer troca gera a suposição de que as duas coisas trocadas são equivalentes de alguma maneira, e essa equivalência age como critério para uma categoria.

Por exemplo, lavar o carro e lavar a louça já se encontram na categoria "lavar" ou "limpar", portanto uma troca que envolve essas tarefas – "Lavo o carro se você lavar os pratos" – não criará uma nova categoria com potencial problemático. Outras trocas que envolvem tarefas que já são consideradas semelhantes de algum modo pela maioria das pessoas também não causarão problemas. Mas é importante examinar o que está sendo trocado, para nos certificarmos de que a categorização implícita apóia o tipo de relacionamento que você deseja, porque algumas não são produtivas.

Por exemplo, a troca de sexo por presentes ou por dinheiro tira o sexo da categoria "expressão de afeto ou compromisso" e o coloca na categoria "troca comercial". Isso modificará a maneira como os parceiros consideram o sexo e pode provocar problemas devido às conseqüências lógicas dessa categorização, quer eles se tornem totalmente conscientes do fato, quer não. Quando o sexo é considerado uma mercadoria, torna-se irrelevante para um relacionamento pessoal, o preço fica negociável e a lei da oferta e da procura passa a se aplicar. Logo, ele pode ser vendido a qualquer um, por qualquer preço pago pelo mercado. Se as duas pessoas estão confortáveis com essa categorização, não há problema. Se ela, no entanto, é incongruente com a maneira como uma delas ou ambas consideram seu relacionamento, pode causar sérios problemas.

Os pais, com a melhor das intenções, muitas vezes orientam mal os filhos colocando-os "de castigo" por dirigir rápido demais, beber ou outros comportamentos perigosos. Ao fazer isso, as conseqüências inerentes às atividades perigosas – "ferimentos ou morte" – são colocadas na mesma categoria da "retirada temporária de privilégios". Essa nova categoria não precisa receber um nome; o fato de ambas serem conseqüências da mesma atividade cria a categorização implícita. Como os filhos têm uma experiência direta de "ficar de castigo", eles normalmente pensam nas conseqüências do comportamento perigoso como "ficar de castigo", em vez de se ferir ou morrer. E como as conseqüências do castigo não são muito rígidas ou longas, em geral não exercerão grande efeito na diminuição do comportamento perigoso.

Quando um de nossos filhos rodopiou na neve derretida, invadiu a outra pista e deslizou para fora dela, atravessando uma cerca e caindo em um barranco, ficou *totalmente* claro pela expressão de seu rosto que ele já havia pensado no que poderia ter acontecido se outro carro viesse pela pista contrária ou se o barranco fosse um penhasco etc. Qualquer sermão, "bronca" ou "castigo" teria desviado sua atenção da lição vívida e valiosa que ele já aprendera.

Pode ser muito eficaz pensar em qualquer acordo que você tenha feito com alguém, examinar aquilo que concordou em trocar – seja explícita ou implicitamente – e descobrir se acidentalmente acabou criando uma categoria que causará problemas entre vocês.

Alternativamente, você poderia pensar num problema de um relacionamento e procurar qualquer acordo implícito que tenha sido feito com relação a isso. Uma vez que ficar zangado costuma ser a resposta quando percebemos que alguém violou um acordo – explícita ou implicitamente –, pense em uma ocasião na qual se aborreceu e pergunte a si mesmo: "Que acordo foi violado?" Talvez fosse um acordo importante que você quer manter. Ou, quem sabe, um acordo implícito que você pode examinar para verificar se deseja manter. Ou poderia pensar em trocá-lo.

Dados de exemplos As categorias de nível básico incluem experiências específicas baseadas nos sentidos. Por exemplo, a categoria "beijo" contém representações de diferentes beijos, envolvendo diferentes pessoas em diferentes contextos etc. – os *dados* de todos os *exemplos* incluídos na categoria. Os dados dos exemplos são representados mentalmente em uma determinada localização no espaço pessoal de uma pessoa. Podem ser experimentados por completo "na cabeça", mas com maior freqüência são visualizados no espaço imediatamente ao redor do corpo.

Os exemplos constantes dos dados são experimentados *simultaneamente* ou *seqüencialmente* – algumas vezes, das duas maneiras – e organizados com a utilização de outras qualidades perceptivas. Essas qualidades são chamadas de *submodalidades* porque constituem exemplos menores nas cinco *modalidades* sensoriais (visual, auditiva, cinestésica, gustativa, olfativa), como tamanho, brilho, cor, movimento, tom, ritmo, pressão, temperatura etc. A representação da categoria de uma pessoa pode ser uma colagem simultânea de brilho, com imagens planas localizadas na parte superior esquerda do campo visual, enquanto outra pode ter uma série seqüencial de sons ou descrições no lado direito da cabeça.

Já descrevi o processo de evocar ou criar dados para uma categoria de "nível básico" detalhadamente com relação às generalizações que usamos para definir nosso autoconceito (Andreas, 2005). Para nossos propósitos, é suficiente saber que inconscientemente *selecionamos* experiências como exemplos de uma categoria e as *agrupamos* em nosso espaço mental pessoal. Essa é a estrutura básica de qualquer generalização ou categorização. Embora a categoria resultante possa se mostrar um tanto abstrata, os dados são uma coleção de experiências específicas.

Os dados podem incluir apenas alguns exemplos, oferecendo somente detalhes importantes sobre uma categoria; ou pode haver centenas ou milhares de exemplos, proporcionando ampla variedade, um rico repertório de informações a respeito de como os membros de uma categoria podem ser diferentes e ainda assim acabarem incluídos nela. Por exemplo, meus dados para pilotar um avião são próximos de zero, baseados apenas em alguns passeios em pequenos aviões nos quais pude observar o piloto, nas representações em filmes e nas descrições de livros. Por outro lado, já dirigi um carro o equivalente a vinte voltas ao mundo – em todos os tipos de carros, em diferentes condições mentais e de tempo, em diferentes estradas etc. –, proporcionando dados muito mais ricos de experiência para essa habilidade.

Freqüentemente, uma categoria começa com um exemplo que serve de *protótipo* para facilitar o reconhecimento de outros exemplos que se encaixam na categoria, o que foi chamado de "atrativo" na teoria da "auto-organização". Um exemplo age como um modelo que combina outros exemplos reunindo-os automaticamente, particularmente se um dos exemplos anteriores for muito claro, notável ou possuir um significado pessoal. Há alguns anos, tive a oportunidade de comprar um Audi usado de um amigo. Antes disso, eu ouvira o nome "Audi", mas não sabia nada a respeito do carro ou de como ele era. Contudo, após comprá-lo, de repente eu os notava *em todo lugar*.

Um exemplo claro também age como um modelo para selecionar e reunir inconscientemente outros exemplos da experiência *passada*. Alguns minutos após um homem criar novos dados para pensar em si mesmo como "atraente", ele disse: "Percebo agora, voltando no tempo, muitos eventos que surgiram imediatamente, como 'Ah, esse é um exemplo disso' e 'Esse é outro' e 'Lá está outro'" (Andreas, 2005, p. 140). Como exemplos adicionais são acrescentados aos dados – quer de experiências passadas, eventos atuais, quer futuros eventos imaginados –, estes tornam-se mais completos, mais ricos e mais fortes.

Essa estabilidade é maravilhosa se der apoio a habilidades valiosas, e uma sensação de competência e valor próprio. Contudo, a mesma estabilidade pode ser muito problemática se resultar em uma resposta desagradável. Por exemplo, se alguém está se sentindo "para baixo" por causa de diversas decepções, essa é uma resposta absolutamente normal e em geral temporária. "Ah, sinto muito que você esteja se sentindo para baixo hoje."

Mas se alguém descreve essa resposta normal como estar "deprimido", essa palavra indica uma categoria que existe durante uma abrangência muito mais longa de tempo, estimulando a busca de outros exemplos. Como as decepções realmente acontecem de vez em quando, usando uma abrangência mais longa é *muito* fácil encontrar e juntar vários outros exemplos de sentir-se mal que apóiam a categoria chamada "depressão", transformando alguns rápidos eventos desagradáveis em dados amplos de uma categoria mais permanente.

Os dados com diversos exemplos proporcionam a base para uma generalização bastante sólida, portanto a invalidação de alguns exemplos não diminui muito a sua força. Isso oferece uma maravilhosa estabilidade quando uma generalização é eficaz. No entanto, quando uma generalização não é tão proveitosa assim, como em "depressão", essa estabilidade torna-se uma desvantagem. Os sentimentos ruins resultantes desses dados amplos aumentam a probabilidade de alguém encontrar ainda mais exemplos, provocando mais sentimentos ruins em um ciclo fechado "descontrolado", com freqüência difícil de ser interrompido.

Você pode falar sobre todos os contra-exemplos na vida dessa pessoa – ocasiões em que ela foi feliz ou coisas pelas quais pode se sentir grata etc. – e isso terá pouco ou nenhum impacto devido à quantidade de exemplos de "depressão". Lembrar de eventos felizes é particularmente ineficaz quando uma pessoa deprimida pensa neles um de cada vez, comparando um único exemplo com a enorme quantidade de dados para "depressão". Entretanto, se você evocar muitos exemplos de felicidade *reunindo-os* em novos dados, isso finalmente pode se tornar forte o suficiente para ter algum efeito.

Abrangência de uma categoria As categorias descritas pela física, como "massa", "energia", "velocidade" etc., são consideradas válidas para todo o universo, no espaço e no tempo. Algumas outras categorias psicológicas avaliativas mais gerais, como "gostar" ou "desgostar", "real" ou "irreal", "certo" ou "incerto", também podem ser aplicadas a *qualquer* experiência – logo, sua abrangência também é ilimitada.

Contudo, muitas outras categorias são bem mais limitadas em sua abrangência de aplicação. "Consciência", "atitude", "intenção", "gravidez", "dor" e diversas outras que descrevem a experiência humana ou animal simplesmente não se aplicam a rochas, substâncias químicas, plantas, temperatura e o restante do mundo. Por exemplo, quando alguém fala de uma "rocha dolorida", a maioria das pessoas presume que é uma *pessoa* que sente a dor, não a rocha!

Algumas vezes, a aceitação da abrangência de uma categoria pode ser produtivamente estendida. Por exemplo, costumamos pensar em ser "bons" para as pessoas e animais, que podem saber que estão recebendo um comportamento "bom". Mas também vale a pena considerar ser "bom" para coisas inanimadas e eventos, embora eles não percebam isso. Quando alguém é "bom" com seu carro ou com o meio ambiente, provavelmente ele durará mais, tornando eficaz essa extensão.

Abrangência inadequada Quando as pessoas falam de um terremoto "perverso" ou de uma brisa "amistosa", estão aplicando essas categorias a uma abrangência de experiência que se encontra fora de seu domínio apropriado, já que essas palavras pressupõem algum tipo de consciência e intenção. Um terremoto pode ser *violento*, mas não "perverso" porque não tem intenção. Uma brisa pode ser *agradável*, porém não "amistosa".

Já ouvi muitas pessoas discutirem seriamente se "o universo é um lugar amistoso" ou não. (Provavelmente querem dizer "amistoso com os seres humanos", e não amistoso com os germes e vírus.) "Amistoso" significa uma atitude ou conjunto de comportamentos que um ser consciente utiliza para expressar um relacionamento afetuoso com outro. Em geral, aplica-se a pessoas e animais de estimação e, algumas vezes, a outros animais. Qualquer aplicação dessa palavra além do domínio das criaturas com alguma consciência de seu ambiente extrapola sua abrangência adequada.

Se olharmos ao redor, para o nosso planeta, deve ficar bastante óbvio que um vulcão em erupção certamente não é "amistoso" com qualquer tipo de vida, e o mesmo é verdadeiro para a fria Antártica e o seco Saara. A maior parte do universo que conhecemos – espaço, estrelas, asteróides, cometas e a ampla maioria de planetas – são muito quentes, muito frios, com pouco ar, violentos ou venenosos, "hostis" não somente com as pessoas, mas com qualquer tipo de vida que conhecemos ou podemos imaginar! Diante de tudo isso, qual poderia ser o significado de se dizer que "o universo é um lugar amistoso"?!

"Justiça" é outra categoria comumente aplicada a uma abrangência inadequada, resultando em muita infelicidade. Em geral, as pessoas dizem "Isso não é justo!" focalizando uma situação na qual alguém tem uma quantidade maior de alguma coisa valiosa (emprego, dinheiro, boa aparência etc.) do que elas. "Não é justo que ela seja bonita e eu não", "Não é justo que ele seja mais rico do que eu" etc. A "injustiça" torna muito fácil nos sentirmos vítimas, com pena de nós mesmos, afirmando que alguém deveria fazer algo a esse respeito. Poucas pessoas param e percebem que, normalmente, dizem isso quando o outro tem *mais* de alguma coisa desejável, e raramente quando tem *menos*.

Se as pessoas usassem a mesma frase com relação à *outra* metade da abrangência disponível, poderiam recuperar um pouco de equilíbrio, dando-se conta de que as outras pessoas têm mais de algumas coisas valiosas e menos de outras. "Não é justo que ele esteja em uma cadeira de rodas e eu não", "Não é justo que ela tenha menos dinheiro do que eu" etc. Sempre que começo a pensar que minha vida não é justa, utilizo isso como um mantra interior, preenchendo-o com qualquer conteúdo conveniente a meu redor, a fim de recuperar o equilíbrio. Naturalmente, alguns se sentem culpados por possuir uma quantidade maior de alguma coisa valiosa, então precisariam fazer o inverso para obter equilíbrio.

"Justo" no sentido de "imparcial e honesto" *só* pode ser aplicado à abrangência de eventos descritos como acordos, trocas e transações humanos. O mundo físico natural não é justo ou injusto; ele apenas *é*. Se digo "Não é justo que eu seja baixo e ele alto", isso equivale a dizer "Não é justo que as rochas sejam duras e a água mole". Ser duro ou mole, alto ou baixo, não tem nada que ver com justiça.

Milton Erickson (1983, p. 17-19) contou sobre os exames físicos que fazia no início de seu treinamento médico. Certo dia, examinou primeiro um mendigo alcoólatra de 73 anos de idade que se encontrava com excelente saúde, mas que fora um fardo para a família e a sociedade durante muito tempo – e que provavelmente viveria mais dez ou vinte anos. A seguir, ao examinar uma jovem linda e inteligente, notou em suas retinas os sinais inconfundíveis da doença de Bright, um tipo de insuficiência renal que lhe dava menos de três meses de vida.

Erickson precisou se desculpar e deixar a sala para recuperar a compostura antes de voltar e lhe dizer o que havia encontrado. De acordo com sua descrição, ele disse a si mesmo: "É melhor você pensar nisso e conseguir uma perspectiva sobre a vida, porque é isso que vai enfrentar repetidamente como médico – a total injustiça da vida". Um acordo pode ser justo, mas a vida não.

Embora ocasionalmente alguém possa dizer "Isso não é justo" apropriadamente para descrever um acordo ou transação entre seres humanos, com mais freqüência essa frase é utilizada para descrever coisas ou eventos dos quais não gostamos. É bom dizer "Eu não gosto de alguma coisa" e ainda melhor fazer algo a respeito quando podemos. Contudo, é inadequado dizer "Isso não é justo" apenas porque não gostamos. Eu bem que poderia repreender uma rocha por não ficar grávida! Dizer "Isso não é justo" apenas torna mais desagradável uma situação que já é desagradável, fazendo de nós vítimas chorosas e desviando-nos de tomar uma atitude a fim de melhorar as coisas. Reclamar da injustiça da vida só a torna pior.

Para os curiosos por saber um pouco mais a respeito de como po- demos tão facilmente nos perder em afirmações inúteis como "Apenas não é justo", vamos examinar melhor as palavras. "Apenas" significa "só", uma palavra da visão de túnel que basicamente diz: "Não preste atenção em mais nada; isso é tudo que importa", conforme discutimos no pri- meiro capítulo.

"É" trata-se de uma afirmação de fato – o que os lingüistas chamam de factivo –, porque é uma palavra usada para descrever a existência ou um *fato* (diferente de aparência ou opinião). Quando alguém diz "Esse é um gato", traz o significado de fato ou de existência, que não deve ser questionado.

A pessoa que faz a afirmação está ausente, bem como o objeto da afir- mação, aumentando a pressuposição de que se trata de um fato inques- tionável. Ampliando essa frase até sua abrangência total obtemos: "*Estou dizendo que isso não é justo para mim*". O "isso" não está especificado, mas em geral fica claro no contexto ou é especificado pelas afirmações que vem antes ou após a frase. "Isso" é algum evento ou condição, enquanto "não é justo" constitui o significado atribuído a "isso", unido pelo "é".

"Justo" também é uma palavra com muitos significados. Meu dicioná- rio relaciona alguns: "honesto, imparcial, bom, de acordo com as regras, caracterizado por condições favoráveis".

Quando os muitos significados de todas essas palavras são reunidos na curta frase "Isso não é justo", resulta daí uma afirmação segundo a qual *tudo* que é certo, bom e verdadeiro (uma categoria enorme) foi violado e nenhuma outra abrangência deve ser considerada. Assim, naturalmente nos sentimos mal e temos dificuldade para escapar disso. Em geral, a maio- ria desses muitos significados é processada inconscientemente e a pessoa também responde à maior parte deles dessa forma, tornando muito difícil reconhecer seu impacto e fazer algo a respeito. Esse é apenas um exemplo de como podemos ficar empacados e frustrados ao aplicar uma categoria a uma abrangência inadequada.

As limitações da categorização A habilidade para categorizar eventos é muito útil. Como todas as habilidades, ela possui determinadas limita- ções inerentes. Quando compreendemos essas limitações, podemos agir um pouco mais humildemente e perceber que, por mais cuidadosos que sejamos em sua criação, nossas categoriais jamais podem representar totalmente ou com precisão os eventos reais.

Qualquer categoria é apenas tão precisa quanto os *critérios* utilizados para criá-la e os dados de *exemplos* que incluímos nela. Se tivermos poucos exemplos, exemplos muito mal definidos ou utilizarmos tendências que excluam uma variedade de exemplos, muitas informações ficarão de fora, tornando a categoria inadequada para o mundo real.

Também é possível *perder* informações de dados pela falta de uso ou pela passagem do tempo. Há quase cinqüenta anos, formei-me em química na Caltech, uma das melhores universidades na área de ciências. Recentemente, concordei em dar um rápido curso de química e fiquei envergonhado ao descobrir quantas informações específicas eu havia esquecido. Assim, precisei reaprender.

Resumo: Ao criarmos uma categoria de *nível básico*, *agrupamos* diversas experiências baseadas nos sentidos utilizando algum *critério* ou conjunto de *critérios* de acordo com suas *semelhanças*. Os critérios podem ser inconscientes ou conscientes, muito específicos ou um tanto indefinidos ou "obscuros". Os critérios estão *implícitos* nos exemplos inclusos em uma categoria, em vez de serem explícitos e conscientes – às vezes é necessário examinar vários exemplos para decidir o que têm em comum. Os exemplos de uma categoria podem ser colocados numa lista, definidos por *critérios explícitos* ou gerados por uma *regra* ou *procedimento* que especifica sua qualidade de membro.

Embora os exemplos sensoriais inclusos em uma categoria sejam *análogos* em abrangência (tamanho, peso, cor etc.), quando associamos uma experiência a uma categoria, ela está ou não *na* categoria, portanto todas as categorias são *digitais*.

Uma categoria é formada por um processo chamado *indução*, em que se utiliza a *generalização*, observando como experiências diferentes são *semelhantes*. Empregamos a *discriminação* para excluir uma experiência de uma categoria quando ela é suficientemente diferente para pertencer a outra categoria.

Depois que uma experiência é associada a uma categoria, podemos fazer *deduções* a seu respeito, baseadas no conhecimento dos critérios usados para a categoria. Damos um *nome* à categoria, uma palavra arbitrária que podemos usar para falar sobre ela.

As *modalidades sensoriais* diferem muito em sua utilidade na discriminação e na generalização. Podemos fazer discriminações muito mais refinadas na modalidade visual, porém bem menos na modalidade cinestésica, que é melhor para a generalização. As outras modalidades são intermediárias em sua capacidade de realizar discriminações precisas.

As *comparações*, *combinações* e *trocas* criam categorias *implícitas* mesmo quando a atenção consciente está focalizada nas diferenças entre eventos e podem causar problemas se a categorização for inadequada.

Algumas categorias, como as leis da física, têm abrangência ilimitada, enquanto outras, como a consciência ou a justiça, só podem ser aplicadas a determinada abrangência de experiência. Quando uma categoria é aplicada a experiências fora de sua abrangência adequada, provoca confusão e mal-entendidos.

Para mais informações sobre a pesquisa lingüística da categorização, leia o maravilhoso livro de Lakoff (1987). Se quer saber mais acerca da pesquisa neurológica da categorização, veja Edelman (1992).

As categorias são extremamente úteis. À medida que prestamos atenção em uma categoria, podemos facilmente deixar de acompanhar as experiências baseadas nos sentidos que elas indicam. A maior parte das pessoas, na maior parte do tempo, confunde as categorias com a "realidade", deixando perceber o quanto dela foi criado pela categorização.

A habilidade de categorizar a experiência baseada nos sentidos é *tremendamente* útil e, como todas as habilidades, é muito melhor como funcionária do que como chefe. Quando compreendemos de que maneira criamos categorias, podemos escolher criar categorias alternativas melhores para nós e que nos conduzam a uma vida mais agradável.

Agora que examinamos como criamos categorias, exploraremos de que forma recuperamos o significado de uma categoria ao pensar nela, ou quando vemos ou ouvimos uma palavra que indica uma categoria.

*"ALGUNS SÃO BOLAS E ALGUNS SÃO BATEDORES,
E EU OS CHAMO PELO QUE ELES SÃO."*
PRIMEIRO IMPÉRIO

*"ALGUNS SÃO BOLAS E ALGUNS SÃO BATEDORES,
E EU OS CHAMO DA MANEIRA COMO OS VEJO."*
SEGUNDO IMPÉRIO

*"ALGUNS SÃO BOLAS E ALGUNS SÃO BATEDORES,
MAS ELES NÃO SÃO NADA ATÉ QUE EU OS CHAME ASSIM."*
TERCEIRO IMPÉRIO

3

Indicação
Escolha de grupos

"O HOMEM QUE TENTA CARREGAR UM GATO PELO RABO
APRENDE ALGO QUE SEMPRE SERÁ ÚTIL
E QUE JAMAIS SERÁ OBSCURO OU DUVIDOSO."
MARK TWAIN

Depois de explorarmos como criamos e nomeamos categorias, precisamos entender como sabemos que experiência uma categoria indica. Quando você ouve ou lê a palavra "cão", como sabe qual imagem formar? O significado é proporcionado pelos exemplos na categoria. Contudo, há diversas possibilidades de se utilizarem esses exemplos e criar-se um significado.

Antes de começarmos a exploração, quero que você pense na categoria que chamamos de "cão" e observe mais detalhadamente sua experiência interna do significado dessa palavra. Por favor, faça uma pausa antes de continuar a leitura...

Que tipo de cão ou cães lhe vêm à mente? É principalmente uma imagem, um som, um sentimento ou uma combinação deles? Onde está localizado em seu espaço pessoal? Está dentro ou fora da cabeça? Qual o seu tamanho e quantos detalhes você percebe?...

1. *Verificação dos dados* A maneira mais completa para compreender a categoria "cão" seria verificar todas, ou muitas, imagens de diferentes cães que você experimentou, oferecendo uma grande variedade de todos esses diferentes cães – seus tamanhos, cores, formas, comportamentos etc. Isso proporciona uma *ampla variedade* de exemplos sensoriais potencialmente

bem mais rica de informações do que qualquer exemplo único. Por exemplo, vejo uma seqüência rápida de *slides* com cerca de sete centímetros de altura e mais ou menos 25 centímetros de largura em frente ao rosto, com muitos diferentes cães aparecendo. Se eu verificasse cada exemplo para conhecer *todas* as suas características, poderia demorar muito. Com uma verificação rápida, perde-se a maior parte dos detalhes, mas se eu verificar uma ou algumas características relevantes para minhas necessidades ou objetivos no momento, pode ser mais rápido.

Digamos que eu queira fabricar gaiolas de transporte para cães. Na escolha do tamanho das gaiolas, posso usar o critério de tamanho para procurar rapidamente em todos os dados de cães e descobrir a maior necessária. Então, posso escolher algumas dimensões de gaiolas e depois verificar novamente meus dados para determinar uma porcentagem aproximada de cães que caberiam confortavelmente em cada uma delas e calcular quais tamanhos seriam mais procurados etc.

Normalmente, um especialista em qualquer área terá dados ricos e amplos de exemplos de muitos diferentes tipos, inclusive variações importantes, exceções e exemplos incomuns. Esses dados também costumam estar muito bem organizados para que ele possa acessar facilmente exemplos específicos. Como a verificação dos dados demora consideravelmente, quase nunca utilizamos esse processo na compreensão das conversas do dia-a-dia.

2. Protótipo ou exemplar A palavra "protótipo" é utilizada aqui no sentido de "típico", e não de "modelo original" – embora algumas vezes nossa primeira experiência de uma categoria possa ser usada como um protótipo. Provavelmente você se lembra da primeira pessoa que beijou, mas não da quarta. Geralmente, usamos uma única "melhor" representação para representar toda a categoria. Para a maioria das pessoas, um *collie*, um *cocker spaniel* ou um labrador são exemplos "melhores" de cão do que um *chihuahua* ou um dinamarquês. A utilização de um protótipo nos permite compreender e responder muito rapidamente a uma palavra, bem como acompanhar o ritmo de uma conversa.

Contudo, o "melhor" exemplo de uma categoria pode mudar consideravelmente de acordo com o contexto e com os objetivos. Se eu estou interessado em cães de corrida, um galgo pode tornar-se imediatamente o "melhor" representante e, se quero me proteger, um *doberman* ou um pastor alemão talvez surjam repentinamente como fundamentais. Há diversos diferentes tipos de protótipos e cada um possui determinadas vantagens e desvantagens.

a. Exemplo típico: Se eu disser "Vi um pássaro ontem", que imagem lhe vem à mente? Provavelmente não a de um condor ou de um avestruz, mas a de um pássaro mais comum, como sabiá, pardal ou bem-te-vi. Qual é a imagem de um cão típico para você? Deve ser mais ou menos parecida com a maior parte dos cães que você vê e que, na maioria das vezes, corresponderá muito bem ao provável significado da palavra.

b. Exemplo comum: Você pode pensar em uma única imagem, uma espécie de resumo ou *média* de todos os cães que já viu, que representa seus critérios para a condição de "cão" de maneira bastante geral, *deletando* todas as diferentes características individuais específicas de cada um dos diferentes cães inclusos na categoria. Meu cão comum é bem cinza, com um pouco de preto e branco, olhando para a esquerda, um tipo de pastor alemão/lobo, mas com uma aparência muito mais comum. Como ele foi criado com base na média de uma ampla variedade de diferentes exemplos, não é uma representação precisa de qualquer um dos cães que já vi, embora seja adequado para a maioria deles.

Esse tipo de processo foi empregado para encontrar a imagem coletiva de um grupo de rostos, colocando-se fotos de diferentes pessoas no computador e a *média* de todas as características de diferentes fotos em uma única imagem. A imagem obtida é diferente de *qualquer um* dos rostos utilizados para criá-la e contém muito menos informações do que as existentes em todos os diferentes rostos originais. Curiosamente, a maior parte das pessoas considera essa imagem mais atraente do que os rostos usados para chegar a ela.

c. Exemplo pessoal marcante: Se você teve um exemplo importante e memorável de uma categoria, bom ou ruim, ele pode tornar-se um protótipo. Meu exemplo pessoal de um cão é um setter irlandês que tive quando estava com 14 anos; ele traz consigo todas as lembranças queridas que tenho daquele cão. Um pessimista provavelmente pensaria em uma experiência desagradável com um cão, enquanto um otimista poderia escolher uma experiência particularmente agradável.

Quando eu era pequeno, conheci um homem excepcional, inteligente, rico, gentil, compreensivo – e solteiro. Achei que ele seria o par perfeito para minha mãe viúva e que eu poderia ser seu filho. Durante cerca de doze anos, eu freqüentemente usava sua imagem como uma espécie de "modelo" para avaliar outros homens e a mim mesmo.

Muitas pessoas que têm problemas com traumas e tristezas do passado usam exemplos marcantes desagradáveis para representar categorias como "mãe", "pai" ou "casamento". Alguém que já ficou amargamente decepcionado no amor pode usar essa imagem para representar toda a categoria de relacionamentos, baseando suas expectativas para o futuro nesse único exemplo. Alguém que quase morreu afogado e tem fobia de água é um exemplo extremo disso.

d. Ideal: Trata-se de uma concepção abstrata do "melhor dos mundos". Por exemplo, observe sua representação interna da palavra "triângulo"...

Poucas pessoas pensam em um triângulo isósceles ou retângulo; quase todas imaginam um triângulo com os três lados e os ângulos iguais – e sempre com uma das pontas voltada *para cima*, nunca para baixo! Quase ninguém pensa em um triângulo irregular ou obtuso, embora eles sejam muito mais comuns na experiência cotidiana. De algum modo, para nós, um triângulo eqüilateral representa "melhor" a "triangularidade" do que outros tipos de triângulos.

Quando penso no ovo ideal, vejo um ovóide branco perfeito e brilhante, com um sombreado que faria inveja a qualquer um em uma aula de pintura, sem nenhuma mancha ou defeito. Ao olhar dentro dele, vejo uma esfera perfeita de amarelo suspensa no líquido claro a seu redor – sem os filamentos gelatinosos esteticamente menos simétricos nas extremidades da gema. Platão acreditava que os ideais eram objetivos, mas muitas pesquisas indicam que eles são construções da mente. Um cão ideal poderia ser aquele que gosta de passear com você, fica quieto e bem comportado quando há visitas, protege seus filhos etc.

Os ideais são úteis quando procuramos atingir importantes objetivos futuros. Você pode imaginar uma esposa ou um marido perfeito como guia na escolha do melhor pretendente à disposição – desde que tenha em mente que todo ser humano real sempre ficará consideravelmente longe do seu ideal. A comparação constante de pessoas e eventos reais com os ideais pode causar insatisfação e infelicidade crônicas, que muitas vezes chamamos de "perfeccionismo".

e. Modelo: É um exemplo excepcional de uma categoria, *exemplo* de um ideal na vida real. Como um ideal, poucos eventos reais podem corresponder a um modelo. Lassie era um modelo de cão. Na maior parte das categorias há exemplos que ficam muito acima dos demais – pelo menos no que se refere àquela categoria. Um modelo de estrela do rock (Elvis), de físico (Einstein) ou de atriz (Julia Roberts) pode não ser um modelo em muitos outros aspectos, ou alguém com quem você gostaria de passar a vida. Embora a palavra modelo em geral indique algo positivo, também temos modelos negativos: Hitler, Mao Tse-tung, Stalin.

f. Estereótipo: Essa espécie de caricatura distorcida acentua determinados aspectos de uma categoria. O que é um cão estereotípico para você? Aquele que é sempre amigável, abana o rabo e tenta lamber-lhe o rosto? Ou o que mastiga tudo que encontra, faz cocô no chão e late a noite inteira? Os estereótipos são normalmente usados ao pensarmos em determinados grupos sociais. Observe a imagem que lhe vem à mente em resposta ao seguinte: "loira burra", "sargento", "sem-teto", "sogra", "solteirão", "estrela do rock", "deficiente mental". Em geral, os estereótipos são *bastante* diferentes da maioria das pessoas reais indicadas pela categoria – muitas vezes porque tivemos pouca experiência pessoal com eles, construindo nossas imagens com base no que nos dizem ou naquilo que lemos. Enquanto os protótipos distorcem o que representam, os estereótipos costumam ser os menos precisos.

Também podemos combinar essas muitas alternativas em diversas seqüências. Primeiro, pensando em um exemplo típico, depois em um modelo, então em um exemplo pessoal marcante, a fim de decidir qual contexto é importante o suficiente para fazermos uma verificação de diferentes exemplos. O conhecimento dessas possibilidades distintas nos ajuda a compreender e a descobrir as principais diferenças entre a *experiência* das pessoas relacionadas com uma categoria e como elas podem se desentender quando utilizam protótipos diferentes.

Estrutura radial Com freqüência, as pessoas pensam em uma categoria como algo parecido com um saco de bolinhas de gude, sem nenhuma estrutura interna para uni-las. Entretanto, Lakoff reuniu e resumiu diversas pesquisas empíricas de Eleanor Rosch e outros, segundo as quais uma categoria sempre possui uma estrutura interna ramificada unindo os diferentes exemplos. Um *protótipo* central está ligado a outros exemplos mais ou menos periféricos ou "radiais" (1987, p. 91-109). Uma enciclopédia é um exemplo familiar dessa estrutura radial: cada tópico consiste em uma palavra com um significado central, com significados relacionados, porém mais especializados ou menos utilizados na mesma categoria geral.

Um cão prototípico é central, ligado a cães semelhantes, com cães menos comuns como o pequinês e o *whippet* na periferia. Os exemplos mais periféricos têm muito menos probabilidade de ser utilizados para representar uma categoria, a menos que sob condições especiais. Por exemplo, se alguém pergunta "O que é um cão pequeno?", de repente um *chihuahua* ou um *yorkshire terrier* tornam-se prototípicos.

Lakoff (1987, p. 416-461) mostra como a preposição comum "sobre" possui quase uma centena de significados relacionados, porém reconhecíveis.

As relações entre esses significados podem ser diagramadas utilizando-se uma estrutura radial tridimensional ramificada, com o significado prototípico central no meio. Observe como sua imagem interna de cada significado de "sobre" nos exemplos a seguir é ligeiramente diferente:

1. O quadro está *sobre* a lareira.

2. O avião voou *sobre* a colina.

3. Sam caminhou *sobre* a colina.

4. A toalha está *sobre* a mesa.

5. A calda foi espalhada *sobre* a panqueca.

6. Sam mora *sobre* a colina.

O primeiro exemplo representa um significado prototípico de "sobre", quando uma coisa está de algum modo localizada *em cima* de outra, enquanto os demais exemplos indicam diferentes significados da palavra.

Os dois exemplos seguintes implicam uma *trajetória* que está em cima de alguma coisa, mas diferem na distância – muito acima ou muito próxima do que está abaixo.

O quarto e o quinto exemplos têm o sentido de *cobertura*, porém uma é estática e a outra está em movimento.

O sexto indica o *final* de um caminho sobre alguma coisa.

Todos esses diferentes significados estão inclusos na "mesma" categoria, indicada pela palavra "sobre", o que é chamado de polissemia. Embora talvez jamais tenhamos examinado cuidadosamente esses diferentes significados da palavra "sobre", podemos confirmar como eles são distintos, já que durante anos usamos e compreendemos inconscientemente a palavra de maneira adequada em todas essas formas ligeiramente diferentes.

Criando um novo protótipo Comumente, uma intensa experiência prototípica é o inicio da criação de uma nova categoria – e isso será proveitoso ou não, dependendo do contexto. Uma fobia é um exemplo vívido da maneira como um protótipo pode criar o núcleo de uma nova categoria e depois atrair outros exemplos semelhantes. Quando alguém fica aterrorizado por quase ter se afogado, outras experiências com a água rapidamente se juntam à nova categoria e passam a carregar o mesmo significado: *terror*.

Por outro lado, quando alguém fica empolgado ao se apaixonar pela primeira vez, isso também pode servir como um protótipo que tende a juntar outras experiências de afeto em uma nova categoria. A nova percepção de ser "atraente para os outros" ou "desejável" torna-se uma poderosa autoconsciência, um valioso recurso para lidar com decepções subseqüentes ou outras experiências difíceis.

Ao compreendermos o poder dos protótipos, temos a oportunidade de deliberadamente evocá-los no ensino. A utilização de uma demonstração ou de uma descrição particularmente notável do exemplo de um tema cria um núcleo de compreensão que pode ser elaborado em uma categoria de eventos semelhantes. No ensino da química, uma explosão ou outro evento surpreendente proporciona uma base memorável para juntar e lembrar informações úteis, porém menos emocionantes, sobre valências, ligações covalentes ou combustão.

Sabendo como uma experiência prototípica rapidamente reúne outras experiências semelhantes, podemos neutralizar rapidamente uma experiência prototípica prejudicial, antes que ela aconteça. Por exemplo, se uma criança está morrendo de medo por ter sido mordida por um cão, faça-a acariciar imediatamente um cão particularmente gentil e afetuoso, proporcionando uma experiência prototípica alternativa que impedirá que o terror se generalize para todos os cães.

Utilizando protótipos Sabendo como os protótipos funcionam, podemos utilizá-los para uma mudança pessoal. Na maioria dos padrões de mudança da PNL, pedimos ao cliente para escolher um exemplo específico de uma categoria, a ser processado usando um determinado padrão. No intuito de mudar toda a categoria de experiência, é importante escolher uma experiência prototípica com a qual trabalhar, pois então a mudança será automaticamente transferida para todos os outros exemplos na categoria. Visando solucionar uma fobia, por exemplo, pedimos ao cliente para pensar no exemplo mais *intenso* que já experimentou.

Se trabalharmos com um exemplo menos intenso e mais periférico, a mudança pode não se generalizar tão amplamente e talvez seja necessário repetir o processo com muitos outros exemplos antes de obtermos uma mudança completa. É por isso que a chamada Dessensibilização Sistemática demora tanto para curar uma fobia. Esse processo começa com o estímulo *menos* intenso e aos poucos trabalha com o protótipo mais intenso, com freqüência durante muitos meses.

Certa vez, precisei processar dois protótipos para solucionar a claustrofobia de um cliente que apresentava duas categorias principais de experiência: a de estar fisicamente preso em um espaço pequeno e a de estar preso em um relacionamento. A transformação do protótipo de estar fisicamente preso não se transferiu para a outra categoria.

Se você puder evocar um protótipo existente que vem distorcendo ou limitando a experiência de alguém e depois transformar isso de algum modo, poderá mudar a maneira de funcionar de toda a categoria. A maior parte do trabalho de Milton Erickson focalizou a transformação das experiências prototípicas, freqüentemente com a ajuda de tarefas específicas a serem executadas no mundo real e que desafiavam e revisavam o protótipo. Para isso, muitas vezes Erickson utilizava cúmplices. Por exemplo, um homem com uma fobia social era apresentado a duas jovens animadas que o mantinham tão ocupado falando, pedindo o jantar e dançando, a ponto de não lhe sobrar atenção para pensar em suas imagens internas. No final da noite, ele tinha tantos exemplos de sociabilidade que suas terríveis imagens anteriores tinham sido superadas.

Há alguns anos dei aula de psicologia introdutória em uma universidade. A maioria das idéias dos alunos sobre "doença mental" eram estereótipos obtidos em filmes ou livros sobre maníacos homicidas furiosos ou catatônicos imóveis, e eu queria que eles tivessem imagens mais realistas. Todo semestre eu fretava um ônibus e levava a classe para visitar um hospital psiquiátrico a fim de lhes dar uma experiência direta com os pacientes. Preparava-os totalmente e insistia para que, estando em um pavilhão, conversassem e interagissem com os pacientes, individualmente ou em pares.

Apesar da minha cuidadosa preparação, posso garantir que a maioria dos alunos estava muito excitada, facilitando a lembrança das experiências. Eles estavam em uma situação *real*, com seres humanos reais, diferente de suas imagens dissociadas das descrições na mídia. As experiências que viveram lá se tornaram protótipos poderosos e memoráveis (parcialmente devido ao *contraste* vívido com suas imagens anteriores), gerando uma nova maneira de categorizar as pessoas que lá se encontravam. Ao final de um dia interagindo com diversos pacientes, os alunos tinham uma experiência pessoal muito mais realista para usar como protótipo para a categoria "doença mental".

Limitações de protótipos O uso de um protótipo proporciona apenas um guia geral para o significado de uma palavra. Na conversa comum, isso costuma ser adequado, rápido, eficiente e eficaz. Se resolvêssemos verificar todos os exemplos de uma categoria, a fim de entender em detalhes a ampla variedade de possibilidades de se compreender uma palavra, provavelmente perderíamos vinte ou trinta frases antes de terminar a verificação. Mas eficiência, velocidade e facilidade sempre têm um preço: os erros que podemos cometer como resultado de nossa imprecisão.

Por exemplo, se você me perguntar se eu estaria disposto a cuidar do seu cão enquanto você passa o fim de semana fora, eu poderia dizer "sim" baseado no protótipo "típico" que estou usando. Se eu tivesse feito uma rápida verificação de todos os possíveis tamanhos e temperamentos de cães, poderia resolver perguntar que *tipo* de cão você tem. Mais tarde, quando você trouxesse seu São Bernardo, pesando noventa quilos, ou um feroz *pit bull*, talvez não fosse nada daquilo que eu "tinha em mente"!

Na introdução, perguntei: "Como um homem que nota o silêncio da esposa decide que 'casou com a mulher errada'?" Que categorias e protótipos ele estaria usando para representar cada uma dessas coisas? Primeiro, ele deve ter categorizado o silêncio da esposa como indiferença, ressentimento, hostilidade ou alguma outra "atitude" desagradável. Como resultado, poderia categorizar a si mesmo como uma "vítima inocente", "irremediavelmente presa" em um "relacionamento terrível", cuja única saída é o "divórcio".

Contudo, o silêncio da esposa poderia ser apenas o resultado da preocupação com o planejamento de uma festa de aniversário surpresa, ou de devaneios, cansaço, fascínio com o livro que está lendo ou alguma outra coisa irrelevante para o relacionamento. Vale a pena acompanhar nossas categorizações – especialmente quando elas nos levam aonde não queremos ir –, para que tenhamos a oportunidade de escolher alternativas. O exercício a seguir apresenta uma experiência disso.

Exercício do *script* de categoria

1. *Problema* Pense em uma lembrança problemática que ainda o incomoda...

2. *Reveja um filme* dessa lembrança como você a vivenciou originalmente, com sons e sensações, do início ao fim...

3. *Descrição* Agora imagine que um amigo vai produzir um filme com base em sua experiência desse evento e, para isso, você precisa elaborar um *script*.

Você deve escrever uma frase ou duas para descrever cada categoria, de modo que o filme seja uma representação precisa da sua experiência interna...

4. *Reveja o script* Volte então ao *script* e examine a seqüência de categorias que você experimentou e que protótipo usou para cada uma delas. Quais categorias e protótipos são adequados e úteis e quais não são? Você volta repetidamente a categorias e protótipos anteriores ou fica preso em um deles durante muito tempo?...

5. *Revisão do script* É hora de tentar melhorar o *script*. Onde uma categoria ou protótipo diferentes seriam melhores? Sem alterar a situação externa, experimente mudar as categorias que você utiliza para compreender essa experiência, e/ou o protótipo que emprega para representar uma categoria. Continue revisando até encontrar uma seqüência satisfatória e com mais recursos...

6. *Ensaie no futuro* Agora pense em uma época no futuro na qual poderia encontrar novamente o mesmo tipo de evento e ensaie seu novo *script* de categoria para descobrir se ele o satisfaz. Se considerá-lo insatisfatório e quiser revisá-lo, volte ao passo 5 e depois continue. Quando estiver no ponto e ensaiado diversas vezes em contextos futuros, ele deverá tornar-se uma nova resposta automática na vida real sempre que esse tipo de situação voltar a acontecer...

As limitações da recuperação do significado Mesmo quando as categorias são bem construídas, incluindo uma abundância de exemplos adequados, a maneira como recuperamos a compreensão daquilo que a categoria significa depende do modo de escolher um ou mais exemplos para servir de protótipo à categoria como um todo. Sempre que usamos um protótipo para obter facilidade e eficiência – o que acontece na maior parte do tempo –, isso distorce a compreensão porque ignora muitos outros exemplos nos dados. O único jeito de evitar isso é fazer uma verificação completa de todos eles. Isso demora algum tempo e ainda está sujeito às tendências introduzidas pelos protótipos, uma vez que são mais marcantes e visíveis, mesmo quando realizamos uma verificação completa.

Outra conseqüência inevitável da maneira de recuperar o significado é o fato de que, ao vermos um objeto que chamamos de "maçã", às vezes atentamos tanto à experiência *interna* da categoria que não experimentamos muita coisa da maçã de verdade que está logo ali. É o que acontece em qualquer tipo de preconceito – favorável ou desfavorável – no qual decidimos antecipadamente como será a experiência de alguém, dificultando bastante uma resposta à pessoa real à nossa frente.

Quando eu trabalhava no restaurante da universidade, um dos meus colegas era um *gourmet* muito orgulhoso de sua capacidade de fazer distinções muito refinadas no sabor e textura dos vinhos e alimentos. Uma noite, servimos sorvete com calda de caramelo a todos os alunos, mas demos a ele uma concha de *purê de batatas* gelado com calda de caramelo. Depois de vê-lo comer quase tudo, contamo-lhes o que tínhamos feito. Ele não acreditava. Só se convenceu depois de comer um pouco do que havia sobrado, provando-o com muito cuidado. Acho que nunca na vida vi ninguém ficar tão envergonhado.

A maioria das pessoas já experimentou aquilo que chamamos de "desempenho máximo" ou "estado fluido", quando ficamos completamente absortos no que está acontecendo – seja tocar música, participar de um esporte, simplesmente conversar com alguém ou realizar uma tarefa extremamente bem. No desempenho máximo, respondemos adequadamente, quase sem nenhum constrangimento, pensamento ou planejamento, e tudo vai muito bem.

Então, em determinado momento, percebemos como tudo vai indo bem e fazemos uma avaliação: "Uau, isso é realmente demais!" Nesse momento de categorização, ao desviarmos a atenção do envolvimento total na atividade sensorial para a categoria "coisas que estão indo bem", em geral a qualidade daquilo que estamos fazendo diminui muito e podemos até começar a cometer erros sérios.

Sempre que fico "preso" pensando em alguma coisa obsessivamente e não consigo tirá-la da cabeça, descubro que é muito eficaz fazer algo que *exija* minha atenção no mundo externo. Qualquer esporte que envolva movimentos rápidos ou outra atividade que me faça atentar à abrangência da ação a meu redor e responder imediatamente, com pouco ou nenhum tempo para voltar minha atenção aos eventos internos, faz maravilhas para o meu equilíbrio.

Percebo que aquilo com que estava obcecado rapidamente desaparece da consciência à medida que volto a me associar aos eventos reais do momento.

Em um de meus quadrinhos prediletos, duas pessoas estão discutindo se um copo de água está meio cheio ou meio vazio – ambas categorizações. Pedem então a uma terceira pessoa para resolver a questão. Ela bebe a água e diz: "*Deliciosa*", em uma resposta à água em si, e não às categorizações conflitantes. Esse pode parecer apenas um exemplo engraçadinho, mas o princípio tem conseqüências abrangentes.

Por exemplo, quando as pessoas descobrem que sofrem de uma doença grave ou terminal, com freqüência reclamam que a "vida é tão curta". Ao prestar atenção a essa categorização, elas saem da experiência baseada nos sentidos, tornando muito difícil aproveitar o tempo que lhes resta. E, se continuarem categorizando a morte iminente como "injusta" e ficarem zangadas, será ainda mais difícil apreciar a vida presente.

Para outras, naturalmente, a ameaça da morte iminente as liberta do excesso de planejamentos de longo prazo, e elas mergulham totalmente na vida. Percebem o que de fato consideram importante e saboreiam profunda e ricamente a vida que têm pela frente. Algumas até mesmo consideram a doença "a melhor coisa que já aconteceu": se não fosse por ela, poderiam ter desperdiçado *toda* a vida em atividades que não eram realmente importantes.

A "iluminação" é muitas vezes descrita como a experiência muito intensa de perceber os eventos no momento presente, sem nenhum pensamento ou categorias para atrapalhar. Com certeza, a minha experiência dos ovos de tordo tinha essa qualidade e foi *surpreendentemente* diferente daquilo que experimentei após encontrar uma categoria para eles. Acho que é isso o que muitas tradições espirituais querem dizer quando falam sobre o despertar de "Maya", nosso habitual "mundo de ilusão" interno categórico, e sobre ver as coisas ao nosso redor como elas realmente são.

Resumo: Sempre que pensamos em uma categoria, recuperamos um ou mais de seus exemplos que proporcionam um significado para a categoria como um todo. Esse significado varia consideravelmente, dependendo das experiências da categoria a que prestamos atenção. Nossa experiência poderia basear-se em uma *rápida verificação* de alguns ou de todos os dados de exemplos, oferecendo uma abrangência potencialmente rica e variada de todos os exemplos na categoria. Contudo, para obter velocidade e eficiência, em geral utilizamos uma única representação interna como *protótipo*, capaz de assumir formas um tanto diferentes. Pode ser um exemplo *típico*, uma *média* dos exemplos, um exemplo *pessoal marcante*, um *ideal*, um *modelo* ou um *estereótipo*.

Uma categoria não é apenas uma "mala" cheia de exemplos soltos; ela tem uma estrutura *radial* ao redor do *protótipo*, que está cercado de exemplos menos comuns. Para informações adicionais sobre a pesquisa lingüística de protótipos e estrutura radial, leia o excelente livro de Lakoff (1987).

A maneira de selecionar um ou mais exemplos para acessar o significado de uma categoria sempre distorcerá a experiência, e é fácil perdermos a abrangência das experiências baseadas nos sentidos que eles contêm. A maioria das pessoas, na maior parte do tempo, presta mais atenção nas categorias e protótipos do que na realidade a seu redor.

A habilidade de categorizar a experiência baseada nos sentidos é *tremendamente* útil e, como todas as habilidades, é muito melhor como funcionária do que como chefe. Quando compreendemos de que maneira criamos categorias e usamos protótipos para representar seus significados, podemos escolher categorias alternativas melhores para nós.

A seguir, exploraremos os critérios – implícitos e explícitos – que utilizamos como base para criar categorias e como isso afeta a utilidade das categorias.

"PARA MIM, A VIDA NÃO É A CHAMA EFÊMERA DE UMA VELA. ELA É UMA ESPÉCIE DE TOCHA BRILHANTE QUE, POR ENQUANTO, ESTOU SEGURANDO, E QUERO FAZÊ-LA BRILHAR O MÁXIMO POSSÍVEL ANTES DE PASSÁ-LA ÀS GERAÇÕES FUTURAS."
GEORGE BERNARD SHAW

4

Critérios
Juntando grupos

"ABANDONEI A BUSCA PELA VERDADE,
E AGORA ESTOU PROCURANDO UMA BOA FICÇÃO."
ASHLEIGH BRILLIANT

Se pensarmos nas categorias como grupos de coisas e eventos, os critérios são as *ligações* que os mantêm unidos. Os critérios são os *padrões* ou "porteiros" que determinam se um evento pertence ou não a determinada categoria, e isso varia muito de pessoa para pessoa. Para um indivíduo comum, a palavra "planta" envolve muitas coisas em desenvolvimento (um dos critérios), que em geral tem folhas, caules, raízes etc. (critérios adicionais). No caso de um biólogo, os critérios para a categoria "planta" devem ser muito mais amplos, incluindo algas, bactérias etc. Para um fazendeiro, talvez sejam consideravelmente mais estreitos, incluindo apenas aquelas que podem ser plantadas para a colheita, ervas daninhas que interferem nela, árvores utilizadas na proteção contra o vento etc.

Quando somos crianças e começamos a formar categorias de nível básico, não decidimos nossos critérios para um "cão"; apenas começamos a armazenar imagens, sons e sensações e a notar sempre que uma nova experiência é semelhante à anterior. Mesmo já adultos, muitas de nossas categorias são criadas dessa forma e, normalmente, usamos algum tipo de *protótipo* para representar os critérios de uma categoria, em vez de elaborar uma lista explícita das qualidades ou características necessárias. Ao fazermos isso, nossos critérios são representados no protótipo de maneira inconsciente e *implícita*.

Se alguém que não conhece uma palavra perguntar o que ela "significa", talvez seja necessário examinar nosso protótipo e descrever as características significativas que observamos. Muitas vezes, podemos ter problemas em verbalizar os critérios para inclusão na categoria, que ficam um tanto vagos ou "obscuros" em vez de precisos e claros.

Quais são exatamente os critérios para um vestido "bonito", um "grande problema" ou se aquilo que alguém disse é "inteligente" ou não?

Por exemplo, pare por alguns minutos e faça uma lista de *seus* critérios para alguma coisa que a maioria das pessoas considera muito importante – um "relacionamento amoroso", uma "companhia adorável" ou um "parceiro para a vida inteira". Diferentes pessoas apresentam interesses e estilos de vida muito distintos, portanto têm critérios bem diferentes para as pessoas com quem gostam de estar. O que é importante para você?...

Agora examine a leste cuidadosamente e pergunte-se: "Se eu colocasse essa lista em um anúncio 'pessoal' buscando um parceiro, ele descreveria com precisão o que é realmente importante para mim? Essa descrição interessaria o tipo de pessoa com quem eu gostaria de estar?" Reserve alguns minutos para revisar lista e tornar seus critérios mais detalhados e adequados...

Embora especificar os critérios dessa maneira seja difícil, também é muito eficaz, na medida em que permite a comunicação com os outros, bem como a solicitação de sua ajuda quando procuramos alguma coisa – seja um parceiro para a vida inteira, um bom restaurante, uma casa etc. Os critérios nos permitem descrever a categoria de experiência que estamos buscando.

Perguntando às pessoas o que elas valorizavam em um parceiro para a vida inteira, um amplo estudo de diversas culturas descobriu que a grande maioria desejava bondade, inteligência e compreensão – em vez de boa aparência, dinheiro e outras coisas que a maior parte das pessoas procura a fim de se tornar atraente para os outros. Os seminários, livros e empresas que prometem dinheiro, boa aparência e até mesmo inteligência são comuns, mas raramente vejo um anúncio de um seminário ou livro a respeito de como ser mais gentil e compreensivo! Com uma enxurrada de programas que ensinam as pessoas a ganhar dinheiro e ficar mais bonitas, e poucos para ensiná-las a serem boas e compreensivas, vê-se que boa parte delas não sabe muito bem o que realmente as deixará satisfeitas.

Critérios categóricos versus critérios sensoriais Em qualquer área da ciência, os critérios costumam ser *muito* específicos e explícitos e sempre *sensoriais* – incluindo os diversos instrumentos que podem responder a eventos que não conseguimos perceber diretamente com os sentidos, mas que podem enviar um sinal perceptível. A medição das propriedades e do comportamento dos átomos de diferentes elementos, ou mesmo de diferentes isótopos do mesmo elemento, é inacreditavelmente precisa. Os relógios atômicos apresentam imprecisões de menos de uma parte em um quintilhão – um número 1 com 18 zeros depois dele. Isso equivale a perder ou ganhar um segundo em dez bilhões de anos ou medir a distância de San Francisco a Nova York com uma incerteza de menos de um bilionésimo de polegada!

Na vida cotidiana, os critérios freqüentemente são bem menos específicos. Quando você pergunta a alguém "Quais são seus critérios para um "relacionamento amoroso"?, em geral terá como resposta algo mais ou menos assim: "Ele deve ter confiança, intimidade, calor, segurança, com muito humor e compaixão, e a quantidade certa de novidades e aventuras". Todos esses critérios para um "relacionamento amoroso" indicam *categorias* de experiência; os critérios para algumas categorias são *eles próprios* categorias, enquanto outros baseiam-se nos sentidos.

Para saber a que se referem esses critérios categóricos, teríamos de fazer perguntas sobre um exemplo específico da categoria. "Dê um exemplo de confiança. Como você sabia que podia confiar naquela pessoa? Quais eram suas evidências?" Quando seus critérios são baseados nos sentidos, você pode testá-los comparando-os com a sua experiência e descobrir se eles funcionam ou não para você. Por exemplo, você pode descobrir que seus critérios para "confiança" levam-no a ser enganado repetidamente e que precisa revisá-los a fim de que façam previsões mais confiáveis.

Muitos de nossos critérios não têm descrições sensoriais específicas. Isso quase sempre acontece com um critério chamado "importância", uma categoria que toda criança, em todas as culturas, aprende. Aprendemos com os pais e com os outros que várias coisas e eventos são "importantes", incluindo todas as "regras" ou "deveres" sociais. Essas crenças sobre o que é "importante" são muito poderosas na motivação e na organização do comportamento. Mas quais critérios tornam as coisas e os eventos "importantes"? Por que ou como eles são importantes? O que conseguem para nós ou do que nos protegem? Muitas vezes, os pais, os colegas, a religião, a escola ou alguma outra pessoa ou grupo *declara* que eles são importantes, sem nenhuma explicação ou evidência a não ser a recompensa se concordarmos e o castigo se discordarmos.

Quando as pessoas aprendem crenças que não apresentam critérios sensoriais, vêem-se sem *nenhuma* maneira para testá-las e descobrir se são ou não válidas; assim, fica difícil convencê-las de que aquilo em que acreditam é irrelevante para sua felicidade ou provoca sua infelicidade. Alguns passam grande parte da vida em atividades que não são satisfatórias ou úteis, muitas das quais geram bastante frustração, dor e infelicidade. No último século, bastante gente aprendeu a acreditar que sexo é ruim, nocivo ou sujo, provocando grande culpa e vergonha quando cediam a esse impulso natural e agradável – fossem elas casadas ou não. E, apesar da "revolução sexual" da década de 1960, muitas ainda sofrem com isso.

A maior parte dos critérios encontra-se em algum lugar entre os extremos de se ter critérios específicos baseados nos sentidos e em não se ter nenhum critério. Provavelmente, você consegue verbalizar muitos de seus critérios para um carro desejável e talvez até mesmo especificar diversos preços de compra e quilômetros por litro que considera aceitáveis, mas ainda assim esses critérios são muito menos precisos do que aqueles da física experimental. Quando os critérios são um tanto vagos, podemos ter dificuldade para decidir se determinada experiência satisfaz ou não os nossos critérios para inclusão. "Isso foi um elogio ou não?" "Esse é o homem com quem quero casar?" Uma maneira prática e eficaz de descobrir quais são nossos critérios e como funcionam é examinar de que maneira eles agem quando tomamos uma decisão, particularmente as importantes.

Comparações Sempre que tomamos uma decisão entre duas opções, comparamos ambas e então usamos algum critério (ou critérios) para decidir qual delas possui *mais* daquilo que desejamos (e/ou *menos* daquilo que *não* desejamos). Toda vez que dizemos que alguma coisa é "maior" ou "mais bonita" ou "melhor" do que outra, estamos usando algum critério para fazer essa avaliação. Como muitos critérios são parcial ou totalmente inconscientes – ou inadequados –, faz sentido parar para considerar quais terão um resultado realmente satisfatório para você em determinada situação. Por exemplo, muitas vezes ouvimos as pessoas mais velhas dizerem: "O todo é maior do que a soma das partes". Normalmente, essa comparação é aplicada a uma situação em que diversas coisas ou pessoas são reunidas para realizar algo que do contrário seria impossível, como uma nova invenção, uma pintura ou uma corporação. Entretanto, há muitas outras situações nas quais essa afirmação é falsa; depende do *tipo* de todo e do *critério* para decidir se o todo é "maior" ou não. Um tumulto pode ter *mais* força bruta do que os indivíduos que participam dele, mas em geral tem muito *menos* inteligência. E o conjunto do todo, ou o número de pessoas nele, é exatamente o *mesmo*.

Quando alguém faz uma comparação que causa problemas, você pode aceitá-la e lhe pedir para mudar os critérios utilizados. "Ok, você não é tão bem-sucedido nos negócios quanto o seu patrão. Em que você é *mais* bem-sucedido do que ele? E seu relacionamento com a esposa e filhos ou com os amigos? E suas economias, férias ou os bons negócios que você faz com carros usados? Seu patrão é melhor do que você *em tudo*?"

Critérios digitais Alguns critérios funcionam de maneira muito *digital*. Os eventos às vezes são digitais, como um interruptor de luz que liga/desliga ou a beira de um penhasco. Ao decidir a compra de um carro, você precisa ter espaço para as pessoas de sua família, portanto qualquer um que não tenha lugar para cinco pessoas simplesmente não é uma opção – espaço para quatro pessoas e meia não vai funcionar. Nesse caso, "lugar para cinco" constitui um critério *digital* que pode ser facilmente utilizado para decidir se um carro merece maiores considerações. Com freqüência, os critérios digitais são chamados de "destruidores de acordos": caso não sejam satisfeitos, o acordo está encerrado.

Critérios aditivos Outros critérios são *aditivos*. Se você possui diversos critérios digitais e *todos* precisam ser satisfeitos, é como dizer: "Ele precisa ter X *e* Y para ser satisfatório". Quando compro uma camisa, ela tem de ser macia, suficientemente escura, para não mostrar manchas, *e* folgada etc. *Todos* esses critérios precisam ser utilizados *ao mesmo tempo*, a fim de selecionar opções a serem consideradas.

Cada critério acrescentado limita o número de eventos que se encaixarão na categoria. Se você começar com a categoria "casa", muitas construções se adequarão. Ao adicionar o critério de determinada localização, esse número diminuirá e quaisquer outros critérios, como estilo, tamanho ou tempo de construção, limitarão ainda mais o número de casas que se encaixarão na categoria.

Critérios alternativos Alguns critérios são do tipo *ou/ou*. Você pode apresentar diversos critérios digitais e, tendo *qualquer* um deles satisfeito, a opção é aceitável. "Ele precisa ter X *ou* Y *ou* Z para ser satisfatório." Talvez eu ficasse feliz *ou* com uma camisa esporte escura e folgada *ou* com uma camisa social de cor clara e bem ajustada para uma ocasião mais elegante – dois conjuntos de critérios bastante diferentes para uma escolha que me deixaria satisfeito. Se você tem dois conjuntos diferentes de critérios, é bom evitar confusões mantendo-os separados e aplicando um de cada vez às opções disponíveis.

Naturalmente, os critérios aditivos e alternativos podem ser combinados de diversas formas. "Quero *ou* um carro esporte veloz *ou* um sedã elegante, mas ambos precisam ter baixo consumo de combustível *e* mecânica confiável." Novamente, é bom dividi-los em dois conjuntos diferentes de critérios digitais e começar com os *aditivos* que se aplicam a ambas as alternativas – baixo consumo de combustível *e* mecânica confiável –, para depois escolher utilizando uma *alternativa* de cada vez.

Critérios análogos Até agora discuti os critérios *digitais*, aqueles que *precisam* ser satisfeitos. Os critérios análogos variam dentro de uma determinada abrangência. Se o baixo consumo de combustível é um dos meus critérios para a compra de um carro, quanto mais econômico, melhor. Muitos outros critérios como segurança, potência, baixo custo, estilo, cor etc. também são importantes. Cada um deles pode variar dentro de uma abrangência análoga considerável e cada um contribui para o apelo do carro. Nenhum funciona individualmente como um critério digital, mas juntos eles podem "pesar na balança" e contribuir para a decisão digital final de comprar ou não comprar.

Embora muitos eventos tenham uma natureza basicamente análoga, quando atingem ou ultrapassam determinado limite, eles se tornam digitais. Por exemplo, a temperatura sobe ou desce continuamente, contudo, se ficar muito baixa, ela ultrapassa um limite digital e a categorizamos como "fria"; se subir muito, ultrapassa outro limite digital e a chamamos de "quente". As pessoas variam muito com relação à altura; quais são os pontos "divisórios" entre as distinções digitais "alto", "médio" e "baixo"?

O limite entre você e o meio ambiente parece muito claro, mas ao examiná-lo nota-se que é um *continuum*. O ar a seu redor claramente não é você, mas, e o ar em seu nariz, nos brônquios, nos pulmões? E o oxigênio que se espalha nos vasos sanguíneos dos pulmões e o dióxido de carbono que está saindo deles – em que ponto eles são parte de você e em que ponto são parte do meio ambiente? Sempre podemos escolher critérios para esse tipo de critério digital, no entanto, por mais úteis que se mostrem, sempre serão arbitrários.

Embora a quilometragem por litro de gasolina possa variar dentro de uma considerável abrangência *análoga*, posso escolher o gasto máximo que me satisfará. Se o consumo de um carro for maior do que determinado número, eu o rejeitarei, mesmo que ele possua outras características desejáveis. Nesse caso, o consumo máximo aceitável para mim funciona como um critério *digital* – ou o gasto fica dentro desse limite ou não. Para a maioria das pessoas, um carro que só faz oito quilômetros por litro de gasolina é inaceitável, por mais barato que custe ou por mais atraentes que sejam suas características, uma vez que o combustível sairia muito caro.

Resumindo: diversos critérios são basicamente análogos, mas se escolhermos um critério digital, eles funcionam digitalmente.

Critérios negados Se você procurasse um corretor de imóveis e lhe dissesse que gostaria de uma casa *sem* pintura marrom e *sem* escada em espiral, ficaria muito difícil para ele escolher entre as casas disponíveis aquelas que o deixariam satisfeito. Entretanto, muitas pessoas tentam satisfazer suas necessidades prestando atenção naquilo que *não* desejam, em lugar daquilo que desejam. Os critérios negados não mostram aquilo que está *dentro* da categoria; apenas o que está *fora* do limite dela. Assim, na melhor das hipóteses, trata-se de uma maneira muito ineficaz de procurar alguma coisa.

As pessoas que vêm à terapia normalmente estão focalizadas em seu problema, naquilo que *não* querem, e tudo que desejam é se livrar dele, como algo que pudesse ser eliminado cirurgicamente. Costuma demorar um pouco até mudarem o foco da atenção para aquilo que desejam – primeiro passo para especificar os critérios daquilo que as deixaria satisfeitas – e então trabalhar para consegui-lo. Muitas vezes, vale usar um exemplo como esse: "Se eu entrasse em um táxi e dissesse ao motorista 'não quero ir ao terminal de ônibus e não quero ir ao aeroporto ou ao estádio', como ele saberia aonde me levar?" A negação é uma habilidade muito útil, mas não para especificar os critérios de uma categoria. Quando alguém tem critérios negados, em geral é fácil dizer "Ok, isso é o que você *não* quer; diga-me o que você quer", para refocalizar sua atenção.

Critérios gerais versus critérios específicos Diversos critérios como "grande", "durável" ou "bonito" podem ser aplicados a muitas diferentes experiências; assim, embora ofereçam informações, indicam uma categoria bastante *geral*, com uma ampla abrangência.

"Fruta" é o nome de uma categoria mais específica do que "grande", mas ela ainda inclui ampla variedade de objetos, com características e abrangência variáveis, de amoras a cocos. Os critérios gerais são utilizados *com* outros critérios para qualificar uma categoria mais específica, por exemplo, diferenciar entre uma pequena e uma grande amora.

Agora vamos explorar como a sua experiência interna de critérios específicos e gerais difere. Observe sua imagem interna da seguinte frase, parando e fechando os olhos a cada conjunto de reticências:

Pense em uma grande... azul... casa...

Se a sua experiência dessa frase não estiver clara, feche os olhos e peça a alguém para dizer algumas outras frases lentamente, com pausas nas reticências. Use frases com o mesmo formato geral, empregando diferentes tamanhos, cores e objetos, como: "Pense em uma... pequena... vermelha... carteira..."

Quando faço isso, primeiro tenho um campo em branco. Penso em "pequena" e o campo se movimenta um pouco com uma leve contração em direção ao centro. Então, com a palavra "vermelha", todo o campo fica levemente vermelho. Finalmente surge a carteira, começando como uma imagem vaga que ocupa todo o campo visual e instantaneamente encolhe para uma imagem muito menor, que ocupa apenas parte do campo. É como se os dois primeiros critérios gerais estivessem "prontos e esperando" pelo objeto a ser mencionado, e aí todos se juntam em uma imagem do objeto com aqueles critérios. Você pode experimentar isso com "perto" e "longe", em vez de grande e pequeno, e com "brilhante" e "opaco" ou outros qualificadores no lugar de diferentes cores etc. A utilização das extremidades finais de cada parâmetro proporcionará mais contraste e será mais fácil para você notar como sua experiência interna muda.

Em cada um dos exemplos anteriores, a primeira palavra é um critério geral, o segundo é mais específico e o terceiro, ainda mais específico. Quando há mais do que dois critérios, temos um pouco mais de liberdade na seqüência. "Uma estranha, quebrada, antiga, cadeira pintada" ainda é diferente de "antiga, quebrada, estranha cadeira pintada", porém a diferença não é tão grande.

Em inglês, a tendência é seqüenciar critérios dessa maneira, mas em português o objeto vem em primeiro lugar, *seguido* pelos qualificadores: "casa, grande, azul". Nesse exemplo, os critérios gerais são os mesmos da seqüência em inglês, embora sigam a categoria "casa". Quando utilizo essa seqüência, obtenho a imagem de uma casa, que pula e muda de tamanho, para depois brilhar enquanto muda de cor. A seqüência em inglês evita esses saltos e mudanças, uma vez que primeiro há apenas uma imagem vaga com os qualificadores, que então forma uma imagem distinta quando o objeto é identificado. Para quem fala o português, e tem mais experiência com objetos mudando, deve ser mais fácil alterar outras imagens da mesma maneira que as pessoas cujo idioma nativo é o inglês. Provavelmente, ainda há muito mais a descobrir com relação ao modo como seqüenciamos os critérios e como isso afeta sutilmente nosso raciocínio.

Algumas vezes os critérios determinam a abrangência Muitos critérios, como "útil", "brilhante" ou "completo", não especificam a abrangência, pois alguma coisa com eles poderia ser grande ou pequena, rápida ou demorada etc. Eles indicam propriedades que não são limitadas pela abrangência.

Palavras como "grande", "longa", "lenta" ou "efêmera" obviamente indicam uma *extensão* de abrangência no espaço ou no tempo. Entretanto, seu significado varia muito de acordo com a categoria à qual são aplicadas. Um "planeta grande" e uma "casa grande", ou um "micróbio grande" evocam abrangências muito diferentes para a mesma palavra "grande". A palavra "longa" significa uma abrangência de tempo bem diferente quando aplicada a um "intervalo", um "período" ou uma "estação". Essas diferenças resultam do nosso conhecimento sobre a variação de tamanhos entre planetas, casas e micróbios e da abrangência característica de um intervalo, um período ou uma estação.

Quando pensamos no nome de uma categoria como "cão", que implicitamente especifica a extensão da abrangência, de um *yorkie* miniatura a um *mastiff*, em geral não pensamos nela. À menção de uma categoria, costumamos *presumir* uma determinada abrangência. Pare um instante para pensar na variação de peso e comprimento que você acha que um cão pode ter...

A extensão da abrangência imaginada provavelmente será muito menor do que a verdadeira extensão no mundo real. O menor cão do mundo tinha 8,89 cm do focinho até o rabo e pesava 113 gramas aos dois anos de idade; o maior cão era um *mastiff* com 2,50 m que pesava 156 quilos!

Às vezes, um ou dois critérios são tão singulares a ponto de determinar uma categoria, sem especificar todas as suas outras características. Por exemplo, recentemente um amigo escultor me presenteou com uma estátua de um urso em pé, do tamanho de uma pessoa, e eu a coloquei no jardim. Durante as semanas seguintes, sempre que a via, eu pensava "Quem está aí?", e então percebia que era a escultura do urso. "Em pé" e "1,50 m" são critérios suficientes para evocar em mim a categoria "pessoa" – não apenas uma ou duas vezes, mas *repetidamente* por diversas semanas.

Um critério singular evoca uma categoria sem precisar de nenhum outro critério. Por exemplo, o critério "come formigas" se aplica a poucos animais, semelhantes em sua forma: tamanduás, porcos-da-terra e pangolins, e a maioria das pessoas pensa apenas nos tamanduás.

Por vezes, um critério único evoca uma categoria inconscientemente. Quando lemos uma história infantil em que os animais – e com freqüência até árvores, rios e trens – falam, isso os coloca na categoria "humano", pois os humanos são os únicos seres que *falam* (pelo que sabemos). As crianças que ouvem contos e fábulas nos quais os animais falam, aprendem lições sobre *pessoas*, não sobre ursos, ratos ou árvores.

Critérios "elevados" Agora examinaremos de que maneira muitos critérios, ou critérios muito específicos, diminuem a quantidade de opções capazes de satisfazê-los. Isso é bastante eficaz ao fazermos uma escolha muito importante, já que terá um efeito longo e contínuo na qualidade de vida, como fazer um grande investimento em uma casa ou escolher um parceiro para toda a vida.

Se você possui critérios muito rígidos, isso significa que apenas poucas opções o deixarão satisfeito, o que pode simplificar as decisões pela limitação das opções a serem consideradas, aumentando as chances de que sua escolha seja realmente satisfatória. Ter critérios muito específicos pode resultar em decisões verdadeiramente enriquecedoras e agradáveis, mas também pode provocar insatisfação com as limitações daquilo que de fato está à sua disposição.

Com poucas opções à disposição, talvez haja uma busca longa e algumas vezes improdutiva por uma opção que satisfaça seus critérios. Se você tivesse critérios muito específicos em *todas* as áreas da vida, poderia passar muito tempo procurando o melhor papel higiênico e o melhor clipe para papel etc., e freqüentemente ficaria insatisfeito quando encontrasse apenas algumas opções à disposição.

Ocasionalmente, isso é chamado de "perfeccionismo", o que se trata de uma curiosa contradição. O esforço para maximizar o prazer e a satisfação em muitas *pequenas* abrangências de experiência às vezes resulta em *insatisfação* geral na abrangência *mais ampla* da vida como um todo. Redirecionar a atenção para essa abrangência mais ampla pode ser uma ótima base para ajudar alguém a considerar a utilização de critérios mais baixos em áreas que realmente não são importantes para sua felicidade, tornando esses eventos irrelevantes mais satisfatórios e agradáveis.

Alguns critérios são tão extremos que *jamais* conseguem ser satisfeitos. Eu tive um cliente que sempre revia os eventos e perguntava a si mesmo: "Eu fiz *tudo* que poderia ter feito?" Uma vez que ele *sempre* poderia ter feito outra coisa, *nunca* satisfazia esse critério perfeccionista inatingível. Outros se esforçam incessantemente para que *todos* sejam como eles, ou para estarem *completamente* seguros, ou algum outro critério digital impossível, do tipo "tudo ou nada", que *nunca* será satisfeito. O reconhecimento dessa impossibilidade costuma ser um primeiro passo eficaz no intuito de escapar dessa armadilha. Redirecionar a atenção para a abrangência mais ampla da vida pode ser uma alavanca para moderar as exigências impossíveis de critérios extremamente elevados.

Quando uma resposta é um problema porque acontece muito raramente e alguém deseja que ela ocorra com maior freqüência, em geral isso significa que alguns critérios precisam ser *menos* específicos para que mais experiências sejam qualificadas.

Critérios "baixos" Critérios muito simples e facilmente satisfeitos significam que uma ampla variedade de opções será adequada. As decisões se tornam fáceis, na medida em que quase toda escolha será aceitável. Mas os critérios baixos também podem causar problemas.

Uma mulher considerava quase qualquer demonstração comum de respeito ou amizade uma evidência de "amor". Se um homem abria a porta para ela, era educado ou a escutava com atenção, ela categorizava essa atitude como uma demonstração de amor e começava a pensar em se casar com ele. Como era de imaginar, isso a deixava vulnerável a todos os tipos de mal-entendidos, decepções e exploração. Ela precisava desesperadamente tornar mais específicos os seus critérios para a categoria "amor" e aprender a diferenciar entre a cortesia comum, a amizade e graus mais profundos de relacionamento.

Um veterano de guerra que entra em pânico ao ouvir qualquer som alto repentino tem critérios muito mais baixos para sons perigosos. Ele precisa aprender a deixar mais específicos seus critérios para o perigo. Quando conseguir distinguir claramente o som de tiros ou explosões que indicam perigo dos demais sons, como escapamentos de carros ou outros sons altos que não são perigosos, ele diminuirá o número de situações nas quais sua resposta de pânico é adequada.

O ideal, quando uma resposta não funciona bem, é utilizar isso como um *feedback* para ajustar ou modificar os critérios a fim de que a próxima resposta seja mais adequada. Mas muitos não utilizam o *feedback* com a freqüência que poderia torná-lo eficaz, e insistem em escolhas insatisfatórias.

Ao trabalhar com a cliente ciumenta mencionada anteriormente, Leslie Cameron-Bandler repetidamente acrescentou critérios para *quando* sentir ciúme, de modo a limitá-lo aos poucos eventos em que a cliente realmente precisava fazer alguma coisa para proteger seu casamento. Primeiro, Leslie lhe pediu para imaginar o marido com uma mulher que não estava "dando em cima" dele – não havia nenhum perigo e ela podia relaxar. Depois ela lhe pediu para pensar numa situação em que a mulher *estava* "dando em cima" do marido, mas ele *não* reagia a ela e, portanto, novamente, não havia nenhum perigo. Finalmente, ela imaginou um exemplo no qual o marido *estava* reagindo e ensaiaram como ela poderia se sentir confiante com relação ao amor dele e como ela sabia que poderia evocar nele respostas positivas para afastar qualquer possibilidade de perdê-lo. Esses critérios adicionais para *quando* sentir ciúme basicamente significavam que a categoria "hora de sentir ciúme" quase nunca aconteceria, porque os critérios eram muito restritivos.

Quando uma resposta é um problema porque acontece muito e alguém quer que ela ocorra com *menos* freqüência, isso em geral significa que os critérios precisam ser mais específicos ou em maior quantidade a fim de que cada vez menos experiências se qualifiquem como uma oportunidade para a resposta.

Ajustando critérios Se reservar algum tempo para considerar quais aspectos de sua vida são realmente importantes para você e lhe proporcionam satisfações mais profundas (ampliando sua abrangência), poderá decidir ter critérios elevados quando e onde realmente for importante e moderá-los em áreas relativamente pouco importantes.

Você também pode fazer esse tipo de ajuste *temporariamente*, quando uma situação diminui suas escolhas. Se está com muita fome e não há nenhuma comida realmente gostosa à disposição, faz sentido diminuir temporariamente seus critérios de uma "boa refeição" visando encontrar alguma coisa para comer e matar a fome. Há anos faço uma distinção entre "comida", que de fato aprecio, e "combustível", que pode não ser muito gostoso, mas é saudável e nutritivo e, em geral, melhor do que continuar com fome. Por outro lado, se não houver nem mesmo "combustível" à disposição, continuar com fome às vezes é uma opção temporária melhor do que alimentos pouco nutritivos e calóricos.

Limite Mesmo quando duas pessoas concordam com um critério, elas podem ter evidências sensoriais muito diferentes a respeito de quando ele atinge um *limite* para a ação. Um casal pode concordar sobre a importância geral da "limpeza", o que incluiria lavar os pratos, esvaziar a lixeira etc. Entretanto, um deles atinge o limite para a ação com cinco pratos dentro da pia e a lixeira cheia pela metade, enquanto com o outro isso só acontece quando a pia ou a lixeira estão lotadas. Aquele que atinge o limite primeiro às vezes acaba fazendo a maior parte do trabalho e essa diferença pode levar a discussões como a seguinte, se eles não perceberem seus limites para "limpeza": "Achei que você havia concordado que ambos queremos uma casa limpa!", "Eu concordei, e ela *está* limpa", "Não, não está!"

Em um relacionamento abusivo, aquele que sofre o abuso passa por muitas violações de seus critérios e um observador externo talvez fique imaginando: "Por que ele/ela fica?" Mas esses critérios podem ser análogos e nunca atingir o limite no qual se tornam digitais. Alguém que se encontra em um relacionamento abusivo pode ter a crença digital de que: 1) *precisa* estar em um relacionamento para sobreviver e 2) ninguém no mundo estaria disposto a ficar com ela – não existem outras opções. Quando é assim, o abuso tem de se tornar muito intenso para superar esses dois critérios digitais opostos.

Critérios inadequados Embora possa parecer óbvio demais para se mencionar, com freqüência as pessoas utilizam critérios inadequados ou irrelevantes. Ao decidir a compra de um carro que satisfará suas necessidades, provavelmente não seria muito proveitoso insistir para que toda a instalação elétrica sob o capô fosse preta ou o farol redondo e não retangular.

Na busca por um parceiro para toda a vida, critérios como usar sapatos azuis ou um determinado estilo de camisa não seriam muito úteis, uma vez que não se trata de boas indicações de alguém com quem você gostaria de passar a vida. Contudo, é comum pessoas procurarem um parceiro com determinada cor de cabelo, altura e outras características físicas que pouco ou nada têm que ver com o fato de serem o tipo de pessoa com quem elas gostariam de viver.

Com freqüência, os critérios inadequados têm sua origem nas opiniões de pessoas específicas, na família ou na cultura em que elas cresceram. Outras pessoas muitas vezes são generosas com suas opiniões sobre o que é importante e acabamos aceitando isso, particularmente se houver sanções desagradáveis contra discordâncias. Se as opiniões dos outros forem unânimes, como em geral ocorre em culturas ou subculturas tradicionais, é particularmente difícil questionar a "sabedoria aceita". As crenças patriarcais autoritárias de diversas culturas tradicionais provocam muita dor e sofrimento, particularmente para mulheres e crianças, mas a maioria das pessoas não está disposta a revê-las ou modificá-las porque "todo mundo concorda".

Algumas vezes, os critérios inadequados se originam de coincidências. Se a sua primeira experiência amorosa intensa foi com uma pessoa baixa, de cabelos escuros, você pode usar esse exemplo marcante como um protótipo e procurar alguém que se *pareça* com ela, ainda que você tenha se apaixonado por seu bom humor e cordialidade – a estatura e a cor dos cabelos formavam apenas uma parte casual do "pacote" de experiência. O romance *Lolita*, de Nabokov, traz um exemplo extremo disso: um homem de meia-idade ainda "fixado" na imagem de uma jovem que amou quando tinha 14 anos.

Revendo critérios Pode ser muito eficaz examinar seus critérios e verificar se eles são realmente adequados para o tipo de decisão que você está tomando. Se utilizá-los, será que resultarão em uma escolha satisfatória? Uma das formas de se fazer isso consiste em rever decisões passadas, tanto aquelas que deram certo, quanto as que não deram.

Primeiro, escolha uma decisão específica com a qual você ficou satisfeito e reveja todo o processo de decisão, inclusive o que sentiu após tomá-la. Quais critérios considerou enquanto decidia? Verifique então os critérios que *agora* você percebe que eram importantes, mas nos quais não pensou naquela época – você apenas teve sorte. Pensando neles, poderá deliberadamente aplicá-los a uma deliberação futura, melhorando sua capacidade de decisão.

Agora, faça o mesmo com uma decisão que não deu certo. Que surpresas você encontrou? Empregou critérios que eram irrelevantes ou que induziram ao erro? Recordando, quais importantes critérios você ignorou? Diante dos resultados dessa decisão passada, que critérios adicionais ou diferentes você deseja considerar da próxima vez para melhorar o processo de decisão?

Ao tomar uma decisão que afeta outras pessoas, é importante incluir os critérios relevantes para os outros, especialmente em relacionamentos importantes. Nesse tipo de situação, muitas vezes é difícil encontrar um equilíbrio adequado entre os seus critérios e os dos outros. Algumas pessoas valorizam demais as necessidades e os desejos alheios, ignorando os próprios. Outras seguem na direção oposta, arrogantemente ignorando as necessidades dos demais.

Em certas ocasiões, é absolutamente adequado utilizar *apenas* os critérios de outra pessoa. Se você é arquiteto ou presta algum outro serviço, faz sentido satisfazer os critérios do *cliente*, mesmo quando eles são muito diferentes dos seus. Durante a reforma e ampliação da nossa casa, lembro de ter discutido com o arquiteto diversas características do projeto. Ele queria projetar uma casa linda vista *de fora*, enquanto eu queria que ela fosse confortável e linda vista *de dentro* – onde *eu* (e não ele) passaria a maior parte do tempo. Mantive minha opinião e como resultado, com a mesma despesa do projeto original do arquiteto, a casa ficou muito satisfatória, com mais espaço, requerendo menos aquecimento e com uma vista melhor. (E, sim, ela não é tão bonita vista do lado de fora, mas moramos no campo e os cervos e os pumas não reclamaram.)

No início de nosso relacionamento, minha esposa Connirae nunca colocava o cinto de segurança quando estava no carro, apesar de tudo que havia lido sobre o assunto – e apesar dos meus pedidos. Mas quando ficou grávida, imediatamente passou a usá-lo, porque começou a usar o critério de segurança para o bebê.

Um outro exemplo da importância de usar os critérios dos outros se encontra nos relacionamentos. Com freqüência, as pessoas dizem: "Não me considero atraente, portanto não posso ter um relacionamento". Poucos percebem que esse argumento *somente* valeria se ela desejasse um relacionamento *consigo mesma*, empregando os próprios critérios. Em um relacionamento não é importante *você* se considerar atraente, e sim a *outra pessoa*, usando os critérios *dela*.

Ainda há uma outra armadilha na palavra "atraente", em geral compreendida como *fisicamente* atraente. Embora a atração física costume exercer um papel importante nos estágios iniciais, geralmente outros aspectos são muito mais relevantes para um relacionamento duradouro.

Uma cliente de Erickson, com uma lesão na coluna vertebral que provocara paralisia total e a perda de sensações abaixo da cintura, já não controlava suas funções fisiológicas. Como é de imaginar, ela tinha certeza absoluta de que nenhum homem a consideraria atraente, e ela sempre quisera ter filhos. Consultou-o em busca de uma de duas coisas: "Uma filosofia de vida que a faria desejar viver ou um motivo aceitável para cometer suicídio". Após trabalhar com Erickson, conheceu um médico cuja principal área de estudo era a função fisiológica; eles casaram, tiveram filhos e viveram bem (Haley, 1985, p. 24-27).

Ao trabalhar com a queixa "Não me considero atraente", vale a pena começar a enfraquecer o estereótipo de que "as pessoas bonitas têm todas as vantagens". A maioria das pessoas não percebe a carga terrível que é a beleza. Com freqüência, as mulheres bonitas ficam imaginando: "Ele me ama por mim mesma ou é apenas minha beleza física que o atrai? Talvez ele queira apenas uma esposa para exibir aos outros como um troféu. O que acontecerá quando eu envelhecer e perder a beleza?" Diversos homens ricos têm o mesmo tipo de pensamento a respeito de seu dinheiro, e as mulheres ricas e bonitas têm *ambos* os motivos para não confiar nos outros.

Jamais me considerei atraente e, naturalmente, muitos concordam comigo! Mesmo assim, descobri (para minha repetida surpresa) que algumas pessoas de fato me consideram atraente. Eu poderia tentar entender por que elas estão tão enganadas e equivocadas, mas há muito tempo decidi apenas aproveitar. E percebo que algumas vezes os outros apreciam diferentes aspectos meus, ou mais de mim, do que eu mesmo.

Examinando e avaliando opções

Meu carro *ideal* satisfaria *todos* os meus critérios, tanto digitais quanto análogos, mas todos os carros *reais* que conheço conseguem mais pontos em alguns deles e menos pontos em outros. Além disso, alguns desses critérios são bem importantes para mim, enquanto outros são consideravelmente menos importantes. E existem muitos, muitos possíveis carros entre os quais escolher. Como posso simplificar esse processo sem omitir nenhuma opção que poderia ser satisfatória? Há diversas maneiras de usar critérios e rever opções com mais facilidade e eficiência, e todas elas envolvem uma *seqüência*.

Relacionando e priorizando critérios Vale a pena começar criando uma *lista* de todos os critérios importantes para você. Uma lista lhe dará a certeza de considerar *todos* os fatores relevantes. Se você omitir um ou mais critérios, mais tarde pode sentir o "remorso de comprador", ao perceber que esqueceu de considerar alguns critérios importantes.

Depois de relacioná-los, coloque os critérios na *seqüência* que representa sua importância relativa, para começar a busca com os mais importantes. Sem uma seqüência por prioridade, você pode desperdiçar muito tempo considerando opções que satisfazem critérios relativamente pouco importantes, só para descobrir mais tarde que *nenhuma* delas satisfaz os critérios que realmente contam para você. Para estabelecer a seqüência de critérios, comece considerando os mais importantes e *depois* aqueles que você poderia gostar de ter, mas que não são essenciais.

Claro que, se a sua priorização for de algum modo inadequada e não refletir aquilo que realmente o deixará satisfeito, ela não funcionará muito bem. Algumas pessoas descobrem que estão se tornando *workaholics* quando realmente gostariam de passar mais tempo relaxando com a família ou fazendo outras coisas. Nesse caso, ajuda muito rever e ajustar a importância dos critérios (Andreas, 1991, cap. 4).

Use primeiro os critérios digitais Após priorizar sua lista de critérios, é bom diferenciá-los entre *digitais* e *análogos*, e dividir a lista em duas. Começar com um rol de critérios *digitais* que *precisam* ser satisfeitos torna a decisão muito mais fácil e rápida, já que você pode eliminar rapidamente várias opções e diminuir a quantidade a ser considerada mais detalhadamente. Isso é algo que muitos não fazem, resultando em grande perda de tempo e esforço.

Por exemplo, se não quero gastar muito dinheiro no almoço e leio *todas* as escolhas no cardápio, descobrindo que aquilo que desejo custa muito caro, ficarei desapontado – além de ter perdido um bom tempo. Se eu decidir primeiro o máximo que estou disposto a gastar e olhar rapidamente *apenas* as opções que custam menos do que isso, imediatamente diminuo a quantidade de opções a considerar. Além de facilitar bastante a escolha das opções restantes, evito o desapontamento de precisar descartar um prato porque custa muito caro. Poderia usar ainda qualquer outro critério para diminuir as escolhas que estou disposto a levar em conta. Por exemplo, decidindo antecipadamente que quero *somente* uma sopa ou um sanduíche e considerando apenas essas partes do cardápio.

Talvez eu descubra que *nenhuma* das opções que considerei satisfaz meus critérios digitais. Nesse caso, tenho duas escolhas. Procurar opções adicionais capazes de satisfazer meus critérios – outra coisa no cardápio ou, quem sabe, outro restaurante – ou considerar uma revisão dos critérios, para verificar se estaria disposto a ajustá-los a fim de satisfazê-los com uma ou mais das opções disponíveis. Se escolher a segunda alternativa, é bom saber muito bem qual o resultado que desejo e utilizar isso para verificar se quero ou não modificar meus critérios, mesmo que temporariamente.

Diminuindo a quantidade de escolhas Digamos que você precise tomar uma decisão baseada somente em dois critérios digitais. Um desses critérios o faria considerar duas mil opções, enquanto o outro o deixaria com apenas três. Seria muito mais eficiente empregar *primeiro* o segundo critério, pois isso imediatamente diminuiria o campo de opções a considerar posteriormente. Usando um exemplo bobo, se você quisesse comprar uma casa verde, poderia antes procurar todas as coisas que são verdes e fazer uma lista. Então, buscaria na lista de coisas verdes quais delas também são casas – o que levaria *muito* tempo. Ao procurar uma camiseta, em geral faz sentido escolher *primeiro* somente aquelas com o tamanho adequado e, *depois*, a cor, o estilo etc. que você prefere. A maioria das pessoas faz isso razoavelmente bem, mas algumas não; portanto, é bom ficar alerta a essa possibilidade para prestar atenção nisso quando necessário.

Mantendo a motivação Até agora discutimos o processo de utilização seqüencial de critérios com o propósito de verificar opções e depois escolher entre as restantes. Contudo, às vezes precisamos considerar uma abrangência mais ampla e verificar se alguém se sentirá motivado a *continuar* com o processo de decisão. Certa vez, trabalhei com um homem que estava se aposentando e queria prestar algum outro tipo de serviço para *ajudar os outros*, algo que ele *gostaria de fazer*. Sempre que ele começava a procurar uma atividade capaz de satisfazer esses critérios, ficava desestimulado e logo parava de procurar; todas as coisas que, em sua opinião, poderiam ajudar os outros *não* eram coisas que ele gostava de fazer.

Sugeri-lhe que revertesse a *seqüência* desses dois critérios e pensasse *primeiro* nas atividades que apreciava e *depois* em como elas poderiam ajudar os outros. Essa seqüência funcionou *muito* melhor: agora todo o processo era agradável e ele se sentiu motivado a continuar a busca até encontrar algo que satisfizesse *ambos* os critérios.

Avaliando opções Pode ser bastante eficaz considerar critérios seqüencialmente no processo de exame e verificação de opções visando eliminar com rapidez aquelas que são insatisfatórias usando critérios digitais. Contudo, depois de diminuir a quantidade de opções, é necessário fazer algo diferente ao escolher entre elas. De certa forma, deve-se ser capaz de avaliar escolhas relacionadas a *todos* os critérios simultaneamente, para que a "classificação" de uma opção em cada um desses diferentes critérios análogos possa ser acrescentada criando uma única avaliação resumida, comparável à avaliação de outra opção.

Algumas vezes é viável fazer isso numericamente, particularmente se a decisão for algo facilmente quantificável, como a escolha da planta de construção de uma fábrica de produtos químicos em um de dois locais possíveis. Todos os diferentes custos de construção, terreno, transporte, transferência de funcionários, impostos etc. podem ser quantificados em dinheiro e somados para descobrir qual das alternativas é a melhor.

Na vida cotidiana, a maior parte das pessoas faz isso de forma muito menos formal. Uma vez que muitos critérios não são facilmente quantificáveis monetariamente, precisamos encontrar uma "moeda comum" diferente que sirva para avaliar como uma opção satisfaz nossa lista de critérios. Em geral, transformamos a avaliação de cada critério em um *sentimento* de satisfação/insatisfação e acrescentamos todos esses sentimentos ao mesmo tempo.

Como se trata de uma tarefa bastante complexa, é *muito* mais fácil considerar apenas *duas* alternativas de cada vez. Após avaliar ambas as opções, posso manter aquela que resulta em um sentimento positivo mais forte (ou em menos de um sentimento negativo) e descartar a outra. Então, comparo a opção mantida com outra e a força dos sentimentos que obtenho com essas duas, até novamente escolher a melhor. Simplesmente continuo esse processo até avaliar todas as opções que tenho como resultado de minha verificação preliminar.

Mudando a abrangência de um critério Quando um critério é aplicado a uma abrangência pequena, ele pode criar um significado e uma resposta muito diferentes do que quando se amplia essa abrangência. Por exemplo, muitas pessoas consideram importante o critério "fácil" ou "conveniente" e, assim, alguém pode fazer uma escolha que é "fácil" naquele momento, como mentir para evitar um problema ou um confronto. Ampliando a abrangência de tempo, pode perceber que, mais tarde, mentir provavelmente trará conseqüências "não fáceis" com aquela pessoa e decidir que, de fato, *é mais fácil* "a longo prazo" falar a verdade agora. (No mínimo, evita ter de lembrar todas as mentiras que você contou!) Ampliando a abrangência no espaço, pode descobrir que seus relacionamentos com outras pessoas também correm o risco de sofrer com a mentira e que realmente é muito mais fácil sofrer o desconforto de falar a verdade.

A maioria das pessoas não gosta de ser criticada por seus erros, porque não lhes agrada descobrir que não são tão capazes quanto achavam. Entretanto, se o desejo de ser capaz for considerado dentro de uma abrangência de tempo mais ampla, receber bem as críticas e utilizá-las para melhorar habilidades é uma maneira de se tornar ainda *mais* capaz. Quando, ao ter de "apresentar" casos médicos diante dos professores, o ainda jovem doutor Milton Erickson desejava ardentemente cometer *tantos* erros quanto possível, o mais *rápido* possível, para aprender com eles e se tornar o melhor médico que pudesse ser.

Certa ocasião, uma mulher que me pareceu ser uma pessoa muito boa me contou das muitas coisas boas que fizera para os outros, mostrando que satisfazer as necessidades alheias era muito importante para ela. No entanto, ela se negava a pensar em si mesma como uma boa pessoa, dizendo: "Não mereço isso". Eu poderia ter explorado seus motivos para concluir por que ela não "merecia isso", o que provavelmente envolvia alguma proibição de pensar em si mesma como especial, ou ser orgulhosa, ou colocar-se acima dos outros. Em vez disso, decidi tentar simplesmente ampliar sua abrangência referente ao critério "merecer" para outras pessoas, e não para si mesma. Quando lhe perguntei "Os *outros* merecem sua bondade?", ela imediatamente respondeu positivamente, sem nenhuma objeção a pensar em si mesma como uma boa pessoa.

Hierarquia de critérios Todos os bons vendedores ouvem muito cuidadosamente os critérios dos clientes para então descrever seu produto de uma maneira compatível com esses critérios. O *mesmo* carro pode ser descrito de diversas maneiras – como seguro, elegante, econômico, confortável, potente, conservador etc. Isso também vale para quando você está tentando persuadir o cônjuge ou um filho a fazer alguma coisa que considera útil ou benéfica.

Por exemplo, se ficasse ligada durante a noite, a bomba da banheira fazia um barulho que incomodava minha esposa. Como não me incomodava, não me sentia motivado a desligá-la. Quando ela mencionou que era um desperdício de eletricidade, isso *realmente* me incomodou e me senti muito mais motivado a desligar a bomba. Aqui está Milton Erickson, o mestre da utilização de critérios, descrevendo uma interação com seu jovem filho:

"Meu filho, Bert, aos 5 anos de idade [...] sentindo sua importância como cidadão, disse: 'Não vou comer nada DISSO!' [...] referindo-se a um prato de espinafre. E eu disse: 'É CLARO que não. Você não tem idade suficiente, não é forte o suficiente, nem grande o suficiente!'. A mãe começou a protestar: 'Ele TEM idade suficiente, é suficientemente grande, é forte o suficiente.' E você já sabe do lado de quem Bert ficou [...]."

(GORDON, MYERS-ANDERSON, 1981, P. 81)

Bert tinha critérios para alimentos gostosos. Como todos os meninos, ele também tinha critérios positivos com relação à idade, à força e ao tamanho. Quando foram colocados em oposição, ter idade, ser forte e grande se mostraram muito mais importantes. Observe que não há nada *inerentemente* "velho", "forte" ou "grande" com relação à habilidade para comer espinafre, mas ao ser descrita dessa maneira, Bert reagiu como se constituísse uma descrição adequada.

Quando uma mulher fica zangada com relação aos ovos excessivamente fritos que o marido lhe serve no café da manhã, são provavelmente seus critérios para um "alimento gostoso" que atuam, e ela se aborrece porque deseja ovos com um sabor melhor. Provavelmente, ela também quer estar em um relacionamento amoroso com o marido, mas isso talvez não se inclua na abrangência de sua percepção naquele momento. Felizmente, isso é um pouco *mais* importante para ela do que ovos fritos demais.

Quando esses dois critérios são sobrepostos em uma pergunta do tipo ou/ou – "O que é mais importante para você, ovos queimados ou um relacionamento amoroso com seu marido?" –, essa abrangência mais ampla pode colocar os ovos queimados "em perspectiva" e motivá-la a tentar outra coisa diferente da raiva ou do divórcio para melhorar a qualidade dos ovos.

Trata-se de um exemplo de como evocar um critério mais *valorizado* do que o existente no intuito de que esses valores sejam escolhidos em lugar dos valores referentes a ovos. Esse padrão foi chamado de *Hierarquia de critérios*, pois um critério "mais elevado" ou mais *importante* do que aquele que está atuando na situação problemática é utilizado como alavanca para motivar uma mudança de comportamento.

Sempre que alguém deseja realizar uma mudança, é interessante evocar seus critérios importantes e descrever a mudança como algo que os satisfaz. Por exemplo, as pessoas com freqüência pensam que é realmente importante estar "certo". Na terapia de casais, uma delas (ou ambas) insiste que está certa com relação a alguma coisa totalmente irrelevante para o relacionamento – exceto o fato de que essa amarga discussão vem prejudicando a relação. Quando o conteúdo da discussão de fato não importa, como quem ganhou um jogo ou o ano em que um restaurante abriu, vale a pena dizer algo como: "Você bem que pode estar certo sobre isso, mas o conflito é muito desagradável para ambos. O que você prefere – estar *certo* ou ser *feliz*?"

Observe que, ao empregarmos esse método de utilização de um conjunto de critérios para derrotar outro, o critério derrotado fica insatisfeito. Mesmo quando ser feliz é mais importante para alguém do que estar certo, ele ainda *gostaria* de estar certo. Isso significa que ainda há um conflito interior; alguns desejos ou necessidades menos importantes da pessoa ainda se opõem à mudança, mas não são suficientemente fortes para impedi-la. Se alguma coisa muda em uma situação e os critérios dominantes tornam-se mais fracos, os critérios insatisfeitos podem assumir novamente e reverter a mudança.

Embora Erickson tenha utilizado a hierarquia de critérios com talento e habilidades excepcionais em alguns problemas muito difíceis, ela possui essa limitação inerente. É muito mais elegante trabalhar em direção a uma solução que satisfaça a maior parte ou *todos* os critérios de uma pessoa, permitindo que fiquem totalmente satisfeitos com a mudança. Nem sempre isso é possível ou prático, mas quando acontece, a mudança resultante é muito mais estável porque nenhum dos critérios se opõe e não há incongruência. Um método sistemático para fazer isso com quase qualquer conteúdo é chamado de "Ressignificação em seis passos" (Andreas, 1985; Andreas, Andreas, 1993, capítulo 8).

Os exemplos anteriores evocam ou criam uma hierarquia de critérios para modificar um comportamento ou um conjunto de comportamentos. O mesmo processo também pode ser usado para mudar a *importância* relativa dos próprios critérios, uma categoria mais ampla do que quaisquer critérios individuais. Se você pensar em dois ou mais critérios simultaneamente, descobrirá que o mais valorizado em geral é visualizado numa posição mais elevada, mais próxima ou mais ampla em seu espaço pessoal. Então, você pode usar um critério mais elevado e mais importante ("felicidade" ou "satisfação" geral) como base para ajustar a importância relativa de outros critérios.

Por exemplo, uma pessoa que quer aumentar a importância de "relacionamentos familiares" e diminuir a importância de "trabalho" pode ajustar suas representações internas desses critérios, deslocando "família" para um local mais elevado (ou mais próximo, ou mais amplo) e "trabalho" para um local mais baixo (ou mais longe, ou menor). Esse é um processo *análogo* que realiza o ajuste gradual da localização de um critério no espaço pessoal até "ficar certo". Isso mudará a importância relativa dos critérios que determinam o que você fará com a vida e como fará isso. Esse processo é descrito detalhadamente em outro livro (Andreas, Andreas, 1991, capítulo 4).

O processo da transformação essencial de Connirae Andreas (1996) utiliza a hierarquia de critérios de maneira muito diferente. Começando com um problema ou limitação, pergunta-se à "parte" inconsciente da pessoa que cria essa limitação qual o seu objetivo. Então, é colocada a seguinte questão: "*Tendo* esse objetivo (X), o que você quer, *já tendo* X, que é ainda mais importante?" Pergunta-se isso repetidamente, a cada vez substituindo o objetivo anterior, criando uma série de objetivos em uma hierarquia de importância. Cada objetivo sucessivo é uma categoria mais geral de experiência, com importância e abrangência cada vez mais ampla.

Depois de três a sete repetições, essa pergunta evocará um poderoso "estado essencial" que pode ser descrito de muitas maneiras, mas que em geral se encaixa em uma de diversas categorias: "existir", "paz interior", "amor", "bem-estar" ou "unicidade". Muitas pessoas espontaneamente consideram esse estado profundamente *espiritual* – inclusive aquelas que não possuem crenças ou experiências espirituais anteriores.

Então, esse estado essencial é *integrado* a cada um dos objetivos na hierarquia de objetivos importantes, começando no topo, perguntando: "Como o fato de *já ter* (descrição do estado essencial) se *irradia* e *transforma* esse (objetivo)?" O estado essencial transforma toda a hierarquia de objetivos, um de cada vez, o que é muito diferente de utilizar um objetivo mais elevado na hierarquia para alavancar e derrotar um que está mais embaixo.

Por exemplo, "amor e aprovação dos outros" torna-se algo que pode ser plenamente apreciado e não desesperadamente necessitado, porque o estado essencial já está totalmente disponível. "Segurança e proteção", tão importantes para alguém que sofreu abusos, continuam sendo importantes, porém, com um senso de "unicidade" ou de "existir", eles não podem ser retirados. Em lugar da busca tensa e vigilante por segurança, a pessoa pode relaxar e notar com maior facilidade quando determinada situação realmente exige preocupação ou ação. Com o estado essencial disponível, uma intensa luta pelo "sucesso" torna-se mais interna e pessoal, pois o sucesso é redefinido pelo estado essencial como "proporcionando aquilo de que eu sou capaz", ou "dando e recebendo o que pretendo".

No processo de transformação essencial, não há necessidade de decidir conscientemente de que maneira reclassificar ou redefinir "segurança" ou "sucesso". Inconscientemente, ocorre um importante remanejamento, à medida que o estado essencial inunda todos os pensamentos, necessidades, desejos e atividades da pessoa. O problema ou limitação original desaparece ou transforma-se em uma expressão do estado essencial. Por exemplo, a raiva pode não ser necessária em determinadas situações, enquanto em outras ela se torna mais clara e direta. Além disso, o processo costuma resultar em muitos efeitos colaterais produtivos espontâneos e inesperados. As pessoas afirmam fazer menos esforço e sentir menos tensão, com uma sensação maior de bem-estar e estabilidade, de fazer parte do fluxo da vida.

Critérios nos relacionamentos Quando duas pessoas interagem, todos os fatores discutidos neste capítulo têm uma oportunidade para interagir também. Se duas pessoas possuem critérios muito semelhantes e maneiras semelhantes de aplicá-los na tomada de decisões, haverá pouca discordância, mas se ambas utilizarem maneiras que não funcionam muito bem, ainda podem ocorrer problemas.

Já quando seus critérios são diferentes, provavelmente haverá dificuldades e, muitas vezes, conflito – bem como diversas oportunidades para aprender uma nova maneira de pensar e de ser. É como se duas pessoas estivessem olhando para o mesmo triângulo azul, com uma delas dizendo "O importante é que ele é azul", ao que a outra responde "Não, o importante é que ele é triangular".

Por exemplo, é comum minha esposa e eu discordarmos a respeito de alguma coisa, mesmo quando ambos consideramos futuras conseqüências. Normalmente, eu focalizo as conseqüências *práticas*, enquanto ela é muito mais sensível ao contexto *social* e à maneira como as outras pessoas vão reagir – o que eu tendo a ignorar. Posso sugerir que nos livremos de alguma coisa que ninguém usa há anos para aumentar o espaço na garagem e ela pensará se os meninos gostariam de guardar aquilo. Esses critérios diferentes muitas vezes nos levam a conclusões bastante diferentes.

Os critérios de uma pessoa podem ser muitos específicos e sensoriais, enquanto os de outra, mais vagos e categóricos. Uma delas pode prestar atenção aos critérios "espirituais", enquanto a outra pode ser mais prática, considerar mais as questões do mundo físico. Uma pode ter critérios muito digitais e a outra, análogos. Ainda que ambas respondam ao mesmo critério, uma delas pode atingir o limite para a ação muito antes do que a outra. Uma pode ter critérios principalmente aditivos e a outra, muitas alternativas.

Um parceiro pode ter critérios adequados que produzem resultados satisfatórios, enquanto o outro utiliza critérios inadequados que repetidamente resultam em desapontamento. Um pode aplicar critérios em uma seqüência que torna as decisões mais fáceis e rápidas e o outro, uma que gera grande dificuldade para se chegar a uma conclusão. Um pode ter critérios muito práticos enraizados na experiência pessoal, enquanto os do outro se baseiam mais nas convenções sociais.

Quando eu era muito mais jovem, lembro de ter levado uma garota para a casa dela. Chovia muito e a vaga mais próxima para estacionar o carro estava a três quarteirões. Sendo prático, bem como atencioso, parei o carro o mais próximo possível da porta da frente da casa para que ela não se molhasse muito. Contudo, ela não achou que fui atencioso, pois, de acordo com ela, eu *deveria* tê-la levado até a porta da casa – mesmo que isso significasse que ambos ficaríamos encharcados caminhando por três quarteirões (e eu, outros três quarteirões de volta para o carro).

Um dos parceiros pode usar um processo que resulta em motivação contínua para chegar a uma decisão, mas o outro tem um processo que causa o adiamento das decisões. Um pode ter critérios bastante elevados que apenas alguns eventos vão satisfazer, enquanto os critérios do outro são muito baixos, facilmente satisfeitos. Um pode ser capaz de ajustar facilmente os critérios para adaptá-los a diferentes situações, enquanto o outro tem critérios inflexíveis.

Um deles pode usar critérios mínimos para categorizar muito rapidamente, enquanto o outro demora bem mais, sendo bastante cuidadoso e exato. Um pode usar uma abrangência mais longa no espaço ou no tempo ao avaliar critérios e o outro, uma abrangência muito mais curta. Um pode ser capaz de considerar flexivelmente abrangências mais amplas e menores, enquanto o outro é menos flexível.

Freqüentemente, as pessoas sentem-se atraídas por outras com habilidades complementares, capazes de fazer com facilidade aquilo que elas acham difícil. Alguém com dificuldade para priorizar critérios e tomar decisões achará maravilhoso que o parceiro consiga fazer isso. Por outro lado, quando um dos parceiros assume toda a responsabilidade por uma decisão, se algo não der certo, é fácil para o outro culpá-lo por não fazer bem o seu trabalho!

Qualquer uma dessas diferenças pode se tornar base para conflito, acusações e infelicidade, particularmente se as diferenças não forem reconhecidas e valorizadas. Entretanto, se as diferenças são reconhecidas e valorizadas pelos dois parceiros, podem formar a base para a solução cooperativa de problemas baseada nas habilidades e capacidades complementares de ambos.

> **Resumo:** Os critérios constituem a base para a categorização da experiência e com freqüência são inconscientes ou difíceis de especificar. Podem ser *sensoriais*, como "azul", ou *categorias* mais gerais de experiência, como "inteligente".

Fazer uma lista de critérios por ordem de *importância*, criando uma *hierarquia de critérios*, vai lhe ajudar a considerar *primeiro* os mais importante para você e só *depois* os menos relevantes.

Os critérios podem ser ainda *digitais* ("sim/não") ou *análogos* ("mais do que/menos do que"). Alguns critérios análogos atingem um *limite* no qual às vezes se tornam digitais. Eles podem ser *aditivos* (X e Y e Z), *alternativos* (X *ou* Y *ou* Z), ou qualquer combinação dos dois ("A *e* B, *ou* C *e* D" etc.).

Ter muitos critérios ou critérios muito detalhados *diminuirá* a quantidade de eventos incluídos em uma categoria. Menos critérios ou critérios mais gerais *ampliarão* essa quantidade. *Ajustar* critérios contextualmente é uma habilidade útil que pode evitar o desapontamento e a insatisfação resultantes do perfeccionismo – ou o seu oposto, o *"imperfeccionismo"*, que facilmente se satisfaz porque os critérios são muito baixos.

Os critérios *inadequados* levarão a uma categorização errada de eventos e escolhas insatisfatórias. Os critérios costumam ser aprendidos com os pais e na cultura em que crescemos, e muitas vezes não temos oportunidade para testá-los em nossa experiência. Examinar e testar critérios, revendo decisões passadas particularmente satisfatórias ou decepcionantes, pode proporcionar um *feedback* proveitoso para ajustar ou rever critérios.

A *seqüência* da aplicação de critérios é importante para examinar opções com mais facilidade e rapidez. Quando você utiliza primeiro os critérios *digitais* mais *importantes* ou os mais *restritivos*, isso rapidamente diminui a quantidade de escolhas a considerar posteriormente.

Ao fazer uma seleção, é importante simplificar o processo escolhendo somente duas opções de cada vez, para depois aplicar *todos* os critérios *simultaneamente* acrescentando os sentimentos de satisfação/insatisfação a fim de obter a avaliação geral de uma opção.

Também é importante usar uma seqüência que mantenha a *motivação* para continuar o processo de busca.

Ampliar a *abrangência* de um critério no espaço e/ou no tempo costuma ajudar a produzir um resultado melhor.

A *hierarquia de critérios* pode ser usada para mudar a importância de um comportamento ou conjunto de comportamentos, ou a importância relativa de um critério em si mesmo. Uma hierarquia também serve para evocar aquilo que muitos descrevem como poderosos critérios espirituais que criam uma integração e uma direção unificada para todos os diferentes critérios de uma pessoa.

Muitas vezes, as pessoas escolhem parceiros com base em diferentes critérios e maneiras de utilizá-los para tomar decisões, dando a eles habilidades complementares. Esses critérios diferentes e diferentes maneiras de organizar e aplicar esses critérios normalmente se tornam base para o conflito e a discórdia. Entretanto, essas mesmas diferenças também podem compor a base para a descoberta de diferentes maneiras de valorizar eventos e estar no mundo, e para aprender mais escolhas e flexibilidade em sua aplicação.

No próximo capítulo, exploraremos de que maneira subdividimos as categorias de nível básico em subcategorias mais específicas e como agrupamos categorias de nível básico em categorias mais gerais. Isso cria *níveis lógicos* – importante aspecto do processo de pensamento e compreensão –, embora também possa resultar em problemas e armadilhas.

"SE ALGUMA GRANDE FORÇA CONCORDASSE EM SEMPRE ME FAZER PENSAR NO QUE É VERDADEIRO E FAZER O QUE É CERTO, COM A CONDIÇÃO DE EU SER TRANSFORMADO EM UMA ESPÉCIE DE RELÓGIO E ESTAR PRONTO TODAS AS MANHÃS ANTES DE SAIR DA CAMA, EU FECHARIA O NEGÓCIO IMEDIATAMENTE."
THOMAS HENRY HUXLEY

5

Categorias de categorias
Dividindo e juntando grupos: níveis lógicos

"A INTELIGÊNCIA ORGANIZA O MUNDO ORGANIZANDO A SI MESMA."
JEAN PIAGET

Conforme discutimos no capítulo 2, a categoria de "nível básico" mais simples é um *grupo* de experiências, *selecionadas* por critérios e *reunidas* em *dados* na experiência interna. Em geral, o conjunto é obtido por sua representação na mesma localização geral no espaço pessoal mental, utilizando determinado conjunto de qualidades perceptivas – tamanho, brilho, 3-D ou plana, em movimento ou parada etc. A essas qualidades chamamos de "submodalidades" porque são elementos menores dentro de cada modalidade. Quando mentalizamos os *exemplos* no grupo, podemos experimentá-los *simultaneamente*, como se olhássemos para uma colagem de imagens, ou *seqüencialmente*, um após o outro, em rápida sucessão no mesmo local.

Com freqüência, uma categoria de nível básico adquire um *nome*, uma palavra que usamos como uma espécie de sistema de arquivo e também para nos comunicarmos com as outras pessoas. O nome em si é arbitrário (e muito diferente em cada idioma); o importante é o grupo de experiências que a palavra indica. Ao recuperarmos o *significado* de uma palavra, podemos *examinar* alguns ou todos os exemplos na categoria, mas em geral utilizamos um *protótipo* para representar toda ela, o que é bem mais rápido e fácil. Se nossa habilidade para categorizar parasse nessas categorias de nível básico, a vida seria muito mais simples – e muito menos interessante.

Felizmente, também podemos subdividir as categorias de nível básico em outras mais específicas, e/ou agrupá-las em categorias mais gerais, criando *níveis lógicos* de categorização. Por exemplo, a maioria das pessoas concordará rapidamente que a categoria de nível básico "cadeira" tem *sub*categorias mais específicas de "cadeiras de balanço", "cadeiras de descanso", "cadeiras com encosto reto" etc. "Cadeira" é igualmente uma *sub*categoria da categoria mais geral "mobília", que também poderia incluir "sofás", "mesas", "estantes" etc. "Mobília", por sua vez, poderia ser uma subcategoria de outra categoria mais geral, como "objetos", "coisas feitas pelo homem", "coisas que pesam menos do que uma tonelada" etc.

Essa habilidade para organizar categorias é uma das características mais notáveis e úteis da inteligência humana. Além de muito rápida e eficiente, costuma nos ajudar a compreender o mundo e a comunicar essa compreensão para os outros. E, nas ocasiões em que não funciona tão bem, é proveitoso para tornar o processo consciente a fim de que possamos examiná-lo e ajustá-lo.

Para começar esse processo de compreensão, eu gostaria de apresentar um exemplo muito simples de como criamos categorias compostas de outras categorias. Imagine que uma pessoa espalha um grupo de mais ou menos setenta pequenos blocos de brinquedo à sua frente e lhe dá a tarefa de descrevê-los pelo telefone, ignorando a sua localização e posição, para alguém. Primeiro, você notaria que cada bloco é vermelho, branco ou azul. A seguir, talvez percebesse que seu formato é quadrado, redondo ou triangular. Finalmente, você observa que cada um dos blocos mede 2,5 cm, 5 cm ou 7,5 cm de altura.

Se você tivesse de escolher um bloco, descrevê-lo pelo telefone e então escolher outro, descrevê-lo e assim por diante, isso levaria muito tempo. Seria muito mais eficiente colocá-los em categorias e descrever as características de cada uma delas.

Você poderia começar agrupando todos os blocos em três diferentes categorias, utilizando a cor como critério.

A partir daí, você subdividiria cada um desses grupos em categorias mais específicas baseando-se no formato – vermelho quadrado, vermelho triangular, vermelho circular etc.

Finalmente, faria a subdivisão dos grupos em categorias mais específicas, empregando a altura como critério.

Podemos mostrar as categorias resultantes utilizando um diagrama
em árvore (como o das genealógicas), apresentado a seguir usando Q para
quadrado, T para triangular e C para circular.

Essa categorização criaria 27 das categorias mais específicas. Se tivéssemos começado dividindo os blocos em categorias mais específicas, poderíamos juntá-los em outras mais gerais para criar a mesma ordem.

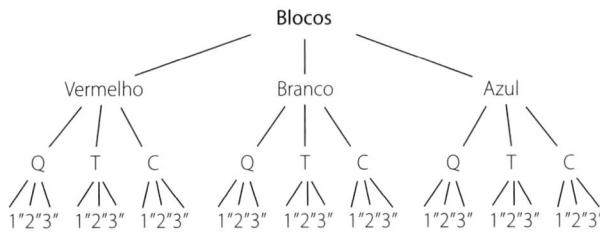

No entanto, se tivéssemos começado a classificação com a *altura*, e depois utilizado a cor e finalmente a *forma*, obteríamos uma seqüência diferente de categorias, como demonstrado a seguir (V B A, para vermelho,
branco, azul, e Q T C, para quadrado, triângulo, círculo):

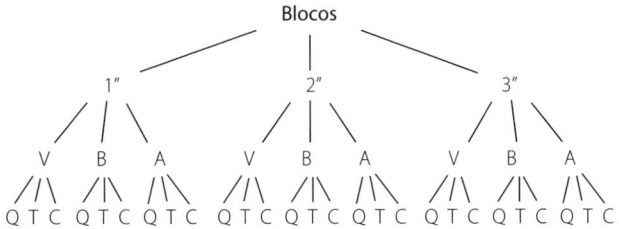

As categorias mais específicas continuariam, assim como a categoria
mais geral "blocos", porém, as categorias intermediárias seriam muito diferentes. Os níveis de categorização dependem não apenas da nossa *escolha
de critérios*, mas também da **seqüência** *em que aplicamos esses critérios*.

Pesquisas mostraram que começamos a vida criando "categorias de nível básico" com base na experiência cotidiana (Lakoff, 1987). Então, nós as subdividimos em *sub*categorias mais específicas ou as agrupamos em categorias mais gerais.

Note que venho usando os termos "mais específica" e "mais geral" para categorias, em lugar de "menor" ou "maior". Uma categoria mais específica normalmente tem menos exemplos e poderia ser chamada de "menor", e as categorias mais gerais têm mais exemplos e poderiam ser chamadas de "maiores". Contudo, uma vez que quero fazer uma distinção clara entre abrangência e categoria, utilizo "menor" e "maior" para descrever abrangência e *"mais específica"* e *"mais geral"* para as categorias.

Inclusão categórica Esse tipo de arranjo é chamado pelos matemáticos de "inclusão de classe", porque cada membro de uma classe mais específica também é *incluído* como membro de qualquer classe mais geral. Por exemplo, um "bloco branco quadrado com 2,5 cm" também é membro de cada uma das classes "blocos brancos quadrados", "blocos brancos" e "blocos". A relação entre as classes sempre pode ser representada por uma estrutura em árvore.

Como "classe" tem um significado muito específico em matemática e não sou um matemático, usarei o termo mais geral "categoria" – uma palavra comum que a maioria das pessoas utiliza para organizar a experiência –, assim como "inclusão categórica" em lugar de "inclusão de classe". O emprego da palavra comum "categoria" também segue a utilização feita por Lakoff (1987) ao tratar de pesquisas acerca das categorias lingüísticas e Edelman (1992) ao descrever estudos sobre a base neurológica da habilidade para categorizar.

Observe que uma *categoria* de blocos constitui um *grupo* de blocos, não um único bloco, portanto não é membro de uma categoria mais geral de blocos. Somente os *membros* de uma categoria de blocos podem ser membros de uma categoria mais geral de blocos. A *categoria* de blocos brancos quadrados não é membro da categoria "blocos brancos", mas os blocos brancos quadrados individuais *inclusos* nessa categoria *são* membros da categoria de blocos brancos. Um grupo de vacas não é uma vaca, é um *rebanho*. Mas os *membros* do rebanho são vacas.

Entretanto, uma categoria de blocos poderia ser membro da *categoria* mais geral "categorias de coisas" ou "conceitos" etc. Esse ponto talvez pareça obscuro, mas a ausência de distinção entre um grupo de coisas e as coisas em si mesmas pode ser fonte de confusão, e quero ser bem claro a esse respeito desde o início.

Outra fonte de confusão é a diferença entre o nome de uma categoria e um membro individual dela. O vocábulo "gato" pode ser usado para indicar uma *categoria* de animal ou um *membro* individual da categoria. Você consegue acariciar o animal, mas não a palavra.

A palavra "rebanho" não é nem um grupo de vacas nem uma vaca isolada, é apenas um *rótulo* para um grupo de vacas.

Os nomes de diferentes alimentos oferecidos em um restaurante podem ser indicados por um cardápio, mas esse pedaço de papel tem um sabor muito diferente de qualquer um dos alimentos e é consideravelmente menos nutritivo!

A inclusão categórica é a maneira mais simples de se criar uma seqüência organizada de categorias para descrever um grupo de coisas ou eventos, e também é a base para o tipo mais simples de pensamento lógico, como no clássico silogismo:

"Todos os homens são mortais.
Sócrates é um homem.
Portanto, Sócrates é mortal."

Como Sócrates é membro da categoria de homens e esta se inclui na categoria de coisas que são mortais, Sócrates deve ser mortal. Isso pode ser demonstrado por um simples diagrama de círculos de Venn. O círculo grande engloba todas as coisas que são mortais, o círculo menor inclui todos os homens e o X dentro dele indica que Sócrates é seu membro.

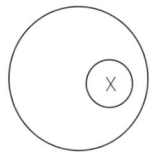

Igualmente, podemos dizer:

"É possível sentar em todas as cadeiras." (Todas as cadeiras são membros da categoria "coisas nas quais é possível sentar".)

Isso (X) é uma cadeira.

Portanto, é possível sentar em X.

Usando o mesmo diagrama, o círculo grande agora engloba todas as coisas nas quais é possível sentar, o círculo menor contém todas as cadeiras e o X indica uma cadeira em particular.

Hereditariedade Podemos chegar a esse tipo de conclusão lógica porque qualquer critério para uma categoria mais geral *precisa* se aplicar a toda sua subdivisão mais específica. Quando dividimos a categoria de blocos brancos em outras mais específicas, baseados na forma, altura ou qualquer outro critério, *todos* os membros dessas categorias têm *blocos brancos*. Isso foi descrito como a propriedade da *hereditariedade* (St. Clair, Grinder, 2001, p. 303-304).

Note que a *hereditariedade* é unidirecional: *só* se aplica à medida que passamos de uma categoria a uma subcategoria. Se tomarmos outra direção, para uma categoria mais geral, a *hereditariedade* não se aplica. Por exemplo, se passarmos da categoria "blocos brancos triangulares" à categoria mais geral "blocos brancos", alguns deles *não* serão triangulares. Igualmente, se incluirmos a categoria "blocos" na categoria mais geral "brinquedos", muitos outros brinquedos não serão blocos.

Restrição Cada subdivisão de qualquer categoria baseia-se em um ou mais critérios adicionais que especificam os exemplos passíveis de inclusão na subcategoria. Isso é descrito como a propriedade de *restrição*: cada critério adicional para uma subdivisão restringe os tipos de exemplos que podem ser incluídos nela (St. Clair, Grinder, 2001, p. 303-304). Por exemplo, a categoria de blocos brancos triangulares com 5 cm de altura normalmente teria menos membros do que a categoria mais geral "blocos brancos", que também englobaria blocos brancos *quadrados* e blocos brancos *circulares*. Contudo, se não houver nenhum bloco branco quadrado ou circular em nossa pilha particular de blocos, as duas categorias teriam o mesmo número de blocos.

Os níveis lógicos descrevem os diferentes "níveis" de categoria criados pela inclusão categórica. É o princípio utilizado na lógica do dia-a-dia e também por Bostic e Grinder, que o chamam de "inclusão lógica" (St. Clair, Grinder, 2001, p. 294-301) – termo empregado apenas ocasionalmente na matemática. A expressão "níveis lógicos" da forma como se serve dela a matemática é um pouco diferente, e trataremos desse assunto mais adiante neste capítulo.

Habitualmente, toda categoria inclui exemplos, assim podemos usar as palavras "exemplo" e "inclui" para determinar se dois eventos ou categorias estão ou não relacionados entre si por nível lógico:

*Se Y é um **exemplo incluso** na categoria X, então X é uma categoria mais geral, num nível lógico mais elevado.* (Um membro da categoria "vaca" está incluso na categoria mais geral "mamífero", "animal" ou "organismo".)

*Igualmente, se a categoria X **inclui** Y como **exemplo**, X é uma categoria mais geral, num nível lógico mais elevado.* (A categoria "mamífero", "animal" ou "organismo" inclui um membro da categoria "vaca" como exemplo.)

Com freqüência, as pessoas não compreendem a expressão "nível lógico mais elevado" achando que ela significa que as categorias mais gerais são sempre mais importantes, como em "valores mais elevados". Uma categoria mais geral pode ou não ser mais importante ou proveitosa do que uma categoria mais específica; quando ela o *é*, isso resulta dos chamados *critérios relacionais*, que discutiremos posteriormente. A palavra "nível" também pressupõe que alguns níveis são "mais elevados" do que outros; novamente, precisamos perceber que isso não significa necessariamente que são mais importantes.

Agora, gostaria que você pensasse em suas imagens internas enquanto descrevo alguns exemplos de níveis de categorização. Uma categoria de nível básico como "beijo" poderia ser formada por um grupo de experiências baseadas nos sentidos, criando uma categoria que rotularemos arbitrariamente de nível lógico 1. A categoria "beijo" também poderia ser membro de uma categoria mais geral e abstrata de experiência como "toque", que incluiria diversos outros tipos de toques, como "cutucada", "carícia", "tapinhas" etc.

"Toque", nessa descrição, constitui uma categoria cujos membros *também* são categorias, e não experiências baseadas nos sentidos. Como aqui os *exemplos* da categoria "toque" são categorias no nível lógico 1, o chamaremos de nível lógico 2. Observe como a sua imagem de "toque" é menos específica e detalhada (mais abstrata) do que a sua imagem de "beijo".

Entretanto, a categoria "beijo" também poderia ser subdividida em categorias mais específicas baseadas na qualidade, intensidade, calor ou outro critério ou conjunto de critérios, em "selinho", "apaixonado", "obrigatório" etc. Se esses nomes se referem a categorias que contêm exemplos sensoriais, essas estariam no nível lógico 1. A categoria "beijo" passaria então ao nível lógico 2 (e não 1) e a categoria "toque" ao nível lógico 3 (e não 2).

Agora as diferentes subcategorias de "beijo" são abstrações de exemplos sensoriais e "beijo" é composto por *categorias de categorias*. "Toque", no nível lógico 3, constitui uma *categoria* de *categorias* de *categorias*, ainda mais distante da experiência específica baseada nos sentidos.

Contudo, alguém talvez categorizasse isso de maneira muito diferente. Para essa pessoa, "beijar" e "tocar" podem ser categorias separadas de experiência baseada nos sentidos, inclusas em uma categoria mais geral chamada "relacionar". Nesse caso, "beijar" e "tocar" estariam *ambos* no nível lógico 1, no *mesmo* nível de abstração da experiência baseada nos sentidos, enquanto "relacionar" estaria no nível lógico 2.

Com base nesses exemplos, vê-se que "beijo" e "toque" podem estar no *mesmo* ou em *diferentes* níveis lógicos, dependendo de como cada um categoriza sua experiência. Isso demonstra claramente que os níveis lógicos são *relativos*, não absolutos, indetermináveis apenas por seu conteúdo. Os níveis lógicos são *independentes* do conteúdo; resultam da maneira como uma pessoa categoriza.

Complexidade adicional Para simplificar, assumi que todos os membros de uma categoria estão no mesmo nível lógico, mas isso não é necessariamente verdade. Por exemplo, a categoria "coisas nas quais posso pensar" incluiria lembranças ou imagens de objetos físicos baseados nos sentidos, conceitos gerais muito abstratos como "verdade" ou "beleza" e todas as possíveis categorias entre elas.

Por exemplo, se você tem um computador, sabe que pode colocar muitos diferentes itens na mesma pasta da sua área de trabalho. A pasta é uma categoria de coisas e pode guardar uma foto ou uma música gravada (que são determinadas abrangências de experiência), um documento (descrição de uma abrangência de experiência) ou até mesmo outra pasta que contém outros itens diferentes. Uma pasta chamada "diversos" pode conter coisas que não têm nada em comum, a não ser o critério de que ocupam um espaço no *desktop* e o fato de não estarem em uso por você, que então as coloca todas em uma pasta para dar espaço a outro trabalho.

Quando uma categoria inclui membros em diferentes níveis lógicos, podemos escolher dois deles e determinar se estão relacionados por inclusão categórica. Pegando, por exemplo, na mesma categoria "coisas nas quais posso pensar", "determinada lembrança" e "verdade". Em geral, uma lembrança é considerada "alguma coisa que realmente aconteceu", portanto ela seria membro da categoria "coisas que são verdadeiras".

Entretanto, outra pessoa talvez tivesse uma lembrança que não está certa se aconteceu ou não e que, portanto, *não* seria incluída em "verdade", mas em uma categoria diferente, como "incerteza". Para indicar a diferença nos níveis lógicos entre elas, dir-se-ia: "Se essa lembrança é verdadeira, então ela pode ser incluída na categoria 'verdade'". Sempre dá para examinar uma experiência e uma categoria a fim de descobrir se a primeira pode ser incluída na segunda. Bem como examinar duas categorias e determinar se uma delas está inclusa como exemplo da outra.

Isso é algo que fazemos muitas vezes por dia sem pensar. Se eu digo "esse foi um bom filme", isso inclui uma abrangência específica de experiência na categoria "bom filme". Se digo "raramente assisto a filmes", isso inclui a categoria "filmes" na categoria mais geral "coisas que faço raramente". "Coisas que faço raramente" é uma subcategoria de "coisas que faço", num total de três níveis.

Se digo "Quero realizar diversas tarefas, algumas rápidas e algumas mais demoradas", há três níveis lógicos. "Tarefas" constitui uma categoria com duas subdivisões – "rápidas" e "demoradas" – e está inclusa na categoria maior "coisas que quero fazer hoje".

Outro aspecto dos níveis lógicos múltiplos é o fato de que os menores níveis inclusos tornam-se *pressupostos*. No parágrafo anterior, "tarefas" e as categorias menores "rápidas" e "demoradas" estão pressupostas. Na comunicação comum, isso não causa problemas, pois tanto o orador quanto o ouvinte já pressupõem essas categorias.

Contudo, como a mesma estrutura lógica pode ser usada para estabelecer pressuposições que o ouvinte ainda não tem, esse tipo de comunicação é bastante hipnótico. Por exemplo, no trecho a seguir de uma "meditação" de Virginia Satir, há seis níveis lógicos de pressuposição.

> À medida que entramos totalmente em contato com nossa capacidade inata de escolher, entre todas as coisas que temos no momento, aquela que é mais adequada, notamos que há coisas que não usamos.
>
> (ANDREAS, 1991B, P. 168)

Embora o ouvinte possa não concordar com todas essas pressuposições, elas provavelmente serão úteis, já que descrevem uma expansão de escolhas adequadas para a pessoa (não para outra pessoa). Entretanto, se um terapeuta utilizasse a mesma estrutura para dizer "Quero que entre totalmente em contato com as forças destrutivas latentes e incontroláveis fervendo dentro de você", essas pressuposições raramente seriam precisas ou úteis.

Tente essa experiência: pense em um problema e note como você o representa na mente...

Agora imagine que está dizendo a seguinte frase para si mesmo, a qual faz parte de um programa de auto-ajuda: "Posso me permitir lembrar de como eu costumava acreditar que tinha esse problema?". Note como sua imagem muda...

Essa pergunta tem cinco níveis lógicos de pressuposição: "problema", "crença", "eventos passados", "lembrar" e "permitir". Isso certamente pode modificar a experiência que o ouvinte tem de um "problema", colocando-a na categoria de crenças passadas lembradas – quer ele permita, quer não. Se o problema é puramente imaginário, isso talvez seja útil. Entretanto, se ele *realmente* tem um problema, isso vai apenas recategorizá-lo como não sendo mais um problema, sem de fato resolvê-lo. Se o problema for um câncer, pensar que ele não é mais um problema pode ser muito perigoso. Muitas pessoas (e outras a seu redor) sofrem com atitudes e comportamentos que não considerem problemas.

Quase toda comunicação tem pelo menos dois ou três níveis lógicos de experiência, e algumas têm muito mais. A fim de adquirir a habilidade para notar esses diferentes níveis, escolha uma frase qualquer e primeiro determine as categorias dela. Então opte por duas dessas categorias e decida se uma delas está descrita como membro da outra. Comece com frases curtas e então passe às mais longas, aumentando aos poucos sua habilidade para fazê-lo rápida e facilmente.

Também é fonte de complexidade o fato de que freqüentemente duas categorias diferentes estão sobrepostas, fazendo que algumas experiências sejam membros de ambas as categorias. Por exemplo, as categorias "casa" e "apartamentos" podem ser consideradas totalmente separadas, mas "residência" e "condomínio" pertencerem a *ambas* as categorias. Se especificarmos critérios adicionais, podemos dividi-los em categorias adicionais separadas incluídas na categoria mais geral "casas", junto de "barracas", "cabanas", "tendas" etc. O acréscimo de critérios divide a experiência em categorias mais específicas, enquanto sua eliminação resulta em um número menor de categorias mais gerais.

A **única** *base para atribuir níveis lógicos é descobrir o tipo de inclusão categórica que determinada pessoa utiliza a fim de organizar sua experiência.*

Em meu dicionário, a palavra *abstração* está definida como "a formação de uma idéia ou conceito geral [categoria] a partir de exemplos concretos específicos [abrangências]". Quando você compara sua imagem para a palavra "blocos" com a de "blocos brancos quadrados", que diferenças encontra entre elas?...

"Blocos brancos quadrados" constitui uma imagem muito mais específica e detalhada, enquanto "bloco" é menos detalhada. Sempre que pensamos em uma categoria de coisas ou eventos, *abstraímos* aquilo que eles têm em comum e deixamos para trás as diferenças. "Árvores" é mais abstrato do que "bordos" ou "pinheiros", que são mais abstratos do que "pinheiro norte-americano", "jaqueira" ou "pinheiro teda". "Plantas" é mais abstrato do que "árvores", e "coisas vivas" é ainda mais abstrato. Nossas imagens de categorias gerais são *sempre* menos detalhadas do que subcategorias específicas.

Embora uma categoria no nível 1 seja composta de *exemplos baseados nos sentidos*, em geral acessamos seu significado usando *um* exemplo como *protótipo*, uma simplificação significativa, e uma *abstração* do grupo de experiências baseadas nos sentidos. Quando juntamos categorias do nível 1 para criar uma categoria mais geral, costumamos usar os *protótipos* no nível 1 como os exemplos inclusos na categoria no nível 2. Então, quando escolhemos um protótipo para essa categoria no nível 2, ele se origina dos protótipos para as categorias no nível 1. Um protótipo no nível 2 é uma *abstração* de *abstrações*. No nível lógico 3 e acima dele, esse processo de abstração sucessiva fica ainda mais distante da experiência baseada nos sentidos representada por uma abstração.

Por exemplo, observe suas imagens internas enquanto lê e compreende o significado da seguinte frase: "Cavalos, ratos e tubarões são todos vertebrados". Suas imagens de "cavalos, ratos e tubarões" são todas muito específicas, embora se trate de categorias de experiência em comparação com a imagem de um cavalo, rato ou tubarão específicos. (Quando penso em "cavalos", minha imagem tem até rédeas!) Contudo, sua imagem de "vertebrado" provavelmente é muito menos específica, já que mais abstrata. Minha imagem de "vertebrado" é uma forma amorfa fantasmagórica com a medula espinhal e o cérebro um pouco mais nítidos do que o resto.

Embora essa habilidade para agrupar experiências em níveis lógicos cada vez mais abstratos seja maravilhosa, precisamos lembrar que, ao fazermos isso, perdemos a maior parte da informação e os detalhes específicos contidos nos exemplos utilizados para criar as abstrações.

A *vantagem* desse processo de categorização e abstração sucessivas é que podemos facilmente aplicar a compreensão em uma quantidade muito maior de diferentes experiências. A *desvantagem* está no fato de que inevitavelmente perdemos muito da variedade de informações específicas existentes nas diferentes experiências. Falando claramente, perdemos contato com a realidade baseada nos sentidos.

Sempre podemos recuperar a experiência baseada nos sentidos por meio de dados de exemplos, pensando em um *exemplo* específico daquilo que exatamente queremos dizer com a categoria abstrata. Essa é uma das funções dos sete tipos de perguntas (O quê? Qual? Quando? Onde? Quem? Como? Por quê?), cada uma delas questionando sobre uma abrangência diferente de experiência. Entretanto, a não ser que – e até que – isso seja feito, a maioria das pessoas, na maior parte do tempo, usa representações mentais que são *abstrações* – e, em geral, *abstrações* de *abstrações* etc. Como essas abstrações são sempre muito simplificadas em relação aos dados de experiência que representam, inevitavelmente, elas a distorcem.

Analise a seguinte resposta de um deficiente mental diante de uma mancha de tinta do teste de Rorschach que costuma ser interpretado como duas pessoas. "Esses são os fantasmas das sombras das silhuetas das estátuas de dois fantoches" – uma afirmação com cinco níveis lógicos. "Fantoche" é uma abstração inanimada de um ser humano vivo e contém apenas poucas das características de uma pessoa real. "Estátua" é uma abstração estática de "fantoche", eliminando o movimento. "Silhuetas" são planas, outra abstração das "estátuas" tridimensionais. "Sombras" é uma abstração de "silhuetas", eliminando a substância. E "fantasmas" as elimina completamente do mundo real! (Naturalmente, a descrição mais precisa do estímulo é de que se trata de uma mancha de tinta.)

Mesmo sendo um exemplo extremo, é uma descrição bastante precisa de muito mais coisas da nossa experiência interna do que a maior parte das pessoas percebe. Normalmente, nossa experiência está muito distante das coisas e eventos que descrevemos e que achamos experimentar diretamente.

Só existem duas diferenças significativas entre as alucinações dos esquizofrênicos e as teorias abstratas dos físicos. Uma é que as teorias dos físicos são *muito* mais complexas e interessantes. A "teoria de tudo" de um cosmólogo é inacreditavelmente estranha e detalhada, com muita matemática esotérica, buracos negros e quarks. Já a alucinação de um esquizofrênico comumente é apenas uma voz criticando-o e julgando-o repetidamente por algum erro mundano. A outra diferença é que os físicos estão ansiosos para *testar* suas abstrações e previsões, e ainda mais ansiosos para *revê-las* diante de evidências que mostram que as antigas são inadequadas.

Quando usamos nossa habilidade para criar categorias abstratas *e* repetidamente voltamos à experiência baseada nos sentidos na qual podemos testar para verificar sua precisão, estamos fazendo o que todos os cientistas fazem. Mas a maioria das pessoas não testa suas categorias e abstrações com freqüência e pode facilmente se perder nelas, experimentando apenas "os fantasmas das sombras das silhuetas das estátuas de dois fantoches".

A perda progressiva de informação específica enquanto criamos uma cadeia de abstrações de abstrações é base fundamental para o sucesso do pensamento lógico racional. Algumas vezes, porém, é também a fonte de seus fracassos catastróficos, o que pode acontecer até no contexto da ciência específica e detalhada. Por exemplo, o orbitador climático de Marte falhou devido à falta de especificidade de um único número abstrato – o grupo de engenheiros que forneceu o número empregou o sistema inglês (pés e libras), enquanto os engenheiros que o receberam presumiram que ele se encontrava no sistema métrico (metros e quilogramas). Sempre que utilizamos uma representação abstrata, costumamos perder tantos detalhes que aplicamos a compreensão onde ela não é adequada, provocando desapontamento e confusão.

A tendência para simplificar a experiência usando categorias fica ainda mais óbvia quando lembramos de alguma coisa. Recentemente, lembrei de determinada sopa de que havia gostado; lembrei o quanto *gostei* dela (categoria), mas não consegui lembrar do seu *sabor* (baseado nos sentidos).

Níveis lógicos: Resumo de princípios básicos

Com base na análise anterior, podemos resumir diversos princípios de níveis lógicos importantes e interessantes:

1. Experiência baseada nos sentidos Uma experiência baseada nos sentidos, antes de ser agrupada e categorizada, é simplesmente uma abrangência, que eu arbitrariamente denominei de nível lógico 0.

2. Atribuindo níveis lógicos O termo "nível lógico" só se aplica a uma *categoria* de experiência. Uma categoria cujos membros são *experiências baseadas nos sentidos* está no nível lógico 1; uma categoria cujos membros são categorias do nível lógico 1 está no nível lógico 2; uma categoria cujos membros são categorias do nível lógico 2 está no nível 3 etc.

3. *Inclusão categórica* Para afirmar que duas categorias estão em diferentes níveis lógicos, precisamos mostrar que os membros de uma categoria estão *inclusos* na outra.

4. *Inclusão categórica é* diferente *de inclusão de abrangência* Na inclusão categórica, uma experiência baseada nos sentidos está inclusa em uma categoria de experiências semelhantes, OU os membros de uma *categoria* de experiência estão inclusos em outra *categoria* mais geral. Na inclusão de abrangência, descrita no capítulo 1, uma abrangência de *experiência baseada nos sentidos* está inclusa em uma abrangência maior de experiência baseada nos sentidos (que pode ser diferente da abrangência menor).

5. *Os níveis lógicos são* relativos O nível lógico que atribuímos a uma categoria não é algo fixo que pertence a uma categoria; é *relativo*, dependendo de *como* determinada pessoa categoriza. A categoria "beijo" estaria no nível 1 para uma pessoa que não subdividisse beijos em categorias mais específicas, enquanto para alguém que o fizesse, ele estaria no nível 2 etc.

6. *Níveis de* abstração A representação de uma categoria de nível básico é um exemplo prototípico, sempre mais abstrato do que a variedade total de exemplos na categoria. As categorias mais gerais tornam-se sucessivamente mais abstratas, pois utilizam como exemplos os protótipos de categorias mais específicas. O protótipo de uma categoria mais geral é uma abstração de abstrações. Cada estágio de abstração perde informações detalhadas.

7. *Os níveis lógicos são* independentes do conteúdo O termo "nível lógico" se refere ao *relacionamento* entre uma categoria e as experiências baseadas nos sentidos inclusas na categoria no nível lógico 1, OU entre uma categoria e suas subcategorias em outros níveis, independente dos exemplos inclusos na categoria. Como qualquer conteúdo pode ser categorizado de muitas maneiras diferentes, dependendo do *número* e do tipo de *critérios* que escolhemos, bem como da *seqüência* em que aplicamos esses critérios, não é possível atribuir um nível lógico fixo a nenhum conteúdo.

Níveis lógicos na matemática

Os "níveis lógicos" descritos anteriormente resultam daquilo que a matemática denomina "inclusão de classe", a base da chamada "teoria ingênua dos conjuntos", utilizada para a classificação biológica de todas as coisas vivas em categorias de espécies, gênero, família etc. É também o processo que empregamos intuitivamente na compreensão e na comunicação diária, como também para o pensamento e conclusões da lógica cotidiana.

Entretanto, no campo da matemática, o termo "níveis lógicos" é usado para um processo um pouco diferente, em geral indicado pela palavra "sobre". Infelizmente, essa palavra possui uma espantosa variedade de significados na linguagem diária e é surpreendente descobrir um vocábulo tão vago em um campo normalmente muito rigoroso e preciso.

O significado de "sobre" na matemática se refere a uma *descrição* "sobre" outra coisa, como em "eu quero lhe dizer uma coisa sobre Mary". Considera-se que toda descrição de um evento está em um nível lógico "mais elevado" do que o evento descrito. Por exemplo, a linguagem é uma maneira de descrever eventos no mundo de experiência, portanto é "sobre" eventos no mundo e está em um nível lógico mais elevado do que as coisas e eventos que descreve. Na matemática, trata-se de um exemplo do que é chamado de "linguagem-objeto" porque a linguagem é *sobre* objetos ou eventos reais. Os objetos ou eventos formam o *conteúdo* do *processo* de descrevê-los com palavras.

Qualquer descrição de linguagem está em um nível lógico mais elevado do que a linguagem descrita. A frase "A linguagem serve para simplificar e organizar nossa experiência" é uma descrição lingüística da linguagem e, portanto, é "sobre" linguagem, em um nível lógico mais elevado do que a linguagem que descreve. A lingüística é uma linguagem *sobre* linguagem, uma linguagem que descreve como funciona a linguagem comum. Por isso, os matemáticos a chamam de "metalinguagem". Essa utilização do termo "meta" se sobrepõe à utilização *muito* mais livre e ampla desse termo em muitas abordagens psicológicas, incluindo a PNL.

Todas as descrições mais detalhadas de partes do discurso, gramática, sintaxe etc. no campo da lingüística também são descrições de linguagem.

Em uma descrição lingüística, a linguagem tornou-se o *conteúdo* e a lingüística o *processo*. Como níveis lógicos, o que é "conteúdo" e o que é "processo" constituem uma função do nível de descrição que empregamos.

Curiosamente, uma descrição de linguagem utiliza a linguagem para descrever a linguagem. Assim, ela é *tanto* o conteúdo quanto o processo de descrição do conteúdo. Por exemplo, qualquer descrição de "partes do discurso" precisa usar partes do discurso na descrição, inevitavelmente descrevendo *a si mesma*, o que é chamado de "auto-referência". Isso pode resultar em comunicações muito interessantes – e algumas vezes problemáticas – que exploraremos nos capítulos sobre auto-referência e paradoxo no volume 2.

A "metalingüística", da forma como é utilizada na matemática, está definida como "o estudo (descrição) de metalinguagens", criando outro nível lógico – linguagens sobre metalinguagens. Agora, a lingüística tornou-se o *conteúdo* (e não o processo) e a metalingüística, o *processo*.

Infelizmente, a definição do dicionário apresenta um significado muito diferente para a palavra metalingüística: "O estudo das relações entre linguagem e fenômenos relacionados, como pensamento, sociedade e cultura". Embora até indique o estudo da linguagem, o faz dentro da *abrangência* mais ampla de outros aspectos da cultura. Aqui, não se trata da metalingüística no sentido matemático de uma metalinguagem, mas simplesmente da lingüística que inclui uma *abrangência* muito mais ampla.

A lingüística é expressada com a utilização da linguagem natural e de novas palavras inventadas para se referir a aspectos específicos ou categorias de palavras. Por isso, com freqüência é difícil determinar em um caso específico se a linguagem está sendo usada para descrever *eventos* ou para descrever *descrições* de eventos – ou mesmo *descrições* de descrições de eventos.

Essa é a base do exemplo desconcertante de Gregory Bateson para *Alice no país das maravilhas*, escrita por Lewis Carroll, que era matemático profissional e lógico:

"O nome da canção é chamado de 'Haddock's eyes'."

"Oh, esse é o nome da canção, não é?", disse Alice, tentando se interessar.

"Não, você não entendeu", respondeu o cavaleiro, parecendo um pouco incomodado. "É assim que o nome é chamado. Na realidade, o nome é 'The aged aged man'."

"*Então eu deveria ter dito: É assim que a canção é chamada?*", Alice corrigiu a si mesma.

"*Não, você não deveria. Isso é outra coisa muito diferente! A canção é chamada 'Ways and means', mas isso é só como ela é chamada, você sabe!*"

"*Bem, então qual é a canção?*", perguntou Alice, já totalmente confusa.

"*Eu estava chegando nisso*", disse o cavaleiro. "*Na verdade, a canção é 'A-sitting on a gate', e a melodia é de minha própria invenção.*"

Caso tenha achado essa conversa muito confusa, como Alice, você precisa fazer uma distinção entre uma *coisa* ou *evento*, como ele é *categorizado*, como é *nomeado* e de que coisa ou nome é *chamado* – como é categorizado. Por exemplo, vamos considerar o exemplo da canção nomeada "Amazing grace". Podemos distinguir:

1. Determinada abrangência de *palavras* (e sons).

2. Essas palavras (e sons) podem ser categorizadas como uma *canção*.

3. Essa canção em particular é *nomeada* "Amazing grace".

4. Essa canção em particular é *chamada* de "hino", uma *categoria* de canção.

5. O *nome* dessa canção é *chamado* de "título", uma categoria de nome.

Parte da dificuldade para compreender o cavaleiro reside no fato de que "A-sitting on a gate", "The aged aged man", "Ways and means" e "Haddock's eyes" *soam* como nomes ou títulos (e também *parecem* títulos com suas aspas e letras maiúsculas), portanto automaticamente os categorizamos dessa forma. No entanto, apenas um deles é realmente utilizado como nome; "The aged aged man" é o nome da canção.

"Ways and means" é como a canção é *chamada* e "Haddock's eyes", como o nome da canção é *chamado*. O modo como uma coisa é *chamada* é uma *categorização*, não um nome.

Finalmente, "A-sitting on a gate" não é um nome nem uma categoria, mas as *palavras* da canção.

Outra parte da dificuldade para compreender isso é a confusão comum entre o *nome* de uma categoria – apenas um rótulo para ela – e a *categoria* em si mesma, ou um *membro* da categoria. A palavra "canção" é um *nome* para uma categoria de sons e palavras. Contudo, um nome, como qualquer outra coisa, também pode ser categorizado. Em resumo, comparando com o exemplo de "Amazing grace" anteriormente citado:

1. As *palavras* da canção do cavaleiro são "A-sitting on a gate".

2. Essas palavras podem ser categorizadas como "canção".

3. O *nome* dessa canção é "The aged aged man".

4. A canção é *chamada* (categorizada) de "Haddock's eyes".

Os sons das palavras são o que chamamos de experiência baseada nos sentidos. Primeiro, categorizamos esses sons como palavras (nível lógico 1). Então, categorizamos esse conjunto de palavras como canção (nível 2). Depois, essa canção é nomeada e categorizada como membro de um grupo de canções (nível 3).

Esse pode parecer um exemplo de níveis lógicos totalmente irrelevante. Entretanto, a confusão de níveis de nomeação e categorização que ele exemplifica é precisamente o tipo de confusão que encontramos em muitos problemas enfrentados na conversa cotidiana. Quando alguém responde com surpresa a algo dito por outra pessoa com um "Eu não acredito nisso!", essa é sua resposta ao *conteúdo* do que a outra pessoa disse ou ao fato de ela *dizer* isso? Se alguém diz "Quero perguntar se você estaria disposta a levar o lixo para fora" e a outra pessoa responde "Tudo bem", isso se refere à pergunta ou a levar o lixo para fora?

Como podemos encaixar essas diferentes descrições em nossa distinção fundamental entre abrangência e categoria? Quando falamos *sobre* eventos utilizando a linguagem, inevitavelmente os categorizamos, uma vez que a linguagem é quase totalmente composta de palavras que se referem a categorias. Igualmente, *toda* descrição será uma categorização – e toda categorização, uma descrição.

Uma descrição pode ser usada *tanto* para *categorizar* alguma coisa *quanto* para descrever uma *abrangência* de experiência. Por exemplo, a frase "Os wombats são marsupiais, um grupo de vertebrados de sangue

quente" categoriza um grupo de animais sucessivamente como "marsupiais", "sangue quente" e "vertebrados". Entretanto, a frase "Os wombats
vivem na Austrália e comem folhas de eucalipto" expande a *abrangência*
de nossa experiência com os wombats, incluindo o local onde vivem e
o que comem. "Austrália" é nitidamente uma abrangência de espaço e,
embora seja uma categoria, "folhas de eucalipto" indica uma abrangência de espaço além dos wombats. Se combinarmos essas duas frases com
"e", a frase resultante proporcionaria *tanto* uma categorização *quanto*
uma expansão de abrangência. Muitas vezes, é bastante difícil saber se
determinado conjunto de palavras descreve determinada abrangência
ou categoria, ou ambos. Dedicaremos o próximo capítulo ao esclarecimento dessa distinção.

As descrições de linguagem feitas pelos lingüistas incluem subcategorias como "partes do discurso", "artigos", "substantivos", "pronomes", "verbos", "advérbios" etc., bem como regras para seqüenciar e modificar palavras contextualmente – "sintaxe", "gramática", "declinações" etc. Na lingüística, essas categorias aparecem em níveis diferentes de categorização,
baseadas na inclusão categórica. Por exemplo, "partes do discurso" é uma
categoria mais geral do que "substantivos", "verbos", "artigos" etc. Também
ocorrerão diferentes regras gramaticais e sintáticas em diferentes níveis de
categorização, que podem ser representadas por uma estrutura em árvore
como aquela dos blocos infantis no início do capítulo.

Diante de tudo isso, parece que os "níveis lógicos" da matemática incluem uma grande variedade de abrangência e categoria de maneira muito
ampla, enfatizando a importante e proveitosa distinção entre descrever
objetos e descrever as *descrições* de objetos. Utilizando as distinções de
abrangência e de categoria, podemos considerar qualquer uma dessas
descrições e determinar a abrangência ou abrangências, as categorias, as
subcategorias etc. Então, aplicando o princípio da inclusão categórica, podemos determinar os níveis lógicos.

"Tipo lógico" Bertrand Russell introduziu esse termo há quase cem anos
por conta de sua preocupação com o paradoxo, que ameaçava a consistência da lógica. O "tipo lógico" foi extensivamente usado por Gregory Bateson

(1972), Bradford Keeney (1983) e outros, para descrever linguagem e comunicação e sua aplicação aos problemas e dificuldades humanas, num esforço para identificar e evitar o paradoxo. Se você mantiver uma distinção nítida entre abrangência e categoria ao ler seus trabalhos, descobrirá que eles utilizam as expressões "nível lógico" e "tipo lógico" alternadamente.

Além disso, empregam *ambos* os termos *tanto* para abrangência *quanto* para categoria. Eles não fazem distinção entre *inclusão de abrangência* – englobando uma abrangência de experiência baseada nos sentidos dentro de uma abrangência mais ampla – e *inclusão de classe* (que chamei de inclusão categórica), abarcando os membros de uma categoria em uma categoria mais geral.

Essa confusão continuou com os alunos de Bateson, particularmente nos "níveis lógicos" de Michael Hall (2002, capítulo 23) e nos "níveis lógicos", "níveis neurológicos" e "tipos lógicos" de Robert Dilts (2000, p. 667-671; p. 866-868; p. 671-672).

Perguntei repetidamente a Hall e a Dilts sobre a base para seus "níveis lógicos" e ambos afirmaram enfaticamente que realmente *não* usam o princípio de inclusão de classe, que chamo de inclusão categórica. Entretanto, também não deram uma definição operacional para a distinção dos níveis lógicos. Por exemplo, Dilts escreve (citando Bateson, 1972, p. 202):

> *A tese central* [da teoria de tipos lógicos] *é que há uma descontinuidade entre uma classe e seus membros. A classe não pode ser um membro de si mesma, nem um membro pode ser a classe, uma vez que o termo usado para a classe é de um diferente nível de abstração – um diferente* Tipo lógico *– dos termos usados para seus membros.* (2000, p. 671)

Na década de 1980, adaptei as idéias de Russell e Bateson para formular a noção de "níveis lógicos" e "níveis neurológicos" no comportamento humano e mudança. De acordo com Bateson, o modelo dos níveis propõe que há uma hierarquia natural de níveis dentro de um indivíduo ou grupo que funciona como diferentes tipos lógicos de processos (Dilts, 1999, p. 246). Como a "Teoria de tipos" de Russell baseia-se na inclusão de classe, essa é uma afirmação clara de que a inclusão de classe *é* a base para os "níveis lógicos" e "níveis neurológicos" de Dilts, apesar de sua insistência em afirmar o contrário.

A hierarquia dos "níveis neurológicos" de Dilts é a seguinte (2000, p. 868):

Espiritual

Identidade

Crenças e valores

Capacidades

Comportamentos

Ambiente

Quero começar dizendo que esse pode ser um esquema muito útil para focalizar a atenção durante a reunião de informações. Às vezes, o cliente tem um problema principalmente ambiental ("Moro em uma pocilga"); em outras, ele precisa aprender determinado comportamento (soletração ou conversar fiado); algumas vezes ainda, ele pode duvidar de sua capacidade (aprendizado ou inteligência). Outros podem estar confusos a respeito de suas crenças ou valores ("Não sei o que pensar"), ou sofrer uma crise de identidade ("Não sei quem eu sou"), ou perturbados com dúvidas espirituais.

Começando de baixo, talvez ajude dividir nosso mundo de experiência em comportamentos e no ambiente em que esses ocorrem. Isso separa toda a abrangência de experiência em duas partes, nas quais os comportamentos ocorrem no ambiente – um exemplo de *inclusão de abrangência* encaixada (comportamento dentro do ambiente).

Por outro lado, podemos considerar "capacidades" uma categoria cujos membros são diferentes comportamentos – um exemplo de *inclusão de classe*.

A identidade, que consiste de crenças sobre o *self*, é colocada acima das crenças e valores, ambos categorias. Contudo, a identidade consiste nas crenças que temos a respeito de nós mesmos e é, portanto, uma *sub*categoria menor de crenças.

Além disso, a identidade inclui nossas crenças, valores, capacidades e comportamentos e até mesmo o ambiente: "Sei que posso aprender rápido, adoro esquiar e sou ocidental". E a identidade certamente também inclui quaisquer crenças espirituais que alguém possa ter.

Igualmente, as pessoas valorizam aspectos de todas as seis categorias, inclusive o próprio processo de valorização; uma pessoa verdadeiramente espiritualista dirá que encontra a espiritualidade em todas as seis categorias.

Uma hierarquia simples, baseada na inclusão lógica ou na inclusão de abrangência, é inadequada para descrever a complexidade da vida. No mínimo, o modelo dos níveis neurológicos de Dilts deveria ser transformado em um modelo fractal, capaz de mostrar que cada categoria inclui aspectos de todas as outras categorias. Resumindo, a lista dos níveis neurológicos de Dilts às vezes utiliza a inclusão de abrangência, às vezes a inclusão de classe, às vezes coloca subcategorias acima de categorias e realmente não explica todos os dados.

Agora vamos examinar a descrição de Michael Hall de seu "processo de metaestados":

> *Ao colocar estado sobre estado, o primeiro estado se relaciona como um membro de uma classe com a classe em si mesma* [...].
>
> *Um sistema de "nível lógico" refere-se a um sistema de camadas de pensamentos-e-emoções sobre pensamentos-e-emoções, de forma que as camadas mais altas* classificam *(ou categorizam) as mais baixas.* (2002, capítulo 23)

As afirmações "o primeiro estado se relaciona como um membro de uma classe com a classe em si mesma" e "as camadas mais altas *classificam* (ou categorizam) as mais baixas" descrevem a inclusão de classe, apesar da vigorosa negação de Hall.

Contudo, essas duas descrições são *contraditórias*, na medida em que Hall se refere ao "primeiro estado" como uma "camada mais alta". A primeira citação diz que o primeiro estado está incluso como *membro* do segundo, enquanto a segunda citação afirma o contrário – que o primeiro estado "classifica" e *inclui* o segundo. Eis outra colocação de Hall:

> *Cada camada de estados neurolingüísticos não somente* texturiza *o primeiro estado, mas cria toda uma rede neurossemântica de estruturas embutidas (um sistema de "nível lógico"). Ao transcender, ou ficar meta, o primeiro estado, o metaestado,* inclui *o estado anterior.* (2002, capítulo 23)

"Transcender, ou ficar meta" é aparentemente uma afirmação sobre inclusão de classe, enquanto "o metaestado inclui o estado anterior" não especifica se se trata de inclusão de *classe* ou inclusão de *abrangência*. Além disso, há tantas nominalizações não definidas ("estados neurolingüísticos", "rede neurossemântica", sistema de "nível lógico", "transcender", "ficar meta") e metáforas ("camadas", "texturas", "estruturas embutidas") em sua obra que é impossível saber o que ele está descrevendo. Examinemos outra descrição de "metaestado" de Hall:

> *Essa é a beleza do metaestado. Quando colocamos um estado sobre outro e aplicamos um ao outro, o estado mais alto funciona como um* significado contextual ou estrutura *para o mais baixo.*

> *Seriedade* alegre
> *Seriedade* alegre e compassivamente boa
> *Seriedade* alegre, compassivamente boa e pensamento vitória/vitória de longo prazo

> *"Seriedade* alegre" *é uma* sub*categoria de "seriedade", um exemplo de inclusão de classe.*
> *"Seriedade* alegre e compassivamente boa" *é uma* sub*categoria de "seriedade alegre".*
> *"Seriedade* alegre, compassivamente boa e pensamento vitória/vitória a longo prazo" *é uma* sub*categoria ainda menor de "seriedade* alegre e compassivamente boa". (2002, capítulo 23)

Isso é inconsistente com a descrição anterior de Hall de que o primeiro estado, "mais alto", "alegre", inclui o segundo, "seriedade". Ademais, *"pensamento vitória/vitória a longo prazo"* introduz duas expansões de *abrangência*, uma no espaço e uma no tempo. "Vitória/vitória" significa que o objetivo de outra pessoa está incluso naquilo que é descrito e "longo prazo" estende a abrangência no tempo. A inclusão de abrangência e a inclusão de classe não são diferenciadas em toda a obra de Hall. A seguir, outra descrição de pensamento e do "processo de metaestado" de Hall.

> *No que se refere à maneira como a mente atua no pensamento-e-sentimento, você pode contar com outra coisa. Você pode acreditar que esses são processos*

não-lineares. Eles não seguem linhas retas. Os pensamentos ocorrem em círculos, espirais, para trás, do avesso e mais. [...]

Para conhecer os metaestados, você precisa de um tipo de raciocínio diferente daquele que provavelmente está acostumado a usar. Tentarei mantê-lo o mais direto e linear possível, mas sua mente andará em círculos, em espirais para a frente e para trás, você pulará níveis lógicos, colocará dezenas de recursos e limitações sobre sua consciência. Essa é simplesmente a maneira como a mente funciona. Você provavelmente ficará perdido nesses processos. Espera-se que você fique perdido. Você ficará atordoado e confuso. (Hall, 2002, capítulo 23)

Bem, admito estar atordoado e confuso. O que significa a afirmação de que os pensamentos ou a mente vão "para trás" ou ficam "do avesso"? Há muitos anos, alguém disse: "Toda obra ou é biografia ou autobiografia". Nesse caso, acho que definitivamente se trata de *auto*biografia.

Sem uma definição operacional clara para uma distinção ou descrição, é impossível testar qualquer afirmação de níveis lógicos para encontrar consistência interna, bem como determinar sua utilidade na descrição de eventos reais de raciocínio e comunicação. Até que Dilts ou Hall apresentem uma definição operacional clara a respeito de como determinam os níveis lógicos, só posso comentar com base em minha própria compreensão de abrangência e categoria. Vamos analisar um evento comum em terapia, compreendendo-o por meio de minha definição de níveis lógicos fundamentada na inclusão categórica.

Confusão de nível lógico

Na conversa do dia-a-dia, as pessoas trocam mensagens em diferentes níveis lógicos e isso costuma ser totalmente adequado. Digo que apreciei uma boa refeição e minha esposa responde "Fico contente", incluindo minha experiência em uma categoria mais geral de coisas com as quais ela fica contente. Ela me pergunta "Como foi o seminário?" pedindo uma avaliação geral e eu respondo em um nível mais específico, contando a ela sobre um dos eventos de que gostei – uma abrangência em vez de uma categorização.

Em outras ocasiões, uma resposta em um nível lógico diferente não é tão benéfica. Por exemplo, se uma pessoa me pergunta como chegar a determinado restaurante e eu respondo elogiando a comida maravilhosa do lugar, isso não lhe diz o que ela precisa saber. Se pergunto a alguém o que achou de um filme e recebo um "Eu gostei", essa não é uma resposta à minha questão.

Uma vez que os problemas das pessoas existem em diferentes níveis lógicos, é importante ser capaz de localizar níveis e responder no nível adequado para oferecer algo que elas possam usar. Se alguém se sente mal porque não sabe dirigir um carro, em geral é muito mais proveitoso ensinar-lhe essa habilidade do que fazê-lo se sentir melhor por não ser capaz de dirigir. Por outro lado, se uma pessoa é deficiente e fisicamente incapaz de dirigir um carro, então é adequado mudar a maneira como ela pensa em sua limitação.

Com freqüência, grande parte do esforço terapêutico é dedicado a mudar os *sentimentos* de uma pessoa em resposta a um problema. Costuma ser muito mais eficaz mudar a *situação* ou sua *percepção* da situação para que deixe de ser um problema – e então, *automaticamente*, seus sentimentos tornam-se mais positivos. Examinemos agora outra situação comum, mas um pouco mais complexa.

Descrença na possibilidade de mudança Em um trabalho de mudança, muitas vezes o cliente dirá algo como "Eu não acho que vai funcionar" – uma afirmação *sobre* o processo, em aparente objeção a continuar com ele. "Descrença" é uma categoria mais geral, um nível lógico mais elevado do que o processo em si mesmo, uma vez que a descrença inclui todas as outras coisas nas quais o cliente não acredita.

Muitos terapeutas pensam erroneamente que precisam mudar essa descrença *sobre* um processo antes de prosseguir com ele. A crença do terapeuta é *sobre* a do cliente, portanto está num nível ainda mais geral do que a crença do cliente sobre o processo. Nesse ponto, ambos se desviaram completamente do processo capaz de ajudar a solucionar o problema! Esse é um exemplo de como cliente e terapeuta podem perder de vista os níveis lógicos na comunicação e jogar muito tempo fora com questões irrelevantes.

A crença no processo só seria necessária se você estivesse realizando um trabalho de cura pela fé, na qual o curador ou guru confia tão pouco em seus próprios métodos e habilidades que acha imprescindível a crença do *cliente* para provocar uma mudança. Nesse ponto, a verdadeira questão não é a dúvida do cliente de que um processo funcionará, mas a dúvida do *terapeuta* de que seu processo dá certo ainda que o cliente não acredite nele. Essa situação provoca uma confusão comum e fundamental entre cura pela fé, que se apóia na *crença*, e *ciência*, o estudo daquilo que funciona *independente daquilo em que alguém acredita* – duas categorias totalmente diferentes.

Quando você sabe que um processo vai funcionar, não importa se alguém acredita ou não nisso, assim como não é necessário acreditar em um telefone celular para utilizá-lo. O importante é que o cliente esteja disposto a *colaborar* na realização do processo, para que você e ele possam *descobrir* se funciona ou não.

Um ótimo exemplo disso aparece em meu vídeo sobre a cura rápida de fobia (Andreas, 1984), também disponível em livro (Andreas, Andreas, 1993, cap. 7). Depois de concluir a sessão de sete minutos e dizer "Acabamos", a mulher expressa sua descrença rindo histericamente durante oito segundos. Então, ela afirma enfaticamente "Estou feliz porque *eu* não paguei por isso!" e continua rindo histericamente por mais vinte segundos. (Se não parece um tempo muito longo para você, pare, olhe no relógio e tente rir muito e alto por 28 segundos.)

Embora sua mente consciente estivesse *totalmente* descrente e cética, ela foi muito *cooperativa*, e o processo deu certo (agora tenho 19 anos de acompanhamento). Quando você confia em seus métodos e habilidades, cooperação é tudo o que você precisa. Com essa compreensão, sua resposta a um cliente em dúvida focalizará apenas a evocação de sua *colaboração*, não de sua descrença. Você pode simplesmente ignorar a descrença e redirecionar a atenção para aquilo que ele *quer*, uma categoria mais específica, a fim de obter colaboração na realização do processo.

Por exemplo, você pode dizer: "Você acha que algumas das idéias e métodos que utilizo parecem realmente estranhos e malucos e não acredita que poderiam lhe ser úteis. Mas eu não me importo se você *acha* que eles vão ou não funcionar, porque não sou um curador pela fé e *sei* que vão funcionar. As teorias da física e da eletricidade empregadas para fazer o telefone celular também são muito loucas, mas funcionam, e quando você liga para alguém, é totalmente irrelevante o fato de você acreditar ou não que ele vai dar certo". Isso distingue claramente as categorias da cura pela fé da ciência, bem como uma teoria dos resultados da utilização de uma teoria.

"Também sei que você está realmente magoado com essa situação e está cansado das terríveis conseqüências e sentimentos ruins que vem experimentando. Você gostaria mesmo de poder responder com muito mais recursos."

Além de assemelhar sua experiência, isso volta o foco para o problema, que é uma abrangência, ou uma categoria mais específica, em um nível lógico mais baixo. Assim como evoca uma motivação para o "afastamento" e, então, direciona a atenção para o objetivo positivo, proporcionando algo para o qual se dirigir.

"Agora, a pergunta importante é essa: *Se* meus métodos malucos *realmente* funcionassem e você atingisse o objetivo que estamos discutindo, você teria alguma objeção a de fato *ser* assim? Imagine vividamente que esse momento é amanhã e você já atingiu o objetivo que deseja. Examine bem minuciosamente como essa nova maneira de ser e de responder dá certo para você, agora e nos dias e semanas que virão. Como é ter essas novas respostas? De que forma sua família, amigos, chefe, subordinados e pessoas estranhas respondem a você, em todos os diferentes contextos importantes em que vive – casa, trabalho, diversão etc.? Porque podemos descobrir que é necessário ajustar sua nova resposta para ter certeza de que ela funciona bem em *todos* os aspectos da sua vida, antes de passar por um processo que criará essa nova habilidade em você."

Essa "verificação ecológica" (que na verdade é uma verificação da *congruência*) pede que o cliente amplie sua abrangência, crie uma série de cenários baseados nos sentidos em que ele apresenta as respostas desejadas e observe se fica satisfeito com os resultados. Os resultados de experimentar esses cenários serão usados como *feedback* para ajustar o objetivo até que seja satisfatório. Muitas vezes, esse ensaio é tudo que precisamos para evocar e contextualizar as novas respostas, e o cliente talvez nunca tenha de passar pelo processo que originalmente considerou "maluco".

Contudo, vamos supor que você realmente precise realizar outro processo e um cliente apresente objeções a respeito de sua colaboração. Você simplesmente tem de encontrar uma categoria aceitável para ele e mostrar como o processo "maluco" se encaixa nessa categoria. Por exemplo, um colega estava trabalhando com um homem religioso que tinha objeções quanto à visualização; achava tudo muito *new age* e contrário à sua religião. O colega primeiro pediu a ele alguns exemplos de planejamento para o futuro, situação em que o cliente concordou com a utilidade da visualização. Então, ele recategorizou o padrão *swish* visual como um tipo diferente de prece auditiva ou escrita, uma forma especial de prece na modalidade visual.

Naturalmente, isso presume a existência de um processo que funcionará de maneira segura para o problema ou objetivo do cliente e que você sabe qual é. Sempre que uma intervenção não funciona, eu presumo que:

1. Cometi um erro na evocação da estrutura do problema, portanto o processo que escolhi era inadequado, ou

2. O cliente não realizou o processo adequadamente – em geral porque minhas instruções foram desajeitadas ou ambíguas, e/ou o cliente fez uma interpretação criativa delas –, ou

3. O problema é um caso especial com uma estrutura um pouco diferente ou mais complexa do que o habitual – algo que posso determinar e utilizar para ajustar o processo.

Quando uma intervenção dá certo durante algum tempo e depois deixa de funcionar, presumo que a intervenção foi basicamente adequada, só que interferiu em outro objetivo. Esse outro objetivo com freqüência é chamado de "ganho secundário" na psicologia, mas realmente deveria ser chamado de "ganho *primário*", uma vez que para o cliente ele é *mais* importante do que o objetivo inicial desejado. Nesse caso, a intervenção precisa ser ajustada ou modificada para não interferir no "ganho secundário".

Um de nossos alunos curou uma mulher da fobia de aranhas e ela ficou bem por algumas semanas, mas depois a fobia retornou. Durante a investigação, descobriu-se que a fobia tinha uma função positiva – era a maneira certa de chamar a atenção do marido quando outras tentativas fracassavam. Sua resposta fóbica era também um exemplo da categoria "maneiras certas para chamar a atenção do marido", na qual não havia outros membros. Quando ela aprendeu e testou maneiras alternativas para conseguir sua atenção, o processo de resolução da fobia durou.

Os níveis lógicos são simplesmente formas para observar como alguém utiliza a inclusão categórica a fim de organizar sua experiência: quais experiências são inclusas em quais categorias e quais categorias são inclusas em outras categorias. Ao compreender a estrutura lógica do pensamento de uma pessoa, você pode usar isso para determinar quando ela não é adequada e mudar a estrutura. Se o raciocínio de alguém conduz a becos sem saída, círculos intermináveis ou outras confusões, você pode ajudá-lo a encontrar a saída do labirinto.

Resumo: Quando pensamos e nos comunicamos, as palavras que usamos algumas vezes se referem diretamente a uma *abrangência específica de experiência baseada nos sentidos*, como "Aquela coisa ali (apontando para ela)", ou "A casa na rua Elm, 112", ou o nome de uma pessoa específica, "Bill Sanderson".

Entretanto, quase todas as palavras dizem respeito a *categorias*, e não a experiências específicas. Nos exemplos anteriores, "coisa", "casa", "Elm" e "rua" nomeiam categorias mais abstratas de experiência, até que – e a não ser que – elas sejam mais especificadas.

Sempre que agrupamos categorias em uma categoria mais geral ou subdividimos uma categoria em categorias mais específicas, isso cria *níveis lógicos* de categorização. Dizemos que as categorias mais gerais estão em um nível lógico *mais elevado* do que as categorias inclusas, que ficam em um nível *mais baixo*.

Qualquer critério, propriedade ou qualidade utilizados para criar uma categoria também se aplica a toda categoria mais específica inclusa, por um princípio chamado *hereditariedade*. Categorias mais específicas têm critérios além daqueles empregados em uma categoria mais geral que as inclui. Esses critérios adicionais especificam os membros que uma categoria pode incluir, e isso é denominado *restrição*.

Ao examinar experiências que podem estar relacionadas por *níveis lógicos*, precisamos fazer um teste simples fundamentado na inclusão categórica. Uma categoria de nível básico com *exemplos baseados nos sentidos* está em um nível lógico mais elevado do que os exemplos que ela contém. Uma categoria cujos membros são categorias mais específicas também está em um nível lógico mais elevado do que as categorias que contém.

Esse princípio é chamado de *inclusão de classe* ou *inclusão categórica*, a base do raciocínio lógico comum e para qualquer *taxonomia*, como a classificação biológica de todas as coisas vivas em espécies, gêneros etc. A inclusão categórica proporciona uma maneira simples e inequívoca para determinar níveis lógicos, sempre *relacionados* com as categorias que usamos.

Os *níveis lógicos* só podem ser atribuídos a eventos baseados na maneira como os *categorizamos*, não ao conteúdo das experiências sendo categorizadas. Uma vez que diferentes pessoas utilizam diferentes critérios para a categorização, e/ou diferentes seqüências para a aplicação desses critérios, os níveis lógicos são uma *conseqüência* de como determinada pessoa categoriza, e não podem ser atribuídos apenas de acordo com o conteúdo.

Qualquer categoria é mais *abstrata* do que os exemplos inclusos nela; isso costuma ser representado por um *protótipo*, que possui menos informações do que as contidas na variedade de exemplos da categoria. A palavra "abstrata" é um sinônimo para a ausência de detalhes nas imagens internas que utilizamos a fim de representar a categoria.

Na matemática, os níveis lógicos são definidos de maneira um pouco diferente: como níveis de *descrição*, e não como categorias de inclusão. Uma descrição de objetos ou eventos reais é o primeiro nível lógico, e uma descrição dessa descrição está em um nível lógico mais elevado. A linguagem descreve eventos do mundo, enquanto a lingüística descreve a linguagem, e uma descrição da lingüística está no próximo nível lógico mais elevado. Essa definição é menos relevante para o raciocínio diário sobre categorias, embora seja semelhante a ele na maioria dos aspectos. Além disso, podemos examinar qualquer uma dessas descrições e determinar a abrangência, as categorias e a inclusão categórica contida nelas.

Um exemplo de confusão de nível lógico é a crença de um terapeuta de que o cliente precisa acreditar em um processo para que ele dê certo. Presumindo que o processo funcione, a crença do cliente está em um nível lógico mais geral e a crença do terapeuta na necessidade da crença do cliente, em um nível mais geral ainda. Como ambas as crenças são irrelevantes para o processo em si mesmo, qualquer tempo gasto com elas vai desviá-los da realização do processo que realmente solucionará o problema.

Agora que exploramos *abrangência* e *categoria* e a maneira como categorias de categorias e subdivisões de categorias criam níveis lógicos, o próximo passo é esclarecer melhor as *diferenças* entre abrangência e categoria. Com freqüência, é difícil distingui-las devido às maneiras como interagem e afetam umas às outras. Uma mudança na abrangência costuma resultar em uma mudança na categoria, e toda categorização afeta a abrangência daquilo que é categorizado. Portanto, precisamos saber como isso se dá para compreender o que está acontecendo.

"VOCÊ NÃO PODE EVITAR O SOFRIMENTO NA VIDA,
MAS PODE EVITAR SOFRER PELO SOFRIMENTO."

LEONARD WOLF

6

Diferenciando abrangência e categoria
Estruturando ou agrupando

*"PERCEPTOS [ABRANGÊNCIA] E CONCEITOS [CATEGORIAS] SE INTERPENE-
TRAM E SE FUNDEM, IMPREGNAM E FERTILIZAM UNS AOS OUTROS.
NENHUM DELES, SOZINHO, CONHECE A REALIDADE EM SUA TOTALIDADE.
PRECISAMOS DE AMBOS, ASSIM COMO PRECISAMOS DE AMBAS AS PERNAS
PARA CAMINHAR."*

WILLIAM JAMES (1911)

Estabelecemos o significado dos termos *abrangência* e *categoria*, e os *níveis lógicos* criados por categorias de categorias. A seguir, quero comparar abrangência e categoria, pois é fácil confundi-las. No campo da PNL, elas têm sido confundidas há mais de 25 anos pela utilização de palavras imprecisas como "tamanho do segmento", "objetivo", "metaprograma", "metaestado" etc. Todas essas palavras vêm sendo utilizadas com referência à abrangência ou categoria, ou *ambas*, mas as diferenças entre as duas são muito significativas. Essa confusão também está presente na obra de Gregory Bateson e na maior parte da obra de outros que escreveram sobre níveis lógicos. A única exceção que conheço é de St. Clair e Grinder (2001, p. 285-301), que apresentam algumas definições consistentes com aquelas que descrevo neste livro.

O mapa a seguir ilustra a diferença entre abrangência e categoria, usando um *livro* como exemplo. A palavra "livro" indica uma *categoria* de objetos, que pode ser dividida em categorias mais específicas (romances, livros didáticos, brochuras, *e-books* etc.) ou inclusa em uma categoria mais geral (comunicação, conhecimento, objetos feitos pelo homem etc.).

Mas a mesma palavra "livro" pode indicar determinada *abrangência* de experiência, dividida em *partes* menores ("página", "capa", "papel", "tinta" etc.) ou incluída como *parte* de uma abrangência maior ("biblioteca", "casa", "cidade" etc.). *Toda* palavra no diagrama a seguir – que descreve um aspecto de *abrangência* (esquerda e direita) – diz respeito a uma *experiência baseada nos sentidos* específica indicada por "*Aquela* coisa lá", em vez de uma categoria.

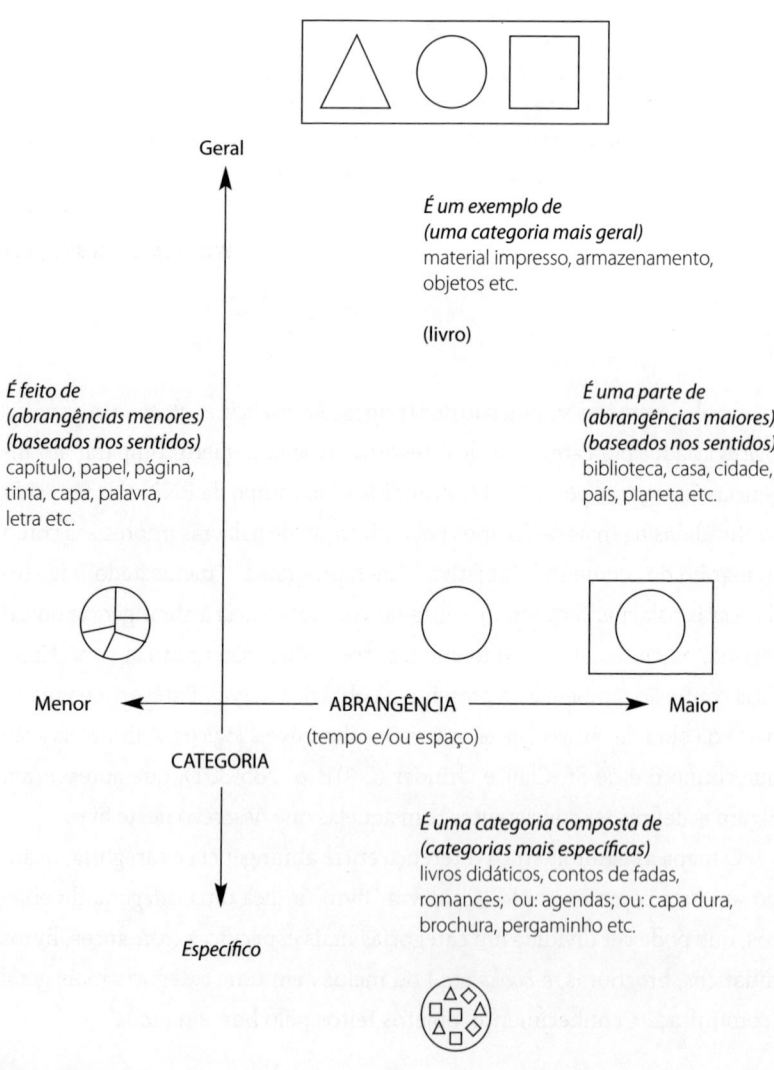

Geral

É um exemplo de
(uma categoria mais geral)
material impresso, armazenamento,
objetos etc.

(livro)

É feito de
(abrangências menores)
(baseados nos sentidos)
capítulo, papel, página,
tinta, capa, palavra,
letra etc.

É uma parte de
(abrangências maiores)
(baseados nos sentidos)
biblioteca, casa, cidade,
país, planeta etc.

Menor ← ABRANGÊNCIA → Maior
(tempo e/ou espaço)
CATEGORIA

É uma categoria composta de
(categorias mais específicas)
livros didáticos, contos de fadas,
romances; ou: agendas; ou: capa dura,
brochura, pergaminho etc.

Específico

Como muitas vezes é difícil diferenciar abrangência de categoria na comunicação das pessoas, o mesmo diagrama será usado em seguida para ilustrar esses princípios com uma afirmação que descreve um evento, em vez de um objeto. Novamente, as palavras no diagrama que descrevem um aspecto de abrangência (direita e esquerda) apontam para uma *experiência baseada nos sentidos* específica indicada por "*Aquela* coisa lá", em lugar de uma categoria.

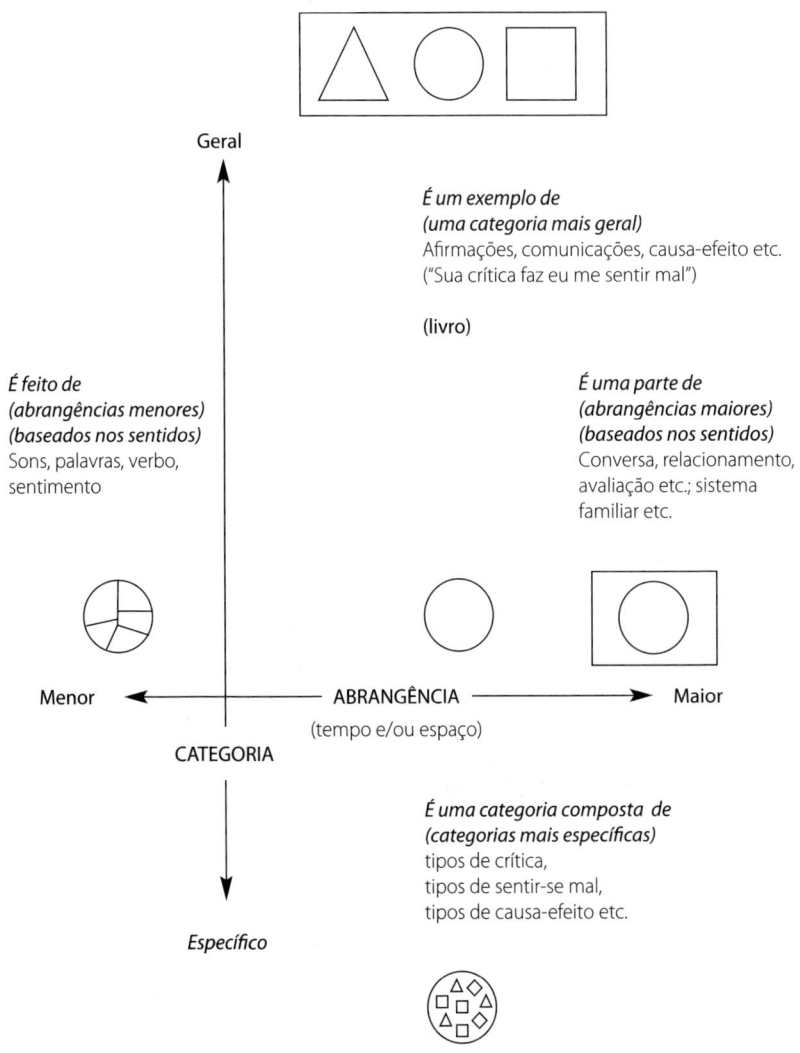

Geral

É um exemplo de
(uma categoria mais geral)
Afirmações, comunicações, causa-efeito etc.
("Sua crítica faz eu me sentir mal")

(livro)

É feito de
(abrangências menores)
(baseados nos sentidos)
Sons, palavras, verbo,
sentimento

É uma parte de
(abrangências maiores)
(baseados nos sentidos)
Conversa, relacionamento,
avaliação etc.; sistema
familiar etc.

Menor ← ABRANGÊNCIA → Maior
(tempo e/ou espaço)

CATEGORIA

É uma categoria composta de
(categorias mais específicas)
tipos de crítica,
tipos de sentir-se mal,
tipos de causa-efeito etc.

Específico

A principal dificuldade para diferenciar abrangência e categoria reside no fato de que, como as palavras se referem a categorias, é muito difícil usar palavras para indicar claramente uma experiência baseada nos sentidos em lugar de toda a categoria.

Para desenvolver a flexibilidade e a fluência na troca de abrangência e categoria, pode ser muito eficaz praticar essas distinções usando qualquer evento, experiência ou comunicação. Você aprenderá e ganhará muito escolhendo aqueles que considera problemáticos ou difíceis. Opte por um deles e então:

Mude a abrangência fazendo perguntas sobre *partes*:
"Isso é uma parte menor do quê?" evoca abrangências maiores.
"De que partes menores isso é formado?" evoca abrangências menores.

Mude a categoria fazendo perguntas sobre *exemplos*:
"Isso é um exemplo do quê?" evoca categorias mais gerais.
"Quais são os exemplos disso?" evoca categorias mais específicas.

Tanto a abrangência quanto a categoria são partes indispensáveis da compreensão, embora cada uma delas também tenha suas limitações. Ser capaz de mudar com flexibilidade entre abrangência e categoria e mudar para diferentes abrangências, maiores, menores ou categorias mais específicas ou gerais são habilidades fundamentais que dão acesso às vantagens de ambas, minimizando as limitações de cada uma delas.

Quando fizer a si mesmo, ou a outra pessoa, uma das perguntas anteriores, provavelmente conseguirá uma resposta adequada, mas é importante observar se você realmente *faz* isso. Algumas pessoas responderão quase que *qualquer* pergunta com uma categoria, enquanto outras responderão a maioria com uma abrangência. Essa é uma informação muito importante, que revela como *essa* pessoa experimenta um evento. Se alguém sempre categoriza, uma mudança na categorização será relativamente fácil, uma vez que isso ela já faz. Entretanto, uma mudança na abrangência pode ter muito mais impacto, abrindo um mundo de experiência baseada nos sentidos que a pessoa não tinha à disposição anteriormente. Da mesma forma, alguém que geralmente altera abrangências achará fácil uma mudança na abrangência, mas uma mudança na categoria pode causar muito mais impacto.

Objetivos e metaobjetivos Abrangência e categoria oferecem uma maneira eficaz para reexaminar antigos conceitos e métodos e entender melhor como eles funcionam. Com essa especificidade adicional, podemos ser mais precisos com respeito àquilo que fazemos e prever melhor os resultados de uma intervenção.

Por exemplo, quando pedimos um *objetivo* a uma pessoa ("O que você conseguirá fazendo/tendo/aprendendo isso?"), a resposta pode indicar abrangência ou categoria. Se alguém responde "Eu teria segurança e auto-respeito", essas palavras nitidamente sugerem *categorias* gerais de experiência, uma vez que *muitas* experiências baseadas nos sentidos podem oferecer segurança e auto-respeito. Contudo, se a resposta for "Então poderei comprar um Nissan 1600 ZX conversível", isso indica uma abrangência muito específica *baseada nos sentidos*.

Um *metaobjetivo* (um objetivo de um objetivo) também pode indicar abrangência ou categoria. Na mente da pessoa, um objetivo específico como um Nissan 1600 ZX conversível pode estar relacionado com uma *categoria* mais geral de objetivos, como "sentir-se especial" ou "impressionar os amigos" *ou* a uma *abrangência* específica baseada nos sentidos, como a sensação do vento nos cabelos ou uma visão panorâmica ao dirigir com a capota abaixada.

Da mesma maneira, o metaobjetivo de uma categoria como "segurança e auto-respeito" poderia ser uma categoria mais geral, como "paz" ou "serenidade", ou estar baseada nos sentidos, como um conjunto específico de sensações fisiológicas cinestésicas de relaxamento ou calma.

Compreender a diferença entre abrangência e categoria nos permite acompanhar como alguém experimenta um evento, e essa informação ajuda muito na escolha do que fazer adiante para mudar sua experiência.

Por exemplo, quando o objetivo inicial de alguém é problemático ou inatingível, vale a pena pedir um metaobjetivo que indique uma categoria mais geral de experiência. Um metabenefício oferece mais liberdade na escolha de um *exemplo* diferente daquela categoria, capaz de satisfazer os desejos da pessoa quando a escolha original não estiver disponível ou puder resultar em problemas sérios.

Por exemplo, "Eu quero matá-lo" é um objetivo que provavelmente resultaria em *muitos* problemas no mundo real. Se reconhecermos o desejo e depois perguntarmos "O que você conseguiria com isso?", a pessoa pode responder "Eu acertaria as contas" – outra categoria de eventos que deve causar problemas. Se perguntarmos novamente "E o que você conseguiria ao acertar as contas?", ela talvez respondesse "Teria de volta meu auto-respeito". É muito menos provável que "auto-respeito" resulte em problemas e há uma ampla variedade de maneiras para obtê-lo, permitindo-nos explorar muitas alternativas potenciais a matar alguém ou acertar as contas.

Entretanto, se o cliente der uma resposta baseada nos sentidos, como "Eu gostaria de ver o cretino morto", tratar-se-á de uma abrangência, não de uma categoria, portanto não será proveitoso aumentar a variedade de escolhas. Precisaríamos continuar fazendo perguntas como "E o que você conseguiria 'gostando de ver o cretino morto'?", até que ele respondesse com uma categoria que pudéssemos usar.

Como a palavra "conseguir" não é muito específica, a resposta à pergunta "O que você conseguiria com isso?" pode ser uma categoria ou uma abrangência baseada nos sentidos. Muitas vezes, a linguagem que usamos é fundamental para obter sucesso na evocação de uma categoria mais geral. Ao escolher palavras mais específicas, em geral aumentamos a probabilidade de conseguir o tipo de resposta que desejamos. O exercício a seguir é uma maneira para sensibilizá-lo em relação a isso, comparando suas respostas às palavras "gostar" e "importante".

Exercício (gostar/importante)
(em trios, 20 minutos)

Um *Guia* faz perguntas e observa as respostas, um *Explorador* as responde e nota quaisquer mudanças em sua experiência interna, e um *Observador* atenta principalmente para as respostas não-verbais do explorador – tom de voz, expressões faciais, gestos etc.

Reservem cerca de cinco minutos por "rodada" e então troquem de posição, para que cada um experimente as sensações de todas elas. Depois de os três terem experimentado cada posição, reservem outros cinco minutos para discutir o que observaram e compartilhar experiências. Embora você possa fazer esse simples exercício sozinho, aprenderá muito mais se encontrar dois companheiros para dividi-lo com você, dando-lhe a oportunidade de receber *feedback* e ouvir as observações de outras pessoas.

1. *Escolha uma experiência agradável* O Guia pede ao Explorador: "Escolha uma experiência de que você gosta". O Explorador opta por alguma coisa (X) e *rapidamente* identifica a experiência verbalmente ("uma boa refeição"), enquanto internamente observa o conteúdo e as qualidades da imagem/som/sensação internos (dados de referência)...

2. *Gostar* O Guia pergunta ao Explorador: "O que você *gosta* em X?" O Explorador responde verbalmente, enquanto nota quaisquer mudanças em suas imagens internas. O Guia anota a resposta do explorador e o Observador atenta para as respostas não-verbais deste...

Repita esse passo três vezes: "O que *mais* você gosta em X?"...

3. *Importância* O Guia pergunta ao Explorador: "O que é *importante* para você com relação a X?" O Explorador responde verbalmente, enquanto nota quaisquer mudanças em sua representação interna. O Guia anota a resposta verbal do explorador e o Observador atenta para as respostas não-verbais deste...

Repita esse passo mais três vezes: "O que *mais* é importante para você com relação a X?"...

Troquem as posições para que cada pessoa tenha uma experiência em todos os papéis antes de avançar ao passo 4.

4. *Discussão* Que pergunta tendeu a evocar uma mudança na abrangência e que pergunta uma mudança na categoria? Como as imagens internas do Explorador mudam em resposta a essas perguntas sobre *gostar* e *importância*? Quais as diferenças nas respostas não-verbais do Explorador diante dessas perguntas?

(Também pode ser muito eficaz – embora não tão agradável – tentar esse exercício com uma experiência de que você não gosta, para compreender melhor e explorar escolhas adicionais.)

Quando fazemos perguntas, as palavras que usamos influenciarão a resposta da outra pessoa, levando-a a responder com uma mudança na *abrangência* ou na *categoria* em sua experiência interna. Diante da pergunta "Do que você *gosta* nesse objetivo?", geralmente obtemos informações sobre o objetivo baseado nos sentidos – uma expansão de detalhes da abrangência. Se a resposta à pergunta continuar com um objetivo baseado nos sentidos, isso ajudará a descobrir mais sobre a experiência, mas não tanto a compreender como a pessoa a categoriza.

Entretanto, se perguntarmos "O que é *importante* para você nesse objetivo?", a probabilidade de obtermos uma resposta que indica uma *categoria* mais geral de experiência é maior, o que desviará atenção dos detalhes da experiência em si mesma. Isso será muito importante quando quisermos compreender como alguém categoriza, mas não se quisermos descobrir mais a respeito de como a pessoa experimenta o objetivo em si mesmo.

"Segmentando" "Segmentar para cima" e "segmentar para baixo" são processos muito úteis que têm sido empregados no campo da PNL para realizar mudanças na experiência de uma pessoa. Contudo, algumas vezes eles são usados para descrever uma mudança na abrangência e em outras, uma mudança na categoria, sem diferenciá-las. Segmentar para cima é sempre como o contrário de segmentar para baixo, em que a única diferença está na *direção* da mudança na segmentação. Todavia, Robert Dilts, um dos autores mais respeitados na área, define segmentar para baixo como uma mudança na *abrangência* e segmentar para cima como uma mudança na *categorização*.

Segmentar para baixo:

Um "carro" pode ser segmentado para baixo em "pneus", "motor", "sistema de freios", "transmissão" etc. (1999, p. 60)

Dividir os elementos da crença em partes menores [...]. (1999, p. 238)

Segmentar para cima:

Agrupar carros, trens, barcos e aviões como "meios de transporte". (1999, p. 60)

Generalizar um elemento de uma crença para uma classificação mais ampla. (1999, p. 259)

Essas definições apresentam a segmentação para cima e a segmentação para baixo como processos completamente diferentes, e não como processos inversos. Uma vez que a palavra "segmentar" é muito ambígua, ela servirá não para usarmos o termo, mas para sermos mais específicos sobre o fato de estarmos fazendo uma mudança na abrangência ou na categoria. No desenvolvimento de qualquer área são realizadas discriminações cada vez mais precisas para aprofundar a compreensão e tornar nossos métodos mais específicos, adequados e efetivos. A diferença fundamental entre abrangência e categoria é um refinamento que está muito atrasado.

Abrangência e categoria na psicoterapia A maior parte das terapias é bastante vaga a respeito das perguntas ou afirmações que devemos fazer para ajudar as pessoas a mudar. Os métodos gerais, como "parafrasear", "refletir sentimentos" ou "sentir empatia", são ensinados sem especificar como usá-los sistematicamente para mudar abrangência ou categoria. James Lawley e Penny Tompkins (2000) desenvolveram uma abordagem muito sistemática chamada "Modelagem simbólica", que utiliza a "Linguagem limpa" baseada no trabalho de David Grove. Além disso, o livro descreve a questão de forma excepcionalmente clara e específica, e os autores também realizaram uma demonstração em vídeo, não publicada (Tompkins, Lawley, 2003) – algo a que poucos terapeutas estão dispostos. Um vídeo nos permite rever exatamente o que os praticantes de uma abordagem realmente *fazem* em uma sessão, o que com freqüência é muito diferente de sua descrição daquilo que *pensam* que estão fazendo. A filmagem também oferece uma riqueza de informação não-verbal: aspecto muito importante da comunicação, freqüentemente mais importante do que o aspecto verbal.

Muito resumidamente, na Modelagem simbólica o terapeuta começa com "um breve histórico pessoal e pede ao cliente para definir um objetivo geral". Depois disso, o processo de "automodelagem" começa com a "pergunta básica de abertura": "E o que você gostaria que acontecesse?" O terapeuta ouve atentamente as palavras na resposta do cliente e também os aspectos simbólicos ou metafóricos de sua comunicação. Então, faz uma pergunta que inclui algumas ou todas as palavras exatas usadas pelo cliente. Às vezes, essas perguntas também são feitas em resposta a posturas ou gestos não-verbais, incluindo-os na abrangência de experiência do cliente.

Em geral, a pergunta é obtida em uma lista de nove "perguntas básicas de desenvolvimento" (Lawley, Tompkins, 2000, p; 54) e, com menor freqüência, em outra lista de 21 perguntas "especialistas" adicionais (p. 283), realizadas em menos de 20% das vezes.

Na lista de nove "perguntas básicas de desenvolvimento" a seguir, as reticências indicam onde o terapeuta repete as palavras do cliente, que "pode ser uma única palavra, uma frase ou tudo que o cliente acabou de dizer, dependendo do local para onde você quer direcionar sua atenção". Leia essas perguntas e decida se cada uma delas evoca uma mudança na abrangência ou na categoria.

1. E há outra coisa com relação a... (palavras do cliente)?

2. E que tipo de... é esse...?

3. E esse... é como o quê?

4. E onde está...?

5. E mais ou menos onde...?

6. E então o que acontece?

7. E o que acontece a seguir?

8. E o que acontece logo antes...?

9. E de onde... poderia vir?

A pergunta 2 pede ao cliente uma categorização explícita de sua experiência em um nível lógico mais *específico*, uma subcategoria daquela existente. A pergunta 3 solicita uma comparação e uma resposta metafórica, que requer uma categorização implícita em um nível lógico mais *geral*.

Todas as outras perguntas requerem abrangência. A pergunta 1 pede mais detalhes, enquanto a 4 e a 5 perguntam sobre abrangência no espaço. As perguntas 6 e 7 ampliam a abrangência de tempo no futuro e a 8 e 9, a de tempo no passado. Há muita redundância nas perguntas – a 4 e a 5 são quase idênticas, como a 6 e a 7.

Das 21 perguntas "especialistas" adicionais, aplicadas em menos de 20% das vezes, duas pedem uma comparação, que implicitamente pede categoria; uma delas questiona "igual ou diferente?" e a outra pergunta sobre uma relação entre dois elementos de experiência.

Novamente, *todas* as outras perguntas especializadas (19 de 21) pedem ao cliente para esclarecer algum aspecto de abrangência. Quase metade delas questiona sobre algum aspecto do espaço ("onde", "distância", "direção", "longe" etc.) e seis delas têm que ver com motivação ou intenção ("gostar", "obter"). Essa ênfase no desenvolvimento da consciência da abrangência é semelhante a muitas práticas espirituais e de meditação segundo as quais basta a consciência profunda e plena de um problema para provocar movimento e mudança.

Resumindo, nesse método psicoterapêutico solicita-se ao cliente que mude a abrangência de sua experiência de diversas maneiras, ocasionalmente categorizando-a metaforicamente. A expansão da abrangência sempre resulta em mais informação potencialmente eficaz na solução de problemas. A recategorização da experiência também é importante porque a associa com os outros exemplos na nova categoria.

Esse processo continua até o cliente chegar a alguma resolução. O terapeuta nunca faz uma afirmação e *apenas* responde com base nas listas de perguntas. Nessa chamada "linguagem limpa", o terapeuta não introduz um novo conteúdo, mas simplesmente faz perguntas abertas a respeito daquilo que o cliente já disse. Pedir ao cliente para mudar a abrangência é uma intervenção livre de conteúdo, assim como requerer que ele recategorize a experiência – na medida em que a recategorização surge da experiência do cliente.

Entretanto, essa proteção do conteúdo introduzida por outra pessoa é uma faca de dois gumes, pois também "protege" o cliente de uma intervenção com conteúdo que poderia ser muito proveitosa e economizaria bastante tempo. Se o cliente precisa apresentar uma *nova* categorização do problema no qual está *preso*, com freqüência será incapaz de pensar em uma recategorização eficaz – às vezes muito óbvia para o terapeuta ou para outra pessoa. "Quando se está dentro de uma caixa, é difícil pensar em algo do lado de fora." E a informação recebida de fora da caixa pode acelerar muito o processo de se chegar a uma resolução.

Por exemplo, ao lidar com objeções relacionadas com o perdão (Andreas, 1999), muitas pessoas dizem que o outro não *merece* ser perdoado. Se isso não for solucionado, impedirá que a pessoa alcance o perdão e a resolução. Sei, por experiência própria, que essa objeção pode ser resolvida de maneira rápida e fácil por uma simples mudança de abrangência.

"Talvez você esteja absolutamente certo e ela não mereça perdão. Mas o perdão não é para *ela*, e sim para *você* – para que *você* possa ficar livre de ressentimentos, pensamentos obsessivos de vingança etc. Como disse Nelson Mandela depois de passar 27 anos na prisão: 'O ressentimento é como tomar veneno e esperar que os inimigos morram'." A maior parte dos clientes poderia levar meses ou anos para compreender isso sozinha. Embora certamente se trate de um exemplo do terapeuta oferecendo conteúdo ao cliente, é um exemplo capaz de ajudá-lo a se tornar receptivo a uma resolução bastante proveitosa.

Quando alguém está lamentando uma perda, freqüentemente comete o erro de lembrar do *final* do relacionamento, em lugar das boas experiências não mais disponíveis. O primeiro passo para superar o luto (Andreas, 2002a) é substituir a imagem do final por uma do relacionamento em sua melhor fase. Sem essa mudança no conteúdo, é impossível superar essa fase.

Naturalmente, introduzir o conteúdo dessa maneira também é uma faca de dois gumes. Enquanto uma intervenção adequada com conteúdo pode acelerar um processo, uma inadequada pode desviar a atenção do cliente do problema a ser solucionado e até mesmo piorá-lo. "Linguagem limpa" é um termo avaliativo que categoriza a não introdução de conteúdo como "limpa" e, conseqüentemente, qualquer intervenção com conteúdo como "suja". *Ambas* são potencialmente úteis, dependendo do objetivo e dos resultados, portanto considero inadequado usar um termo avaliativo para uma ou para outra, a não ser quando aplicado em determinado contexto. Talvez resposta "livre de conteúdo" fosse um termo mais apropriado do que "linguagem limpa".

Apesar da especificidade dessa abordagem e da ênfase na linguagem limpa, há dois elementos que não são controlados e ainda abrem espaço para que as tendências das crenças e orientações do terapeuta influenciem o cliente. O primeiro é a escolha de *quais* palavras repetir de volta para o cliente. "Uma única palavra, uma frase ou tudo que o cliente acabou de dizer, dependendo do local para onde você quer direcionar sua atenção", dá muitas oportunidades a algo tendencioso.

Por exemplo, um terapeuta com treinamento psiquiátrico ou psicodinâmico tradicional provavelmente escolheria palavras ou frases sugerindo doença, patologia ou problemas. Suas respostas não-verbais também apresentariam as mesmas tendências, levando o cliente a explorar eventos e causas passadas. Alguém com treinamento focado na solução provavelmente escolheria palavras que indicassem competência atual, possibilidades futuras e soluções, acompanhadas de sinais não-verbais. Essa opção tem maior tendência de resultar na exploração de soluções futuras.

Uma segunda fonte de tendências potenciais está na escolha de *quais* perguntas fazer. Novamente, alguém com treinamento psicodinâmico provavelmente faria perguntas sobre o passado – embora a maior parte das questões seja direcionada à possibilidade futura ("poderia", "faria") –, enquanto alguém com treinamento focado na solução tenderia a fazer ainda mais perguntas sobre possibilidades futuras.

Observando abrangência e categoria Nos capítulos anteriores, pedi-lhe para pensar em uma lembrança desagradável ou um problema e acompanhar apenas a abrangência e depois a categoria, a fim de começar a aplicar essas idéias. Entretanto, toda abrangência é imediatamente categorizada e toda categoria é uma coleção de abrangências. Abrangência e categoria nunca são encontradas sozinhas; interagem continuamente no fluxo da experiência. Fazer alguma coisa diferente com uma delas ou com ambas permite que a pessoa tenha uma experiência diferente de um problema. É por isso que uma abordagem terapêutica como a Modelagem Simbólica com Linguagem Limpa pode funcionar, até mesmo para você fazer sozinho quando descobrir que sua experiência é limitada ou desagradável.

Por exemplo, recentemente viajei de avião e me senti perto de um casal que interagia de uma forma que considerei irritante. Sempre que ela dizia alguma coisa, ele a interrompia em voz alta, muitas vezes afirmando o oposto, falando como ela devia pensar e o que devia fazer em uma situação futura que estavam discutindo. Ele se comportava de uma maneira que a maioria das pessoas consideraria controladora, arrogante, superior e desrespeitosa.

166 · STEVE ANDREAS

Notei que eu estava pensando nele usando o estereótipo de um fazendeiro "caipira" que nunca ouve os outros. Ela se comportava de modo complementar, usando um tom de voz suave, hesitante, um pouco lamuriento e submisso, e me peguei pensando nela como um cão choroso sendo castigado.

Ao examinar minha experiência, observei que tinha categorizado aquela conversa como algo que os estava deixando infelizes, com um assunto que provavelmente surgia sempre em seu relacionamento – uma expansão de abrangência. Imaginar ser cada um deles e como se sentiam foi desagradável, e fiquei irritado comigo mesmo. Pensei em lhes dizer que seria eficaz mudar sua interação, mas então categorizei aquilo como desnecessário, uma vez que eles não tinham pedido a opinião de um estranho e provavelmente considerariam meu ato uma imposição. Imaginei que o marido, especialmente, não seria receptivo ao que eu poderia dizer.

Depois de notar tudo isso e decidir não dizer nada, voltei a atenção para como tornar *minha* experiência mais agradável – outra mudança na abrangência. Não podia deixar de ouvi-los, mas podia escolher *como* ouvir. Primeiro, recategorizei toda a situação como algo sobre o qual eu poderia ficar *curioso* e *aprender* alguma coisa, em vez de algo sobre o que *fazer* algo. Essa mudança na categorização redirecionou minha atenção daquilo que *eu* poderia fazer no *futuro*, para aquilo que *eles* estavam fazendo no *presente* – uma dupla mudança na abrangência. Comecei a prestar mais atenção aos menores detalhes de sua interação: exatamente que tom de voz e ritmo cada um deles usava e as diferentes maneiras como ele a interrompia com suas opiniões etc.

Desviei então minha atenção dos sentimentos deles e dos meus sentimentos de irritação. Quanto mais eu atentava aos detalhes de sua interação, mais ficava interessado e mais prazer sentia em minhas pequenas descobertas. Eu estava aprendendo a aperfeiçoar minha habilidade para notar mudanças sutis de tom de voz, ritmo etc. e na maneira como elas revelavam as experiências dessas duas pessoas.

O primeiro passo para chegar a isso de maneira direcionada é observar aquilo que você *já* está fazendo em um estado-problema, notando as abrangências e categorias em seu pensamento. O próximo passo consiste em experimentar *mudar* algumas dessas abrangências e categorias para melhorar a experiência. O exercício a seguir pode ser uma introdução a isso.

Exercício do "*Script* de abrangência e categoria"

1. *Problema* Pense em uma lembrança desagradável ou num problema que ainda o incomoda...

2. *Reveja um filme* desse evento com sons e sensações, do início ao fim...

3. *Escreva um script* Agora imagine que um amigo vai produzir um filme da sua experiência desse evento. Você precisa escrever um *script* de modo que seja uma representação precisa. Escreva uma ou duas frases para cada *abrangência* e para cada categoria na sua experiência desse evento...

4. *Reveja o script* Volte então ao *script* e especifique a abrangência de cada parte dele, tanto no espaço quanto no tempo, como você a categoriza e que protótipos usa para cada categoria. Quais abrangências são grandes e quais são pequenas? Quais são *flashes* rápidos e quais parecem mais longas, ou intermináveis e imutáveis? Quais categorias são mais específicas e quais são mais gerais? Quais são adequadas e úteis e quais são problemáticas? Você volta repetidamente a determinadas abrangências ou categorias ou a épocas anteriores ou futuras da vida? Qual é a seqüência de abrangências e categorias nesse evento problemático?...

5. *Revisão do script* Agora tente fazer mudanças no *script* para melhorá-lo. Sem mudar a situação externa, altere a seqüência de abrangências e categorias que você usa para compreender o evento. Onde uma abrangência menor, maior ou diferente no espaço e/ou no tempo seria melhor? Como você poderia mudar a categoria ou o protótipo utilizado para representar a categoria, com o propósito de melhorá-la? Continue revisando até encontrar uma seqüência satisfatória e com mais recursos...

6. *Ensaio* Pense em uma época no futuro na qual poderia encontrar novamente o mesmo tipo de evento e ensaie o novo *script* de abrangência e categoria para descobrir se ele o satisfaz. Se quiser revisá-lo melhor, volte ao passo 5 e depois continue. Se ensaiado em diversos contextos

futuros, o *script* deve tornar-se uma nova resposta automática na vida real sempre que esse tipo de situação acontecer outra vez...

Ao descobrir como a mente funciona no que se refere a abrangência e categoria, você adquire a habilidade para alterá-las quando ela resolver levá-lo aonde você não quer ir e nas vezes em que gostaria de ter outras escolhas.

Pensamento e linguagem Durante muito tempo discutiu-se se o pensamento é possível sem a linguagem. Naturalmente, qualquer resposta a essa pergunta depende muito de uma especificação clara e detalhada das palavras "pensamento" e "linguagem". O pensamento, da maneira como o estou descrevendo, é a experiência pessoal de uma seqüência de abrangências em um ou mais dos cinco sentidos, como essa experiência é categorizada e que protótipo se utiliza para representar cada categoria – quer seja comunicado para outra pessoa, quer não. Usando essa descrição, certamente você pode pensar sem utilizar a linguagem. Sem dúvida, a linguagem é uma habilidade adicional que nos ajuda a organizar e direcionar o pensamento, mas seu propósito é *comunicar* nosso pensamento para outras pessoas. Quando nos comunicamos com os outros, isso também organiza e direciona o pensamento *deles* – por vezes de maneiras úteis, por vezes não.

Uma vez que o propósito principal da linguagem é *comunicar* a experiência de uma pessoa para outra, ou a linguagem e o pensamento surgem simultaneamente ou o pensamento vem primeiro. Seria muito improvável que um meio de comunicar experiências antecedesse a habilidade para ter qualquer experiência a ser comunicada!

Como as crianças pequenas e os animais que não falam podem categorizar e organizar sua experiência do mesmo modo como nós fazemos, o pensamento deve ter precedido a linguagem. Diversas evidências científicas da arqueologia, da análise do DNA e da lingüística indicam que nossos ancestrais provavelmente desenvolveram algum tipo de linguagem somente há setenta mil anos.

O início da linguagem deve ter sido muito ambíguo, indefinido e confuso. Mesmo atualmente, grande parte da comunicação é ambígua, o que oferece outra indicação de que a linguagem é secundária. É comum precisarmos fazer perguntas para entender o que alguém está dizendo. Especialmente quando usamos muitos pronomes como "ele" ou palavras vagas como "lá", "muitos" ou "freqüentemente" etc. Algumas sentenças ou frases podem indicar duas abrangências totalmente diferentes, como nas manchetes a seguir:

"Mineiros se recusam a trabalhar após morte"

"Crianças fazem lanches nutritivos"

Muitas vezes, a linguagem é bastante ambígua, mas nossa experiência raramente o é. Mesmo estando *incertos* com relação à nossa experiência, em geral estamos certos com relação à nossa incerteza. Como a linguagem é uma conquista relativamente nova, não é de surpreender que ainda tenhamos muito a aprender sobre a maneira de utilizar essa habilidade recém-adquirida.

Embora a linguagem ajude muito no processo de categorização, é uma habilidade posterior e desnecessária à maior parte do pensamento. O fato de poder ser lembrada pelos outros é uma tremenda vantagem para que o conhecimento dure mais do que uma vida. A linguagem escrita foi inventada somente há cerca de dez mil anos, permitindo que o conhecimento (preciso e impreciso!) se acumulasse com maior rapidez e se disseminasse mais amplamente no espaço e no tempo. Isso também possibilita que os mortos comuniquem aos vivos aquilo que aprenderam, direcionando sua atenção para abrangências e categorias que talvez nunca fossem percebidas.

Resumo: *Abrangência* é uma experiência baseada nos sentidos a qual dividimos em *partes* menores ou aumentamos para incluir um todo muito mais amplo. O teste fundamental para a abrangência é: "Estamos falando de uma *parte* de uma experiência baseada nos sentidos?"

Categoria consiste em pensar num evento como *exemplo* de um *grupo* de coisas. Essa categoria pode ser subdividida em categorias mais específicas, ou ser um exemplo incluso numa categoria mais geral. O teste fundamental é: "Estamos falando de um evento como *exemplo* de uma categoria?"

Perguntar "O que você *gosta* com relação a ...?" em geral evoca uma elaboração da abrangência de experiência de uma pessoa, enquanto a questão "O que é *importante* para você com relação a ...?" costuma evocar a maneira como ela categoriza.

As palavras "segmentar", "segmentar para baixo" e "segmentar para cima" são ambíguas, uma vez que têm sido usadas durante anos para descrever uma mudança na abrangência ou na categoria, sem diferenciar as duas. "Segmentar para baixo" aplicado em relação ao processo de passar a uma abrangência menor de experiência ou a uma categoria mais específica. "Segmentar para cima" em referência ao processo de passar a uma abrangência maior de experiência ou a uma categoria mais geral.

A Modelagem Simbólica com a Linguagem Limpa oferece exemplo interessante de um método terapêutico sistemático que usa perguntas específicas para mudar a abrangência e a categorização de um problema ou objeto com o propósito de chegar à resolução. A maior parte dessas perguntas evoca uma elaboração de abrangência, enquanto algumas evocam uma categorização.

Aprender a observar as abrangências e as categorias no pensamento possibilita modificá-las para melhorar a experiência quando esta é limitada, problemática ou desagradável.

Se descrevermos o pensamento como o fluxo da atenção a diferentes abrangências, categorizando-as e usando protótipos para representá-las, então o pensamento não requer a linguagem. A linguagem *comunica* o pensamento aos outros; quando funciona bem, evoca pelo menos um pouco da mesma experiência no ouvinte.

Diversos fatores adicionais dificultam a diferenciação entre abrangência e categoria. *Uma mudança na abrangência com freqüência modifica a categoria* e a *categorização sempre afeta a abrangência*. No próximo capítulo, exploraremos de que maneira uma mudança na abrangência comumente (mas não sempre) evoca uma mudança na categoria. Então, no capítulo 8 exploraremos como a categoria sempre afeta a abrangência.

"ESSA É A VERDADEIRA ALEGRIA DA VIDA, A EXISTÊNCIA SENDO UTILIZADA PARA UM PROPÓSITO RECONHECIDO POR VOCÊ COMO PODEROSO [...] A EXISTÊNCIA COMO UMA FORÇA DA NATUREZA, EM VEZ DE UM PUNHADO DE PEQUENOS MALES, FEBRIS, EGOÍSTAS E QUEIXAS DE QUE O MUNDO NÃO SE DEDICA A FAZÊ-LO FELIZ."
GEORGE BERNARD SHAW

7

Como a abrangência influencia a categoria
Estruturando grupos

O QUE VOCÊ GOSTARIA QUE AS PESSOAS DISSESSEM NO SEU ENTERRO?
"OLHEM, ELE ESTÁ SE MEXENDO!!!"

Nessa piada, a abrangência da atenção muda do pensamento daquilo que você gostaria que os outros lembrassem a seu respeito no passado, para o que gostaria que notassem em você no presente – indicando que você ainda está vivo –, num exemplo de como mudar a abrangência pode mudar a categorização. Certa ocasião, fizeram uma pergunta semelhante ("Como você gostaria de ser lembrado?") ao terapeuta familiar Jay Haley em uma entrevista, ao que ele respondeu: "Gostaria de ser lembrado como o professor de psicoterapia mais velho ainda vivo".

Podemos mudar a abrangência perceptiva tornando-a *maior*, *menor*, *sobreposta* ou *diferente*. É o que algumas vezes se chama de mudança no "tamanho da estrutura" nos padrões de ressignificação da PNL. Isso pode ser feito no *espaço*, no *tempo* ou em ambos. Quando a *abrangência* de uma experiência muda, também mudam a quantidade e o tipo de *informação* aos quais prestamos atenção. Com freqüência, isso resulta em uma alteração nos *critérios* aplicados. Qualquer mudança na informação e/ou nos critérios modifica nossa maneira de *categorizá-los* e de *responder* a eles.

A maneira mais simples de mudar sua resposta em uma situação problemática é alterar a abrangência e descobrir se ela resulta em uma mudança proveitosa na categorização e na resposta. Preste atenção a mais ou a menos dela ou a diferentes partes, no tempo ou no espaço. Essa é uma intervenção pura no *processo*, pois quando alguém muda apenas a abrangência, qualquer mudança na categorização ocorre totalmente fora da própria experiência.

Por exemplo, imagine que você se encontra em um pequeno espaço, sem nada por perto, e note seus sentimentos em resposta a isso...

Ampliando a abrangência daquilo que vê, talvez note um ambiente familiar, família e amigos...

Essa abrangência maior provavelmente mudará sua resposta, porque há mais conteúdo ao qual responder. Nesse exemplo, tanto a *quantidade* quanto o *tipo* de informação mudam à medida que você aumenta a abrangência.

Quando alguém está limitadamente concentrado em uma discussão desagradável com a esposa, pode se sentir mal e decidir que eles precisam se divorciar. Ao aumentar a abrangência no espaço e no tempo, incluindo todos os outros aspectos mais positivos do relacionamento, ele pode ver o que muitas vezes é chamado de "quadro geral" ou "uma nova perspectiva" e ser capaz de apresentar uma resposta bem mais equilibrada e eficaz. Em geral, esse é um ponto de partida muito melhor para examinar uma desavença e começar a resolver o problema, descobrindo de que maneira solucionar diferenças.

Novamente, imagine que você se encontra em um pequeno espaço, sem nada por perto...

Dessa vez, enquanto aumenta a abrangência daquilo que vê, continue vendo o *mesmo* tipo de ambiente vazio...

Conforme aumenta a abrangência daquilo que vê, seus sentimentos provavelmente mudarão. Você pode começar a experimentar um sentimento de solidão ou de isolamento – como estar no meio do árido deserto do Saara. Toda vez que o *tipo* de informação não muda, mas a *quantidade* de informação sim, essa alteração na quantidade pode levá-lo a atingir um limiar que muda a *qualidade* da sua resposta.

A palavra "suficiente" sempre indica quando um critério atinge determinado limiar de quantidade – "grande o suficiente", "longo o suficiente", "agradável o suficiente" etc. Portanto, mesmo quando uma mudança na abrangência não modifica o conteúdo ou os critérios, uma mudança suficiente apenas na quantidade pode resultar em uma mudança na categorização e na resposta.

Por exemplo, quando você come uma pequena quantidade de sua sobremesa favorita, o sabor é provavelmente delicioso. Se você come muito mais, ela provavelmente não será tão gostosa. E, se você realmente se empanturrar, finalmente ela começa a ter um sabor desagradável.

As pessoas atormentadas pelo excesso de comida tendem a resistir aos alimentos prediletos fazendo dieta e controlando o que comem; como resultado, os alimentos prediletos tornam-se ainda mais atraentes e tentadores. Então, eles se excedem e comem tão rápido que não conseguem realmente saborear e apreciar os alimentos. Aí, voltam às dietas. Essa oscilação extrema destrói o *feedback* normal que nos sinaliza para parar quando já comemos o suficiente.

Padrões de ressignificação baseados na abrangência maior

"Ressignificação" é um termo geral que tem sido utilizado para uma ampla variedade de diferentes padrões de comunicação, alguns dos quais modificam a abrangência, enquanto outros modificam a categoria. Este termo metafórico literalmente significa colocar uma "moldura" diferente ao redor de um evento para que a pessoa responda a ele de maneira diferente. Uma moldura é um limite que especifica a abrangência de uma experiência, ao mesmo tempo em que lhe proporciona um contexto.

A largura e a qualidade de uma moldura podem introduzir um conteúdo capaz de mudar nossa maneira de ver o que está dentro dela. Pense em qualquer imagem... e então note como ela parece diferente cercada por uma moldura barroca dourada e elaborada em comparação a uma moldura estreita de alumínio ou uma de madeira desbotada. Que diferenças você observa na imagem cercada por essas diferentes molduras?...

O tipo de moldura categoriza o que está dentro dela e pode mudar o brilho ou outras qualidades das imagens. Uma moldura dourada barroca categoriza a imagem como algo do passado distante, cuja superfície pode assumir a qualidade escura e antiga de uma velha pintura a óleo. A moldura de alumínio indica uma imagem mais contemporânea, de cor e superfície mais claras e brilhantes. Já a madeira desbotada proporciona um contexto mais rústico. Ao experimentar com molduras, use o *mesmo* tipo de moldura para evitar a introdução desse tipo de conteúdo e de categorização, explorando assim apenas o efeito da abrangência.

Com o uso das distinções de abrangência e categoria, podemos ser muito mais específicos no que se refere à maneira como diferentes tipos de ressignificação funcionam. Alguns dos padrões da ressignificação da PNL ou padrões de "presdigitação lingüística" discutidos a seguir baseiam-se na mudança para uma abrangência maior. (Os padrões que modificam diretamente a categoria serão abordados no próximo capítulo.)

Causa anterior Direcionar a atenção para causas que influenciaram um evento presente aumenta a abrangência de tempo no passado. Em geral, a abrangência de espaço também mudará, oferecendo informações adicionais que podem resultar em mudança na maneira como você categoriza e responde a um evento. Observe este exemplo de Stephen Covey:

> Lembro-me da mudança de um miniparadigma que experimentei em uma manhã de domingo no metrô de Nova York. As pessoas estavam sentadas tranqüilamente – algumas lendo jornais, algumas perdidas em pensamentos, outras descansando com os olhos fechados. Era uma cena calma, tranqüila. Então, de repente, um homem e seus filhos entraram no trem. As crianças eram tão barulhentas e indisciplinadas que imediatamente todo o clima mudou.
>
> O homem sentou perto de mim e fechou os olhos, aparentemente desligado da situação. As crianças gritavam, atirando objetos, até mesmo pegando coisas das pessoas. Foi muito perturbador. E, mesmo assim, o homem ao meu lado não fez nada.
>
> Foi difícil não ficar irritado. Eu não podia acreditar que fosse tão insensível, deixando os filhos correrem como loucos sem fazer nada. Era fácil ver que todas as outras pessoas estavam irritadas também. Assim, finalmente, com aquilo que considerei uma paciência e calma incomuns, virei-me para ele e disse: "Senhor, seus filhos realmente estão perturbando muitas pessoas. Será que o senhor não poderia controlá-los um pouco?"
>
> O homem me olhou como se percebesse a situação pela primeira vez e respondeu suavemente: "Ah, você está certo. Acho que devo fazer algo a

respeito. Acabamos de vir do hospital onde a mãe deles faleceu há cerca de uma hora. Não sei o que pensar e acho que eles também não sabem como lidar com isso."

De repente, passei a ver as coisas de outra maneira e me comportei de modo diferente. A irritação desapareceu. Eu não precisava me preocupar em controlar minha atitude ou comportamento; meu coração ficou apertado com o sofrimento do homem. Sentimentos de solidariedade e compaixão fluíam livremente... Tudo mudou em um instante. (1989, p. 30-31)

Com freqüência, rever as experiências infantis de aprendizado dos pais mudará a maneira como as crianças os vêem. Essa foi uma importante parte do processo de "Reconstrução familiar" (Andreas, 1991b) de Virginia Satir, no qual os clientes viam uma representação das experiências de crescimento dos pais. Isso costumava ajudá-los a adquirir uma "nova perspectiva" na qual o comportamento desagradável de um dos pais era compreendido como a resposta *dele* a limitações dolorosas em sua criação, em vez de uma resposta ao cliente ou a outra pessoa no presente. Toda exploração da influência de eventos passados no presente ampliará dessa forma a abrangência da experiência. A psicanálise pode ser compreendida como algo que usa principalmente esse padrão de extensão da abrangência para o passado.

Conseqüências Direcionar a atenção para as *conseqüências* de um evento aumenta a abrangência de tempo e de espaço no *futuro*. A informação adicional que isso proporciona é capaz de mudar a maneira de categorizar e responder a um evento. Por exemplo, pedir aos pais para pensarem no impacto de seu comportamento presente na vida futura dos filhos pode motivá-los a repensar o que estão fazendo e considerar mudanças.

Quando alguém fica aborrecido e muito zangado, ajuda mostrar que, ao se exaltar assim, a outra pessoa achará fácil focalizar essa resposta intensa e desconsiderar suas preocupações, achando-as irracionais. "Ah, ele fica tão aborrecido; não consigo falar com ele quando está assim". Essa abrangência adicional pode proporcionar uma poderosa motivação para se acalmar, a fim de que a outra pessoa consiga ouvir e responder à reclamação.

Quando eventos agradáveis no presente levam a conseqüências agradáveis, não há problema. Algumas vezes, porém, um comportamento agradável provoca conseqüências desagradáveis, como excesso de peso, enxaquecas, acidentes e outros resultados indesejáveis. Ser capaz de imaginar vividamente essas conseqüências futuras pode representar um importante fator na motivação para refrear de maneira fácil e congruente a tentação presente, o que muitas vezes é chamado de "força de vontade". O mesmo vale para a situação contrária, quando tarefas no presente são desagradáveis, mas resultam em objetivos desejáveis. Uma abrangência maior de tempo pode aumentar bastante a motivação para continuar uma tarefa difícil – assunto já discutido por mim (Andreas, Andreas, 1993, capítulo 15)

Meu pai morreu quando eu estava com 9 anos de idade. Acabei, enquanto crescia, tendo apenas minha mãe para me aconselhar, e havia muitas coisas que eu precisava aprender sozinho, por tentativa e erro. Na época, eu detestava isso e me sentia bastante infeliz. Contudo, como resultado, adquiri grande experiência para entrar em áreas sobre as quais não sabia nada, fazendo muitas perguntas idiotas e finalmente me tornando bastante habilidoso e bem-sucedido. Agora, olhando para trás, para minha juventude, acho foi muita *sorte* ter a oportunidade de aprender a fazer isso, apesar do desconforto que eu sentia naquela época.

Diversas pessoas com problemas causados por comportamento "impulsivo", que não inclui a abrangência de conseqüências futuras, não enxergam muito longe no futuro ou o futuro que enxergam está tão distante que tem pouco impacto. Uma cliente impulsiva via o "amanhã" como uma foto bem pequena e cinza, uma cidade distante, que exercia pouco ou nenhum impacto no presente, tornando difícil para ela fazer qualquer planejamento que envolvesse o futuro.

Ao contrário, um homem que apresentava seminários de planejamento de longo prazo via cinco anos no futuro a cerca de 30 cm de distância do nariz, dez anos a 45 cm e quinze anos a 60 cm. Ele também via essas imagens como filmes em três dimensões, bem grandes e coloridos. Eram, portanto, muito reais e tinham grande impacto em suas decisões no presente.

A maneira como uma pessoa estende a abrangência no tempo, para o passado e para o futuro, é chamada de "linha do tempo", e sua localização e forma exercem grande impacto nas decisões e no comportamento. Por exemplo, o futuro de algumas pessoas está localizado acima ou atrás delas, quase ou totalmente fora de vista. Se o passado de alguém está atrás de si e não ao lado, pode ser muito difícil aprender com os erros daquele tempo. Se o passado desagradável de alguém está bem à sua frente, às vezes é muito difícil não se demorar nele e acabar ficando deprimido. Essas são apenas duas de muitas outras possibilidades. Diversos outros aspectos de linhas do tempo são abordados em outro livro de minha autoria (Andreas, Andreas, 1991, capítulos 1 e 2).

Recentemente, trabalhei com uma mulher que tinha fobia de dirigir à noite, resultado de uma colisão ocorrida tarde da noite na qual ela ficou ferida. Ela dirigia durante o dia sem tensão, mas à noite se lembrava da imagem do outro carro se aproximando e retornava ao medo sentido logo antes da colisão. Em vez de usar a cura de fobia da PNL, que muda a abrangência no espaço, decidi explorar se seria proveitoso fazer perguntas para ampliar sua abrangência no tempo.

Primeiro, perguntei-lhe se estava satisfeita com seu comportamento em resposta ao carro se aproximando e descobri que estava. Alerta ao perigo, ela desviara rápida e automaticamente do outro carro, mas não fora capaz de evitar o choque. (Se ela não estivesse satisfeita com sua resposta, eu lhe teria pedido para pensar no que poderia ter feito diferente e ensaiado essa nova resposta.) Aquela abordagem mudou sua imagem instantânea do carro se aproximando para um curta-metragem que incluía sua habilidosa tentativa de evitar a colisão – uma mudança na abrangência que a fez sentir-se mais forte.

Salientei então que ela era uma motorista competente que havia feito tudo que podia em uma situação muito difícil. Assim, se uma situação semelhante acontecesse no futuro, ela saberia o que fazer, com a certeza de que agiria rápida e automaticamente. Sua postura não-verbal mudou, indicando uma resposta com bem mais recursos. Não lhe perguntei, mas acredito que ela tenha recategorizado a experiência de algum modo, por exemplo, de algo como "medo e vulnerabilidade" para "competência em uma situação muito difícil".

Pedi-lhe ainda para ampliar o curta-metragem do carro se aproximando para um filme muito mais longo, incluindo todos os eventos subseqüentes além da colisão em si, a recuperação dos ferimentos e a habilidade para dirigir confortavelmente durante o dia e no início da noite. Essas mudanças simples na abrangência mudaram sua resposta, do medo agitado para a competência tranqüila.

Uso incorreto de uma abrangência maior Geralmente é eficaz aumentar a abrangência, entretanto, como qualquer habilidade, ela também pode ser utilizada incorretamente. Às vezes, as pessoas usam a habilidade para prever o futuro, profetizando que serão *sempre* perturbadas por uma lembrança traumática ou uma dificuldade no presente. Quase toda semana leio relatos no jornal de pessoas dizendo coisas como "Sempre serei torturado pelos pensamentos sobre a sua morte" ou "Essas cicatrizes vão me perseguir pelo resto da vida" ou "Carregarei esse sofrimento até o túmulo". Esse tipo de afirmação revela uma extensão indesejada de um problema no presente para uma abrangência muito maior no futuro, algo que de nada serve e tende a impedir quaisquer tentativas de mudança. Chamo isso de "prever o futuro sem ser adequadamente qualificado" e, brincando, peço que me mostrem sua licença de vidente, ressaltando a ausência de qualquer base real para a certeza de que o problema é insolúvel.

A previsão de que um problema *nunca* será solucionado constitui uma categorização do problema que impede qualquer tentativa para resolvê-lo. Ao refocalizar a atenção na abrangência do problema, em vez de na previsão pessimista de longo prazo, é possível voltá-la a uma solução adequada e, com freqüência, resolver o problema. Uma previsão semelhante de que a felicidade no presente vai durar para sempre pode ser melhor durante algum tempo, mas é também uma forma de provocar desapontamentos futuros.

Padrões de ressignificação baseados em uma abrangência *menor*

Uma abrangência *menor* é simplesmente o contrário de passar a uma abrangência maior, *diminuindo* a quantidade de informação. Uma abrangência menor nos permite prestar mais atenção àquilo que permanece.

Por exemplo, há alguns anos, uns amigos estavam reformando a cozinha. Arrancaram a coifa que levava a fumaça para fora da casa, deixando um buraco desigual na parede, com alguns arranhões feios, manchas de gordura, sujeira e teias de aranha. Ao colocarem sobre ele uma moldura dourada que guardavam no armário, o buraco se tornou uma composição abstrata bem interessante que não ficaria deslocada num museu. A moldura diminuiu a abrangência, transformando um pedaço de parede suja numa obra de arte, uma categoria muito diferente.

Anteriormente, pedi que você se imaginasse em um espaço pequeno, sem nada por perto, e notar seus sentimentos enquanto ampliava a abrangência, incluindo um ambiente familiar, família e amigos. Se você se imaginasse nessa abrangência maior e depois a encolhesse até ficar sozinho, a mudança na categorização e na resposta também se inverteria. Se sua família e amigos o apóiam, você poderia se sentir sozinho ao tornar a abrangência menor, mas se eles são invasivos e desagradáveis, você provavelmente se sentiria seguro e mais relaxado.

A diminuição da abrangência é particularmente eficaz quando você deseja dormir ou aproveitar uma agradável experiência sensual, sem se distrair com outras coisas ao redor, reais ou imaginadas. Também ajuda muito quando você quer se concentrar na realização de alguma coisa importante e precisa excluir temporariamente outras preocupações importantes ou distrações irritantes. Ao excluir deliberadamente informações irrelevantes para o objetivo imediato, você pode dedicar toda a sua atenção e realizar mais.

Sempre que alguém afirma estar "sobrecarregado" pelos eventos, essa é uma indicação clara de que precisa diminuir a quantidade de informações que vem tentando processar. A diminuição da abrangência da atenção no espaço e/ou no tempo pode diminuir a quantidade de informações e torná-la viável.

Costuma ser bastante proveitoso literalmente afastar as imagens perturbadoras, tornando-as menores e mais distantes, "abrindo espaço" para você decidir que partes delas realmente requerem sua atenção e quais podem ser examinadas mais tarde ou talvez até mesmo permanentemente ignoradas.

Por exemplo, essa manhã, enquanto lia as provas, distraí-me com imagens de algumas coisas que precisava fazer no decorrer do dia. Imaginei então que as estava afastando para o lado, dentro da cabeça, primeiro para a esquerda, depois para a direita e em seguida para trás. Isso ajudou um pouco, para trás sendo um tanto melhor do que para os lados, mas elas ainda me distraíam. Quando tentei colocá-las na frente, passaram a me distrair ainda mais. Mas ao empurrá-las para cima, para o topo da cabeça, as imagens ficaram menores, sem cor, silenciosas, e me distraíram muito menos.

Diminuir a velocidade do tempo é outra maneira de facilitar o processo de eventos, porque nos dá mais tempo para responder a eles. Fazer isso é como usar um microscópio, que reduz a abrangência à qual você está prestando atenção e, ao mesmo tempo, torna essa abrangência maior, mais detalhada e mais fácil de ser enxergada.

Quando estamos sobrecarregados, faz sentido diminuir a abrangência, desde que verifiquemos periodicamente aquilo que omitimos, para ter a certeza de não perder nada que consideramos importante. Sempre que a vida parecer complexa ou tivermos muitas coisas para pensar, é muito importante limitar aquilo com que precisamos lidar, particularmente se for temporário.

Ao executar uma tarefa que levarão algum tempo para completar, as pessoas com freqüência comparam o que já fizeram com o quanto ainda falta fazer, ficam desanimadas e param. Mas se usarem uma abrangência menor, podem estabelecer uma meta pequena para o próximo momento, alguns minutos ou meia hora e, no final desse período, comparar o que já realizaram com o objetivo que estabeleceram para si. Isso tem maior probabilidade de resultar em uma sensação de realização e de motivação contínua.

Por exemplo, enquanto escrevo este livro, estou focalizado na pequena tarefa à qual me dedico nesse instante, seja escrever, editar ou decidir onde uma parte deve ficar. Com essa abrangência estreita, cada palavra que aparece na tela do computador me proporciona uma pequena sensação de realização e satisfação com meu progresso. Sinto isso mesmo quando escrevo alguma coisa e depois a modifico ou apago porque quero dizê-la de maneira diferente, pois esse também é um pequeno progresso. Quando expliquei esse processo a um amigo, ele me olhou surpreso e disse: "Isso é *trapacear!*" Pode ser, mas funciona. Para saber mais sobre motivação constante, veja *A essência da mente* (1993, capítulo 15).

Uso incorreto de uma abrangência menor Uma abrangência pequena às vezes se mostra uma enorme *des*vantagem, na medida em que a informação necessária para solucionar um problema pode ser excluída de uma abrangência de atenção estreita ou acabarem ignoradas as conseqüências desagradáveis de uma possível solução.

Isso pode ser particularmente problemático se ignorar determinado aspecto de abrangência tornar-se algo duradouro ou permanente. Com freqüência, as pessoas aprendem a ignorar seus sentimentos, a posição dos outros, as conseqüências de longo prazo etc., distorcendo as opiniões e decisões. É fácil escapar para o pensamento "Essa é a única coisa que importa" ou "Isso não importa". A "visão de túnel" é apenas "concentração" no tempo ou no lugar errado, fazendo necessário passar-se a uma abrangência maior ou diferente.

Ressignificação usando uma abrangência *sobreposta*

Passar a uma abrangência maior ou menor, na qual a menor está totalmente inclusa na maior, pode ser considerado um caso especial de sobreposição de abrangência, em que a menor está totalmente sobreposta pela maior. Agora, quero discutir o caso mais geral no qual apenas *parte* de uma abrangência se sobrepõe a outra. Parte daquilo a que prestamos atenção é ignorado, acrescentando-se uma abrangência adicional ao que permanece.

No ano passado, por exemplo, minha esposa Connirae e eu viajávamos por uma estrada íngreme na montanha. Em determinado momento, ficamos atrás de um caminhão que andava a mais ou menos 16 km/h e a linha amarela dupla no chão indicava que não era permitido ultrapassar naquele local. Do assento do motorista, eu podia ver um quilômetro de estrada vazia à frente, portanto a categorizei como "segura" e desviei para ultrapassá-lo. Do assento do passageiro, Connirae só podia ver a traseira do caminhão e a linha amarela dupla, portanto ela a categorizou como "perigosa", ficando preocupada e tensa no momento em que fiz a manobra. Quando sua abrangência mudou para a mesma que eu via, ela a recategorizou como "segura" e relaxou.

Ressignificação do contexto O significado de um evento depende parcialmente do *contexto* em que ele ocorre. Por exemplo, o significado de ajudar alguém a colocar o casaco é adequado para uma criança de quatro anos, mas provavelmente seria categorizado como um insulto por um jovem de

20 anos – a menos que ele tivesse um braço ferido ou outra deficiência. Da mesma maneira, a tentativa de ajudar uma pessoa mais velha pode ser percebida como uma ofensa, sugerindo que ela é incapaz.

Quando um comportamento ou resposta torna-se um problema em determinado contexto, ajuda pensar no mesmo evento em um contexto diferente, no qual talvez seja considerado positivo. Isso proporciona um ambiente diferente, podendo mudar o significado do evento. A mesma situação, vista em um contexto diferente, com critérios diferentes, é freqüentemente recategorizada.

Um pai pode categorizar o comportamento rebelde do filho como "teimosia", por exemplo, No entanto, ao ver o *mesmo* comportamento relacionado com a resistência a ser enganado por uma namorada ou por um vendedor, ele provavelmente o categorizará de maneira bem mais apreciativa, porque as conseqüências em um contexto diferente são também muito distintas.

Uma das pressuposições fundamentais da PNL é a de que *todo comportamento é proveitoso em algum contexto*. Portanto, se alguém tem problemas com a sua resposta em casa, vale a pena descobrir onde essa mesma resposta se torna uma vantagem – no trabalho, com amigos ou num contexto imaginado em outro tempo ou lugar. Ao encontrar um ou mais contextos nos quais a resposta problemática é eficaz e positiva, isso lhe oferecerá uma perspectiva mais equilibrada, proporcionando uma boa base para encontrar novas escolhas no contexto em que ela causa problemas.

É claro que algumas vezes é bom mudar o significado de um evento de positivo para negativo. Alguém pode considerar seu comportamento muito positivo, apesar das conseqüências desagradáveis ou do sofrimento que provoca em outras pessoas. Então, é possível mudar a abrangência para tornar essas desvantagens mais óbvias.

Por exemplo, a habilidade de uma pessoa que trabalha no pronto-socorro de um hospital para avaliar rapidamente uma situação e fazer o que precisa ser feito, bem como dizer aos outros o que fazer, é muito valiosa no contexto de uma emergência que ameaça a vida de alguém. Mas se ela usar essa mesma habilidade em casa, quando não há nenhuma emergência, isso impedirá que as crianças aprendam como adquiri-la por si mesmas.

Até agora, descrevi exemplos de mudança de contexto nas imagens internas de uma pessoa. A mudança do contexto externo real é ainda mais poderosa para evocar uma categorização diferente com uma resposta diferente. Bill O'Hanlon descreve um casal cujo casamento estava "perigando" porque suas discussões rapidamente se tornavam brigas desagradáveis.

> O conselheiro sugeriu que, da próxima vez que começassem uma discussão aparentemente fora de controle, eles deviam fazer uma pausa rápida e então se encontrar no banheiro. O marido tiraria toda a roupa e deitaria na banheira. A esposa continuaria vestida e sentaria perto da banheira. A partir daí, continuariam a discussão do ponto onde haviam parado.
>
> Como você pode imaginar, foi difícil discutir dessa maneira. O marido se sentia ridículo e exposto, e não era ele mesmo. A esposa achava aquilo hilário e não conseguia continuar com seu desabafo habitual. Ainda assim, como sugeriu o conselheiro, nas semanas seguintes eles obedientemente cumpriram essa tarefa sempre que discutiam. Contudo, depois de ir para o banheiro algumas vezes, eles aprenderam a moderar a discussão de modo que ela jamais saísse de controle. Quando as coisas começavam a esquentar, um deles olhava na direção do banheiro e o outro dizia: "Tudo bem, tudo bem, vamos nos acalmar e ver se podemos resolver isso". (1999, p. 18-19)

Essa mudança de contexto – as diferentes abrangências de experiência proporcionadas pelo banheiro e pelo marido deitado sem roupas – naturalmente evocou em ambos respostas que tornaram impossível discutir da maneira como eles o faziam.

Os livros de O'Hanlon estão repletos de exemplos de mudança da abrangência de um problema no espaço ou no tempo com o propósito de provocar mudança. Além de mudar o contexto, você pode mudar o *timing*, a seqüência, como alguma coisa é feita, acrescentar um novo elemento ao problema, subtrair outro etc. Você pode experimentar livremente, sem nenhuma idéia do tipo de mudança na abrangência que será eficaz, e descobrir o que funciona.

Por exemplo, um casal que sempre discutia quando o marido voltava do trabalho para casa decidiu esperar até ele tomar banho e mudar de roupa. Depois disso, eles raramente discutiam.

184 · STEVE ANDREAS

Uma mulher que comia demais e depois vomitava foi instruída a colocar os sapatos prediletos antes de comer excessivamente. Ela contou que isso "lhe deu tempo para pensar no que estava fazendo" e conseguiu parar.

Uma mulher que arrancava fios de cabelo compulsivamente, sempre mastigava a raiz antes de jogar fora o fio. Instruída a jogar fora o fio de cabelo *sem* mastigá-lo, ela descobriu que isso era insatisfatório e parou de arrancá-los.

Uma maneira um pouco mais direta de utilizar uma mudança de contexto é pensar nas *exceções* ao problema – ocasiões nas quais você *esperava* que o problema ocorresse, mas ele não ocorreu – e cuidadosamente examinar o contexto dessas exceções, um método fundamental para a terapia voltada à solução. O que nessas exceções impediu que o problema ocorresse? Sabendo isso, você pode deliberadamente acrescentar esse elemento ao problema e descobrir o que acontece. Por exemplo, se as exceções a uma discussão desagradável aconteceram no início da manhã, todas as discussões difíceis podem ser programadas para esse período.

Outra pressuposição da PNL afirma que *o significado de sua comunicação é a resposta que você obtém*. Muitas pessoas estão focalizadas na *intenção* ou no *objetivo* quando se comunicam, portanto têm menor probabilidade de notar como realmente *comunicam* essa intenção ou como a outra pessoa *responde* a ela. Geralmente estamos conscientes de nossas palavras, mas podemos estar muito menos conscientes daquilo que comunicamos com nosso comportamento não-verbal. Quando há má comunicação, tendemos a culpar a outra pessoa por não compreender nossa intenção, em vez de mudar a comunicação para que ela a compreenda melhor.

Focalizar a *resposta* da outra pessoa é uma mudança de abrangência que aumenta o *feedback*. Quando a resposta indica que ela recebeu uma mensagem diferente daquela que você pretendia, isso é um sinal para mudar a comunicação – tanto verbal quanto não-verbal – até que a mensagem seja *recebida*.

Comportamento/sentimento/pensamento (comportamento externo/estado interno/computação interna) Essa é uma maneira muito antiga e simples de dividir a experiência em três abrangências gerais, disponíveis em cada experiência, mas freqüentemente ignoradas. Desde que acordados, sempre temos *algum* comportamento (pelo menos respiração e batimentos cardíacos), *algum* estado de sentimento interno e *algum* tipo de pensamento. Com freqüência, porém, prestamos muito mais atenção a uma dessas áreas gerais de uma experiência, eliminando totalmente ou a maior parte das outras duas.

Por exemplo, as pessoas que costumam ser descritas como "emotivas", "dramáticas" ou "expressivas" prestam bastante atenção aos sentimentos e ações, mas muitas vezes estão relativamente inconscientes do pensamento que evoca essas respostas. Diversos cientistas e matemáticos atentam principalmente aos pensamentos, deixando de perceber – ainda que parcialmente – seus sentimentos ou seu comportamento "estranho". Atletas habilidosos precisam estar extremamente conscientes do comportamento físico, mas podem estar muito menos conscientes de seu pensamento e sentimentos. Redirecionar a atenção para uma abrangência maior, que inclua tudo a que prestamos menos (ou nenhuma) atenção, é um exemplo de atentar para uma abrangência *diferente* ou *sobreposta*, com informações diferentes.

A estratégia da "alimentação naturalmente leve" de Connirae Andreas (1993, capítulo 12) baseia-se em imaginar o quanto o estômago ficará cheio com o *próximo* bocado de comida – e não em como você ficará satisfeito *depois* de ter comido demais. Trata-se de uma mudança da abrangência passada para a *futura* e também de uma mudança na abrangência das sensações, passando do *sabor* do alimento (que faz muitas pessoas comerem demais), para a sensação de *saciedade*, sinal confiável para parar de comer.

Dissociação As crianças pequenas experimentam os eventos com base em seu ponto de vista, olhando com os próprios olhos, o que é chamado de estar *associado*, ou posição do *self*, na qual temos pleno acesso a todos os sentimentos. A maioria dos adultos também faz isso na maior parte do tempo.

Ao contrário, "dissociado" significa assumir o ponto de vista ou perspectiva de um *observador* externo do evento, *vendo a si mesmo* nele, bem como uma visão diferente do evento e do ambiente. Da posição do observador, você perde os sentimentos de estar *em* um evento, enquanto adquire sentimentos muito diferentes *a respeito* do evento, como se o observasse acontecer com outra pessoa.

Ver a si mesmo oferece uma abrangência adicional, ao mesmo tempo eliminando os sentimentos de estar *em* um evento. A dissociação é particularmente proveitosa em situações difíceis nas quais sentimentos fortes e desagradáveis ocupam grande parte da atenção, deixando pouco espaço para a criatividade ou a solução do problema. Essa mudança na abrangência é usada no método clássico da PNL para solucionar e eliminar os sentimentos intensos que alguém experimenta em uma fobia (Andreas, 1984; Andreas, Andreas, 1993, capítulo 7). Como os sentimentos fóbicos são muito intensos, esse é um exemplo particularmente convincente de como a mudança de uma abrangência pode ajudar alguém a mudar uma resposta desagradável.

Há uma quantidade infinita de possíveis posições do observador a assumir, a distâncias diferentes, ângulos diferentes, alturas diferentes – desde a posição próxima no nível dos olhos até aquela distante, no teto ou no nível do chão etc. Como cada uma dessas diferentes posições certamente terá vantagens e aplicações, e outras desvantagens e limitações, é importante saber exatamente *como* uma pessoa está dissociando, exatamente que perspectiva está usando.

A posição do observador já foi descrita muitas vezes com palavras como "sendo objetivo" ou "metaposição" – do grego *meta*, que significa "mudança de lugar, ordem ou condição". Ela também já foi chamada de "ficar meta" ou mesmo "experiência fora do corpo", ou "viagem astral". Uma vez que esse termo geral pode indicar tantos prismas diferentes, sua utilização oferece apenas uma compreensão parcial do ponto de vista da pessoa. Também já se relacionou as palavras "meta" ou "metaposição" à experiência de passar a uma categoria mais geral, tornando-a ainda mais ambígua. A solução mais fácil é simplesmente não empregar esses termos. Se você usar a palavra "observador" e descrever cuidadosamente a *localização* exata deste, isso especificará muito bem a abrangência.

Quando experimentamos um problema, habitualmente pensamos em nós mesmos como "vítimas" de eventos externos fora do controle, que nos fazem sentir mal, prestando atenção àquilo que causou nosso desconforto. "*Ele* me deixou louco." "*Ela* está sendo irracional." Com freqüência, as situações difíceis são aquelas nas quais os outros se comportam de maneira desagradável. Entretanto, já que não posso influenciar diretamente o seu comportamento porque não tenho nenhum controle sobre ele, enxergar um evento dessa maneira me deixa impotente para mudar a situação. Em geral, as pessoas tentam algum tipo de coação que, na melhor das hipóteses, é uma solução de curto prazo que não costuma funcionar muito bem a longo prazo – uma abrangência de tempo mais longa.

Ao assumir a posição de um observador, você pode enxergar o comportamento dos outros no contexto das próprias ações, facilitando a observação de como *seu* comportamento evoca respostas *neles*, revertendo a típica seqüência da "vítima". Normalmente, essa informação não está à disposição quando estamos associados a um evento, enxergando-o com os próprios olhos. Ser capaz de perceber como o *seu* comportamento evoca respostas problemáticas nos outros proporciona um meio de influenciá-los pela mudança do *seu* comportamento, que é algo sobre o que você *realmente* tem controle. Isso lhe oferece alguma habilidade para influenciar a outra pessoa, virando a mesa da seqüência "vítima do comportamento dos outros" que a maior parte das pessoas experimenta em uma situação problemática.

Algumas pessoas tornam-se tão habilidosas na utilização da dissociação para diminuir o impacto emocional de situações problemáticas (freqüentemente como resultado de experiências infelizes na infância) que tendem a utilizá-la também em muitos outros eventos. A separação dos próprios sentimentos elimina grande parte do *feedback* a respeito de como você reage a uma situação, podendo provocar uma resposta indiferente a eventos que são importantes para você. O protagonista do romance *O estrangeiro*, de Camus, é um exemplo extremo disso: passa a vida sem nenhum sentimento, positivo ou negativo – nada lhe importa, nem mesmo a morte recente da mãe.

Quando alguém aprendeu a dissociar na maior parte das situações, aprender como se *reassociar* a elas é uma habilidade valiosa. As pessoas de luto estão dissociadas das experiências positivas passadas com o ente perdido; como não têm os bons sentimentos que viveram com aquela pessoa, sentem um "vazio". A reassociação com as lembranças positivas acaba com

188 · STEVE ANDREAS

a dor, substituindo-a pela sensação de que a pessoa ainda está com elas (Andreas, 2002a; Andreas, 1985, capítulo 11). A associação e a dissociação são valiosas habilidades humanas, com diferentes vantagens em diferentes situações, portanto é importante sermos capazes de *escolher* quando e onde usar cada uma delas.

Mudança de papéis: "outro" Em qualquer conflito ou discórdia, as pessoas envolvidas estão lidando e reagindo a uma situação de maneiras muito diferentes. Com freqüência, dizem algo como "Gostaria que você pudesse ver as coisas como eu", ou "Você não consegue se colocar no lugar dela?", indicando que é possível ver e responder a uma situação com base em um ponto de vista diferente. O antigo provérbio "caminhe uma milha na pele de alguém antes de julgá-lo" é uma tentativa de fazer alguém experimentar a abrangência diferente vivida por outra pessoa. Às vezes, isso é descrito em termos muito mais gerais como "ver as coisas de maneira equilibrada" ou "respeitar as opiniões dos outros".

Ao assumir a posição do "outro", primeiro você se *dissocia* da própria posição e depois se *associa* à posição da outra pessoa no evento. Trata-se de uma abrangência muito diferente, especialmente para aqueles que quase sempre atuam com base na posição do *self*. Colocar-se no lugar do "outro" em um evento, com freqüência oferece informações adicionais a respeito das opiniões e sentimentos de alguém. Isso é bom para compreender uma situação mais completamente e pode levar a categorizá-la de uma maneira nova e eficaz, o que muitas vezes é denominado empatia ou compaixão.

Na Gestalt-terapia, utiliza-se um método chamado "a cadeira vazia" para solucionar conflitos. O cliente imagina o pai, a esposa, um sintoma físico ou o elemento assustador de um sonho numa cadeira vazia e então conversa com ela como se fosse uma pessoa. Depois de algumas frases, ele é instruído a sentar na cadeira e responder àquilo que acabou de dizer, colocando-se na posição do "outro". Esse diálogo continua até haver alguma integração das posições opostas. No processo, o cliente percebe que aquilo que ele considera um conflito entre ele e outra pessoa são, na verdade, conflitos entre diferentes partes de *si mesmo*. Afinal, a outra pessoa não está realmente lá e não há nada na cadeira. Essa mudança de abrangência resulta na "retomada de posse" de partes dissociadas de si mesmo e na aceitação da responsabilidade por aquilo cuja culpa imputava aos outros.

Ghandi assumiu a posição do "outro" durante toda a vida. Certa vez, quando uma de suas sandálias caiu nos trilhos enquanto o trem saía da estação, ele imediatamente tirou a sandália do outro pé e atirou-a de modo que caísse perto da primeira, para que quem as encontrasse tivesse um par de sandálias para calçar. Ele também usava a posição do "outro" em sua luta pela independência da Índia. Repetidamente, imitava a postura e os movimentos dos governantes britânicos para descobrir como era a experiência *deles*, a fim de compreendê-la melhor e utilizá-la na direção do seu objetivo de independência.

As pessoas que sentem ódio ou são preconceituosas de alguma forma (e todos nós temos um pouco disso) podem obter uma visão muito mais equilibrada ao assumir a posição e experimentar a "realidade" do "outro", em qualquer diferença ou disputa. Infelizmente, é difícil conseguir isso das pessoas muito preconceituosas, que têm a convicção de estarem certas. Em geral, elas também utilizam um estereótipo não humano para representar o alvo de seu preconceito, diminuindo bastante a probabilidade de se disporem a tentar sentir empatia por alguém naquele grupo.

Modelo Uma variação da posição do *outro* consiste em se colocar no lugar de uma pessoa particularmente sensível, habilidosa, experiente ou espiritualmente iluminada que observa um evento e é capaz de percebê-lo e responder a ele baseada em seu conhecimento ou especialidade. "Se eu fosse capaz de experimentar essa situação pelos olhos de ..., o que eu veria, ouviria e sentiria que é diferente da maneira como a vejo agora?" Trata-se de uma ótima maneira para descobrir informações úteis aprendidas e registradas inconscientemente, só que categorizadas como pertencentes a outra pessoa. Essas informações podem ajudar muito a tornar mais efetivos certos comportamentos e respostas – não apenas as habilidades interpessoais, mas outras como praticar um esporte ou tocar um instrumento musical (Colgrass, 2000, capítulo 3).

As três "posições perceptivas" fundamentais são: *self*, *observador* e *outro*. Cada uma delas proporciona uma abrangência diferente capaz de auxiliar na solução de problemas, e a utilização sucessiva das três oferece uma perspectiva rica e equilibrada. O potencial de assumir essas diferentes posições perceptivas pode ser bastante aumentado por um processo chamado Alinhamento das Posições Perceptivas, desenvolvido por Connirae Andreas (1991a). Connirae descobriu que as pessoas raramente, ou nunca, têm as três posições bem definidas no espaço. Cada posição pode apresentar sentimentos, pensamentos, vozes etc., que na verdade pertencem a uma das outras posições. Esse processo examina todas as posições para descobrir aquilo que não pertence a elas, com o propósito de movê-la para a localização adequada no espaço.

Por exemplo, um observador tem sentimentos que na verdade pertencem à posição do *self*, ou a posição do *self* tem uma voz crítica pertencente a outra pessoa. Em qualquer posição, uma voz pode ser ouvida na cabeça ou fora do corpo, quando ela realmente pertence à garganta etc. O realinhamento desses aspectos da experiência nos permite utilizar muito melhor cada posição a fim de juntar informações precisas.

Ressignificação usando uma abrangência *diferente*

Nos exemplos anteriores de mudança de abrangência, acrescentamos ou subtraímos a abrangência de uma experiência, mas parte da abrangência permaneceu constante e, em geral, é isso o que acontece. Mas você também pode mudar totalmente a abrangência, o que muitas vezes foi chamado de "mudança de estrutura" ou "estrutura diferente" na PNL. A abrangência existente no espaço/tempo é substituída por outra, diferente, que *não* se sobrepõe à anterior. Uma abrangência diferente pode ser considerada um caso extremo de abrangência sobreposta, uma vez que, provavelmente, um pouco da abrangência anterior permanece a mesma, ainda que a atenção de alguém mude radicalmente.

Mudar para uma abrangência completamente diferente é muito maior do que os outros tipos de mudança de abrangência. Conseqüentemente, isso por vezes requer uma transição abrupta que desvia da abrangência existente e é então substituída por conta da atenção na abrangência diferente.

Milton Erickson freqüentemente usava algumas variações daquilo a que denominava "técnica da confusão" ou "interrupção de padrão", no qual criava uma situação difícil ou impossível de ser categorizada ou compreendida. Isso interrompia e distraía totalmente a pessoa de qualquer coisa que estivesse experimentando. Geralmente, quando alguém está confuso, luta desesperadamente para encontrar significado, portanto está muito mais receptivo a quase todo significado novo capaz de libertá-lo da confusão. Então, Erickson redirecionava sua atenção para uma abordagem e categorização diferentes e, muitas vezes, a pessoa não lembrava da abrangência anterior.

Sempre que a mudança para uma abrangência diferente é menos completa, ela pode ser feita de forma mais suave. Um exemplo simples é pedir a alguém para pensar naquilo que diria a outra pessoa com o mesmo problema ou dificuldade. "Se o seu filho ou um amigo tivesse esse problema e você realmente quisesse ajudar a resolvê-lo, que atitude tomaria ou o que sugeriria a ele que faria toda a diferença?" Quando a pessoa segue essa sugestão, sai completamente do problema e o enxerga como um observador externo. Isso coloca o problema *fora* do cliente, onde ele pode ser examinado com mais imparcialidade. A única coisa que continua igual é a *estrutura* do problema, deixando para trás todo julgamento, urgência, resposta emocional etc.

A metáfora terapêutica é uma maneira semelhante de mudar-se para uma abrangência totalmente diferente. Conta-se uma história sobre outra pessoa, um animal ou mesmo um trenzinho de brinquedo, que tenha a mesma *estrutura* da situação ou problema do cliente. A história segue até chegar a um tipo de resolução, específica ou geral. As melhores metáforas são aquelas nas quais a transição do problema para uma solução inclui um sonho, fantasia ou outro estado alterado visando alcançar um acesso profundo a recursos não conscientes. Novamente, o problema é colocado *fora* do cliente, como se acontecesse com outra pessoa, tornando mais fácil pensar em possíveis soluções.

Michael White e David Epston apresentaram um modo bem parecido de se separar de um problema, naquilo que eles chamam de Terapia Narrativa. Na *externalização*, descreve-se o sintoma de alguém como estando fora dele e *personificado*. Por exemplo, dizer a uma criança que ainda faz cocô nas calças que o problema é resultado das atividades do "cocô escondido", uma entidade invisível que a espia e a leva a fazer cocô nas calças. A criança é estimulada a materializar ainda mais o cocô escondido contando uma história sobre ele, desenhando-o, especulando a respeito de suas características e motivos, quando e onde ele mais gosta de espiar a criança e quais são suas intenções. Com as informações sobre essa intervenção, pense em como ela muda a abrangência do problema, não apenas para a criança, mas também para os pais *e* para o terapeuta...

Se expandirmos a abrangência do *nosso* pensamento para os eventos que ocorreram *antes* de os pais levarem a criança para a terapia com esse problema, podemos presumir com segurança que tudo era muito desagradável *também* para eles, que certamente têm sentimentos fortes relacionados com a situação. Os pais provavelmente tentaram solucionar o problema castigando o filho de diversas maneiras, talvez incluindo acusações e culpa.

No mínimo, havia oposição e luta entre os pais e a criança e esse "problema de controle" pode ser a expressão de uma disputa muito mais ampla por controle entre todos. Como o filho é muito menor e mais fraco, seu principal recurso é o comportamento categorizado como "fora de controle". Isso o motiva a *manter* o comportamento "incontrolável" como parte de sua luta pelo controle.

A criança pode realmente *experimentar* o sintoma como incontrolável, da mesma maneira que um adulto pode sentir que não consegue dominar a compulsão por comer excessivamente, ficar zangado etc. Comumente, as pessoas cometem o erro de tentar controlar diretamente esse tipo de comportamento, opondo-se a ele com força de vontade consciente. É muito mais fácil e eficaz mudar a resposta indiretamente, modificando o *estímulo* ou o *significado* do estímulo que evoca a resposta.

Uma vez que "controle" é uma categoria mais geral que inclui diversos outros eventos além de onde e quando fazer cocô, ela está em um nível lógico mais elevado. Assim que o problema migrar para esse nível de controle – quem controlará quem –, é quase certo que os pais e a criança esquecerão que gostariam que a criança tivesse o controle esfincteriano. Ao lutar pelo controle, as pessoas costumam esquecer que só o perseguem *para* satisfazer outra necessidade ou desejo – uma abrangência estreita nada eficaz.

Como controle pressupõe oposição, é menos provável ainda que elas pensem em como seus desejos poderiam ser os *mesmos* da outra pessoa, numa expansão proveitosa da abrangência de seu pensamento.

Na externalização, a mudança mais óbvia na abrangência é o fato de que o problema agora está localizado fora da criança, no espaço. Esse é um processo de dissociação ou separação do problema, que geralmente resulta em respostas emocionais menos intensas e mais úteis. A dissociação é uma intervenção *inicial* eficaz em *qualquer* situação de emoções fortes.

Provavelmente, a criança e os pais têm contato suficiente com a realidade para perceber que o cocô escondido é fictício – mesmo quando falam dele como se fosse real. Essa categorização "como se", "isso não é real" contribui para a dissociação, resultando em uma atitude muito mais divertida e criativa para lidar com o problema. Pare por um minuto ou dois e imagine-se interagindo com uma criança com esse problema, enquanto introduz a idéia do cocô escondido e começa a explorar com ela de que maneira ele age...

Ao observar a expressão no rosto da criança em seu cenário imaginado (que também está na categoria "como se"), sua mente inconsciente provavelmente lhe deu informações vívidas a respeito de como a maioria das crianças reagiria a isso. (Essa é uma aplicação muito positiva de sua "criança interior".)

A externalização também resulta em uma mudança: a criança deixa de *ser* um problema e passa a *ter* um problema. Descrevê-la como sendo o problema, "criança problemática", é uma abordagem muito mais ampla que inclui *todos* os seus comportamentos. A externalização separa *um* comportamento do restante dos comportamentos da criança. Esse é um exemplo da importante distinção entre *self* e comportamento, familiar para aqueles que conhecem a PNL. É muito mais fácil mudar um único comportamento do que mudar todo o *self* de alguém – uma redução na abrangência que literalmente torna o problema menor e mais fácil de ser solucionado.

A externalização também muda a abrangência do problema no *tempo*, colocando-o no *presente* e tornando irrelevantes e obsoletas quaisquer explorações terapêuticas (potencialmente intermináveis) de traumas e causas do passado. A focalização no presente limita a abrangência ao que está acontecendo agora e ao que pode ser feito a respeito. Isso é *muito* mais elegante e efetivo do que fazer um discurso para os pais (e talvez para o terapeuta também) sobre a futilidade daquilo que Virgina Satir chamava de "arqueologia" ou de "uma visita ao museu".

Mais importante ainda é o fato de que a externalização muda o *relacionamento* entre a criança e os pais. Quando considerava-se que o problema estava *na* criança, as tentativas dos pais para mudá-lo direcionavam-se *para* ela, criando oposição e brigas. A categorização dos pais a respeito da situação como algo a ser acusado, culpado ou punido não somente os desvia do problema original como *aumenta* o problema, uma vez que essas tentativas dificilmente provocarão na criança maior desembaraço, auto-estima elevada ou a habilidade para solucionar problemas criativamente.

Como o cocô escondido é o responsável, não a criança, todos os esforços fracassados dos pais para mudar a criança tornam-se de forma óbvia e imediata *totalmente* inadequados – *sem falar nenhuma palavra a esse respeito!* Se os pais continuarem culpando e acusando, terão de fazê-lo contra o cocô escondido, não contra a criança. Pense em como isso é muito mais eficaz e agradável do que pedir ou dizer aos pais para não acusar, culpar ou castigar. Se simplesmente lhes dissessem isso – mesmo com muitos bons argumentos e exemplos –, eles precisariam fazer um esforço consciente, o que provavelmente achariam muito difícil. Ainda que conseguissem evitar o uso de palavras acusadoras, a acusação seria transmitida pelo tom de voz e outros comportamentos não-verbais.

Além disso, uma vez que o cocô escondido é explicitamente categorizado como uma entidade cujo *objetivo* é levar a criança a fazer cocô nas calças, como se pode culpá-la por fazer aquilo? Ao categorizar as ações do cocô escondido como *intencionais* (e não incontroláveis ou aleatórias), abrimos a possibilidade de explorar e descobrir sua intenção positiva – outra expansão de abrangência muito importante. "Por que você acha que o cocô escondido está fazendo isso? Fico imaginando o que ele *realmente* deseja."

Anteriormente, os pais estavam em oposição à criança – por mais que fossem benevolentes e gentis. Agora é fácil para eles, para ela *e* para o terapeuta *trabalhar juntos* a fim de enfrentar e passar a perna no cocô escondido. Podem imaginar o problema com muitos detalhes para compreendê-lo. Onde, quando e com quem isso acontece? Quais são as conseqüências? O que é diferente nas exceções, quando isso não acontece? Que recursos as exceções sugerem e como eles poderiam ser utilizados para alterar o problema?

Essa intervenção elegante evita todos os sentimentos ruins, culpas, acusações de má intenção etc., que em geral ocorrem na luta pelo controle e nos desvia do exame da estrutura do problema em si. É muito semelhante à interessante recategorização de um problema feita por Richard Bandler, como uma habilidade aprendida que pode ser ensinada aos outros. "Digamos que eu fique em seu lugar por um dia. O que preciso fazer para ter o seu problema? Ensine-me a fazer isso."

A externalização se aplica a uma ampla variedade de outros problemas, tanto com adultos quanto com crianças – potencialmente, serve seu propósito a *todos* os problemas. Em lugar do cocô escondido, você pode usar um *gremlin*, um fantasma ou mesmo uma entidade que já se encaixa no modelo de mundo do cliente, como "a garrafa" ou "a agulha" no caso de abuso de drogas. Muitos alcoólicos já culpam "a garrafa" e isso é corretamente chamado de "negação". Mas é também uma possível abertura para a descoberta de como ela funciona e de como alterar a compulsão. Outras entidades possíveis são o coiote trapaceiro para alguém ativo nas tradições dos índios americanos ou a *anima* ou o *animus* para alguém com formação junguiana.

Comparações self/outro Muitas vezes, as pessoas se comparam com outra que possui mais habilidades, beleza ou dinheiro e então se sentem mal por não serem tão boas quanto ela. Outras fazem o inverso, comparando-se com pessoas que têm menos (habilidade, dinheiro etc.) do que elas. Quando o problema de alguém resulta da comparação de duas abrangências diferentes, vale a pena substituir uma ou ambas dessas abrangências existentes por outras, diferentes.

E essas comparações são desequilibradas, uma vez que qualquer pessoa pode encontrar alguém melhor ou pior do que ela, particularmente se mudar os critérios que utiliza. Uma intervenção temporária interessante consiste em levar a pessoa a fazer o oposto durante algum tempo. Então, pede-se a ela para fazer as duas coisas simultaneamente – ver a si mesma como melhor e como pior do que alguém –, visando recuperar ainda mais o equilíbrio. Como é muito difícil fazer duas comparações ao mesmo tempo, isso atrai completamente sua atenção. A maioria das pessoas precisa *alternar* entre as duas comparações, o que oferece uma escolha entre elas. Um pouco de prática pode evitar que alguém se detenha em qualquer uma delas durante muito tempo.

As comparações *self*/outro colocam o autoconceito nas mãos da pessoa com quem você se compara, o que freqüentemente resulta numa auto-estima que sobe e desce como uma montanha-russa, dependendo de com quem você se compara. Comparar-se com uma pessoa que realizou alguma coisa ajuda a motivá-lo na direção de seus objetivos, *se* você acreditar que pode realizar o mesmo que ela, mas acaba sendo muito desestimulante se você achar que não pode. Comparar suas realizações com as de alguém menos capaz talvez o faça sentir-se melhor, sem contudo motivá-lo a conseguir mais. Escrevi extensivamente sobre as potenciais dificuldades causadas pelas comparações crônicas *self*/outro (Andreas, 2005).

Uma alternativa é mudar para a comparação outro/outro. "Como será que Itzhak Perlman se sente ao comparar suas habilidades com as de outros bons violinistas?" Isso convida a pessoa a fazer uma comparação entre dois indivíduos muito habilidosos, em que é bastante difícil dizer qual é o "melhor". Isso também a dissocia da comparação, uma vez que, seja qual for sua resposta, ela está falando de outra pessoa e não de si mesma.

Fazer algumas comparações outro/outro torna mais fácil a transição para uma comparação *self/self* mais associada. "Quantas (habilidades etc.) você tem agora, em comparação a um ano atrás?" A partir daí, amplie a abrangência para o futuro, dizendo: "Pense em como você será mais (habilidoso etc.) daqui a um ano e compare isso com seu atual nível de habilidade", convidando a pessoa a antecipar e apreciar o fato de tornar-se mais capaz.

Naturalmente, nenhuma dessas comparações alternativas garante uma resposta proveitosa. A maior parte das pessoas fica muito contente ao se tornar mais capaz. Contudo, tive um cliente que sentia uma profunda tristeza sempre que aprendia uma nova habilidade ou resposta. Ele voltava a uma época anterior na qual poderia ter usado a habilidade e lamentava não tê-la aprendido antes! Essa não costuma ser uma comparação eficaz, e foi fácil mudar seu ponto de vista do passado para o presente, onde ele se sentia bem com seu progresso (e nutria compaixão pelo "ele" mais jovem e mais limitado). Entretanto, para algumas pessoas mais velhas que descobrem que suas habilidades estão diminuindo com o tempo, voltar no tempo poderia ser muito proveitoso, lembram-se de uma época na qual tinham habilidades *maiores* e apreciam isso, o que ocasiona um sentimento de compaixão por seu *self* menos capaz no presente e no futuro.

Como é difícil fazer mais do que uma comparação de cada vez, pedir ao cliente para tentar uma comparação diferente significa que ele precisa abandonar a antiga pelo menos temporariamente enquanto tenta uma nova, dando-lhe alguns minutos de algo atípico antes de retornar à sua comparação problemática. Mesmo quando o cliente rejeita uma comparação diferente, ele precisa pensar em uma abrangência distinta antes de rejeitá-la, e isso pode fazê-lo considerar outras diferentes abrangências potencialmente aceitáveis e úteis.

Basicamente, o objetivo é evitar comparar-se com os outros a menos que isso de fato contribua para seus objetivos. Quando você pensa em si mesmo sem comparar-se com outros, seu autoconceito é muito estável, umas das características de um autoconceito saudável. Como disse Rabbi Zusia: "Quando eu chegar ao Céu, Deus não me perguntará por que não fui como Moisés. Deus me perguntará 'Por que você não foi Zusia?'"

Mente/corpo Ao pensarmos na "divisão mente/corpo", pressupomos que ambos são abrangências separadas que interagem de alguma forma. Pare um ou dois minutos e note as *suas* imagens de sua mente e de seu corpo nesse instante...

Experimentá-los como abrangências sobrepostas pode ser o primeiro passo para integrá-los na sua experiência. Tente a seguinte experiência:

Em geral, pensamos que a mente se localiza no cérebro, certo? E então há o resto do corpo, que é separado da mente, portanto a mente é menor do que o corpo. Agora tente dissolver esse limite, seja qual for sua maneira de representá-lo, e pense na sua mente fluindo e se estendendo por todo o corpo, em cada célula, até as pontas dos dedos e em tudo o que há entre elas, de modo que a mente se torne exatamente tão grande quanto o corpo. Enquanto faz isso, note qual é a sensação e se há algum som suave que a acompanha...

É uma sensação realmente boa, não é? Mente e corpo são apenas aspectos diferentes do organismo como um todo, e tenho certeza de que você já ouviu essas *palavras* antes. Mas o que realmente causa um impacto na experiência é ver, sentir e ouvir a mente se estendendo por todo o corpo. É uma maneira de realmente pensar em mente/corpo como uma só coisa, unindo-os.

A maioria de nós também pensa que o coração ocupa apenas uma pequena parte do corpo, mas você também pode estender seu coração até as pontas dos dedos para experimentar seu coração/mente/corpo. Ao estender a mão e tocar alguém, sinta que a está tocando com o coração, com a mente e com o corpo. Reserve alguns minutos para experimentar a sensação e inclua pelo menos um exemplo de uma situação difícil ou estressante na experiência...

Embora a maior parte das pessoas ache que a mente é menor do que o corpo, ela é na verdade muito *maior*. A mente pode incluir estrelas a treze bilhões de anos-luz de distância. Talvez seja interessante tentar estender sua identificação coração/mente/corpo para além da pele. Todos nós fazemos isso até certo ponto, dependendo das pessoas ou coisas que incluímos dentro dos limites de nossa identidade. Mas o que aconteceria se seu coração/mente/corpo experimentasse *tudo* a sua volta como se estivesse dentro de você, fosse parte de você? Imagine que seu coração/mente/corpo é tão grande que até as estrelas mais distantes estão a seu alcance! Pare alguns instantes para experimentar a sensação...

Esse é o tipo de experiência relatada por muitos místicos e acredito que tenha uma base real, pois tudo que experimentamos *realmente* ocorre no coração/mente/corpo, mesmo quando pensamos que se dá fora de nós. Vamos seguir Einstein e tentar uma pequena experiência mental. Imagine que um neurologista perverso do "lado escuro da força" entrou furtivamente em seu quarto na noite passada enquanto você dormia, o anestesiou, retirou-lhe o cérebro e colocou-o em uma solução nutriente, prendendo eletrodos muito sofisticados em todos os nervos sensoriais, e então colocou informações elétricas detalhadas que duplicavam exatamente a experiência de acordar e fazer todas as coisas que você fez hoje. Como você saberia a diferença?

Acredito que muitos já assistiram ao filme *Matrix*, que se baseia nessa percepção de que todas as experiências de fato ocorrem dentro do cérebro, mesmo quando pensamos nelas como externas. Alguns matemáticos afirmam ter comprovado que qualquer cérebro com complexidade suficiente é incapaz de distinguir se existe um "lá fora" ou não. O cérebro *apenas* recebe sinais elétricos dos sentidos que, em nossa interpretação, *criam* a experiência da "realidade" externa.

Esse processo em geral funciona muito bem, e provavelmente *há* uma realidade fora de nós mesmos. Vemos um copo com leite sobre a mesa e o sentimos ao segurá-lo; se o levamos aos lábios e bebemos, não ficamos surpresos ao descobrir que tem gosto de leite e é nutritivo.

Assim, embora todos tenhamos experiências que descrevemos como "outro", "fora de nós" ou "realidade externa", *tudo* isso realmente acontece *dentro* do cérebro e é parte de nós, apesar da separação que normalmente aceitamos.

Em certo sentido, portanto, cada pessoa é um universo isolado em si mesma, mas em outro, todos somos um. E não se trata de uma escolha ou/ou, e sim de uma escolha "ambos/e". Como afirmaram muitos místicos, você *já* é um com o mundo; é apenas uma questão de perceber isso. Todos vocês existem dentro do meu cérebro e eu existo no de vocês. Vocês são parte de mim e eu sou parte de vocês. Todos estamos ligados. Bem disse um amigo meu: "O ser humano tem muitos corpos". Essa maneira bem diferente de pensar proporciona uma perspectiva bem diferente e mais unificada, que você deveria explorar para descobrir onde e quando ela pode ser proveitosa. Não tenho idéia se é "verdade" ou não, mas se assumir essa perspectiva puder ser uma escolha eficaz, por que não tentar e descobrir?

(ANDREAS, 2005, P. 237-238)

Resumo: Podemos mudar a abrangência tornando-a *maior, menor, sobreposta* ou *diferente*, fazendo isso no tempo, no espaço ou em ambos. Em geral, a mudança de abrangência modifica a *quantidade e o tipo de informação* em que prestamos atenção. Por sua vez, isso muitas vezes evoca *critérios* diferentes e muda a maneira como alguém *categoriza* e *responde* a uma experiência.

A *mudança de abrangência é uma intervenção pura no processo* que pode ser usada com qualquer conteúdo. Ela respeita totalmente a experiência, valores, critérios etc., completamente livre de qualquer imposição dos valores ou da experiência de outra pessoa, porque qualquer mudança na categorização surge totalmente de quem você é.

Com freqüência, vale a pena tornar uma abrangência maior para incluir mais informação, e há diferentes maneiras de se fazer isso. Ampliar a abrangência do tempo a fim de incluir *causas anteriores* e *conseqüências posteriores* é um método bastante eficaz para estender a abrangência de tempo e muitas vezes também do espaço. Mudar a estrutura da *linha do tempo* de alguém é outra maneira de se conseguir isso.

Estender a infelicidade do presente para o futuro distante é uma previsão sem garantias, uma má utilização de uma abrangência maior. Fazer o mesmo com a felicidade do presente pode proporcionar uma sensação melhor, mas há o risco de se tornar um convite para decepções futuras.

Outras vezes, será mais eficaz diminuir a abrangência para concentrar a atenção e excluir distrações capazes de interferir em uma tarefa.

A mudança da atenção para uma abrangência sobreposta é uma mudança maior. Prestar atenção aos comportamentos, pensamentos ou sentimentos que foram ignorados é um exemplo comum. Assumir diferentes posições perceptivas – "observador" e "outro", bem como *self* – é outra maneira proveitosa de passar a uma abrangência sobreposta. Cada posição oferece um ponto de vista diferente sobre uma situação problemática que, em geral, ajuda a compreendê-la e solucioná-la.

Uma abrangência totalmente (ou quase) diferente constitui uma mudança ainda maior na experiência de alguém, abandonando todas as abrangências anteriores e substituindo-as por uma nova. As metáforas ou a "externalização" da Terapia Narrativa são maneiras adicionais de se assumir a posição do observador, obter informações e solucionar problemas com base nessa perspectiva diferente.

Quando as comparações *self*/outro causam problemas, podem ser substituídas pelas comparações outro/outro ou *self/self*, e então abandonadas.

Experimentar a mudança de abrangência da mente e do corpo é uma forma de curar a "divisão mente/corpo" e vivenciar a experiência de místicos.

A seguir, exploraremos de que maneira a categoria influencia a abrangência, o que é um pouco menos óbvio do que o impacto da abrangência na categoria.

"A VELHICE NÃO É TÃO RUIM QUANDO VOCÊ CONSIDERA A ALTERNATIVA."
MAURICE CHEVALIER

8

Como a categoria influencia a abrangência
Agrupando estruturas

"Mude um pouco as imagens pequenas
e você muda a imagem grande."
Ashleigh Brilliant

No capítulo anterior, abordamos de que maneira a mudança da abrangência pode modificar a maneira como categorizamos uma experiência. A categorização também muda a abrangência da experiência de três maneiras diferentes, muito menos óbvias. Embora eu precise discutir cada uma delas em separado, esses processos ocorrem simultaneamente.

1. *Abrangência categórica observada* A categorização de um evento especifica a *abrangência geral* daquilo com que estamos lidando. Divide a experiência baseada nos sentidos em "coisas" e "processos", "primeiro plano" e "segundo plano", "louça" e "alimento" etc. Sem modificar o olhar ou o foco, posso ver uma "paisagem", uma "floresta", "árvores" ou "folhas", e essas diferentes categorias determinarão de que maneira separo aquilo que observo em diferentes abrangências gerais. Segundo Lakoff:

> *Experimentamos muitas coisas, por meio da visão e do toque, como detentoras de limites bem definidos, e quando elas não possuem limites bem definidos, com freqüência projetamos limites nelas.* (1980, p. 58)

Quando uma criança pequena olha para uma flor, ela a verá como um todo contra um plano de fundo. Ao olhar para a mesma flor, um botânico pode escolher vê-la como um todo, igual à criança, ou em muitas divisões menores determinadas pelas categorias mais específicas que ele aprendeu – "pétalas", "estames", "anteras", "brácteas", "sépalas" etc. Cada uma delas terá determinada abrangência, definida pelos critérios para a categoria. Sempre que um especialista em qualquer área usa palavras que fazem distinções mais precisas, ele pode *perceber* divisões menores de experiências, abrangências menores.

Ao categorizar uma experiência como um "beijo", isso especifica a abrangência geral de atenção nos lábios, talvez incluindo ainda a língua e os dentes. Essa categorização ignora a abrangência maior daquilo que você e a outra pessoa estão fazendo (ou não) com as mãos, pés, olhos e outras partes do corpo. Se, em vez disso, eu categorizasse o *mesmo evento* como um "gesto de afeição", "encontro" ou "fazer amor", minha atenção passaria a uma abrangência de experiência um pouco diferente, tanto no espaço quanto no tempo.

Normalmente, um "encontro" demora menos do que um "beijo", e "fazer amor" demora um pouco mais do que os dois. Um encontro pode envolver apenas a superfície dos lábios, uma abrangência de espaço menor do que um beijo, enquanto fazer amor ocorre em uma abrangência de espaço maior. Decidi chamar isso de *abrangência categórica observada*, pois é a *abrangência* daquilo que *observamos* que resulta da maneira como *categorizamos*. Isso é diferente das abrangências perceptivas totais de tempo e espaço que exploramos no capítulo 1.

Abrangência categórica deduzida Geralmente, atribuímos uma categoria a uma experiência baseados apenas em alguns critérios observados e, depois, *deduzimos* todas as suas outras características com base nos demais critérios para os membros da categoria, sem realmente observá-los. Por exemplo, escuto alguns ruídos à noite e em seguida um "miau", categorizo isso como sendo um gato e obtenho a imagem de um gato, ainda que não tenha visto nenhuma de suas partes. Isso é muito rápido e eficiente, e costuma funcionar bem. Quando aponto a luz de uma lanterna na direção do "miau", o normal é que eu veja um gato – embora ocasionalmente eu possa descobrir alguém com uma gravação de um miado ou um ladrão imitando um gato na esperança de que eu relaxe e volte a dormir!

Ao colocar uma experiência na categoria "gato", *deduzimos* ou *presumimos* que ela satisfaça todos os outros critérios da categoria – pêlos, patas, dentes etc. –, sem nos preocupar em examiná-la detalhadamente. Isso *acrescenta* informações àquilo que percebemos na realidade, aumentando a abrangência e enriquecendo nossa experiência.

Chamo isso de abrangência categórica *deduzida* para diferenciá-la da abrangência categórica *observada*, na medida em que ela é *imaginada* e não observada. Uma pessoa sem conhecimentos específicos pode olhar uma pedra e ver sua forma, a cor e a textura de sua superfície, sentir seu peso – e pouca coisa mais. Ao ver a mesma pedra, um geólogo deve saber *muito* mais sobre ela: sua idade aproximada e a composição química, suas origens, como foi desgastada pelo tempo etc. Esse conhecimento é uma extensão daquilo que ele de fato observa baseado em sua maneira de categorizar a pedra.

Possuo uma pequena pedra em meu escritório que muitas pessoas nem mesmo notariam se a vissem em uma caminhada. Ela tem uma cor cinzenta, com algumas listras e partes quebradas. Mas ela é realmente muito interessante. As camadas são bem regulares, indicando que se trata de um pedaço de madeira petrificada, formada principalmente de sílica, com cerca de duzentos milhões de anos. Sua superfície também é muito brilhante, mais ou menos como uma rocha polida, mostrando que ela foi engolida por um dinossauro há aproximadamente 150 milhões de anos. Como as galinhas e muitos outros pássaros, alguns dinossauros tinham moelas, estômagos musculares que usavam pedras para triturar os alimentos. Essa pedra foi polida ao passar algum tempo na moela de um dinossauro, tornando-se aquilo que os paleontólogos chamam de "gastrolito" ou "pedra no estômago".

Entretanto, a história que essa pedra tem para contar não acaba aí. Uma de suas bordas foi quebrada de maneira muito característica, mostrando um "bulbo de percussão" que revela que, em algum momento nos últimos milhares de anos, um índio americano bateu nela com outra pedra na tentativa de fazer uma ponta de flecha ou outra ferramenta. Então, ele deve ter decidido que ela não servia bem a esse propósito e a jogou fora.

Se você examinar aquilo que experimentou enquanto lia os dois últimos parágrafos, notará que havia *muitas* abrangências além da própria pedra. Madeira, petrificação, dinossauros, a pedra sendo polida na moela de um dinossauro, um índio americano batendo nela com outra pedra e então a jogando fora. Todas essas coisas foram *deduzidas*, utilizando nosso conhecimento dos eventos e daquilo que pequenas pistas indicavam. Sempre que categorizamos uma experiência, o conhecimento enriquece a experiência, tornando a abrangência *muito* maior e mais detalhada do que aquilo que realmente percebemos.

Categorizar uma experiência usando apenas um ou poucos critérios é fácil, rápido e, em geral, adequado. Mas é também outra oportunidade para pensar em nossa experiência como se ela fosse a "realidade", quando na verdade grande parte dela é uma extrapolação bastante enfeitada, baseada em uma quantidade relativamente pequena de percepção real.

Embora esse seja um processo muito eficaz, com freqüência, quando temos pouca experiência baseada nos sentidos, categorizamos erroneamente a experiência, especialmente se aquilo que observamos é ambíguo. Por exemplo, muitas vezes deduzimos o estado interno de uma pessoa – às vezes até prevendo seu comportamento futuro – com base em uma sutil expressão facial. Observamos uma rápida mudança no rosto de alguém e a categorizamos como uma expressão de "desdém", "confusão" ou "prazer" em resposta ao que acabou de acontecer. Essa pode ser uma categorização muito acurada com a qual a pessoa até concordaria, ou muito errada, precisando ser explorada e corrigida. Talvez aquela pessoa tenha sentido uma pontada no estômago, ou algo que ela ouviu ou viu a fez lembrar de uma experiência passada que tinha pouca coisa que ver com os eventos presentes sendo observados.

Qual é o significado do silêncio? Sua única informação é a de que *não* há informação onde você esperava encontrar alguma. Assim, sem informação, sua mente fica totalmente livre para categorizá-lo de diversas maneiras. Muitas vezes, essa incerteza evoca os piores temores nas pessoas e uma necessidade desesperada de descobrir o significado do silêncio. Infelizmente, o resultado costuma ser uma afirmação ou uma pergunta acusando a pessoa silenciosa de algo desagradável: "Você *ouviu* o que eu disse?", "Você não se *importa* com o que estou dizendo?" ou "Você está me ignorando".

Sempre que você ficar confuso(a) com o silêncio de outra pessoa, essa é uma boa hora para parar e dizer com um tom de voz neutro, expressando *apenas* curiosidade: "Eu gostaria de saber se você ouviu o que acabei de dizer, porque não ouvi sua resposta". Dessa maneira, você pode descobrir com *ela* qual é o significado, em vez de tentar desvendá-lo sozinho(a).

Às vezes, a categorização errada resulta da simples ignorância. Na década de 1930, uma estudante estava esperando o ônibus quando ficou menstruada pela primeira vez. Como ninguém lhe dissera nada sobre o assunto, ela achou que sangraria até a morte e se sentiu *aterrorizada*. Certas pessoas acham que qualquer pontada de dor é sinal de alguma doença terrível, usando seu limitado conhecimento da medicina para deduzir uma abrangência muito diferente daquela que seria concluída por um médico.

A abrangência categórica deduzida também é um importante fator em todos os tipos de preconceito e muitos outros problemas e mal-entendidos. Alguém vê uma pele escura, uma barba ou um grande anel de diamante, categoriza a pessoa e depois acrescenta todas as suas outras *suposições* a respeito daquela categoria de ser humano.

Ao tomar decisões relacionadas com a política, muitos utilizam apenas um ou dois critérios para avaliar os candidatos, algo que alguns chamam de teste do "tornassol", o corante que serve como indicador ácido-base. Se um candidato é a favor ou contra uma ou duas questões, como aborto ou controle na venda de armas, o eleitor com freqüência não examina melhor as posições do político em outras questões, embora possam ter um impacto *muito* mais direto na vida dele do que as questões "tornassol".

Quando alguém faz uma dedução injustificada, pode ser bom salientar o excesso de simplificação. Vamos começar com alguns exemplos e depois explorar sua estrutura.

Há alguns anos, Joe Pyne, apresentador conservador de um *talk show* que tinha uma perna de pau, recebeu como convidado o roqueiro cabeludo Frank Zappa. Pyne começou dizendo: "Bem, suponho que seu cabelo comprido faça de você uma mulher". Sem titubear, Frank respondeu: "Bem, então suponho que a sua perna de pau faça de você uma mesa". Joe Pyne ficou atordoado.

Certa ocasião, uma jovem me disse: "A PNL é uma besteira". Fiquei particularmente curioso com sua afirmação, pois ela trabalhava em um centro de treinamento em PNL. Perguntada por que razão achava a PNL uma besteira, ela respondeu: "Porque não posso usá-la em mim mesma". Quando rebati: "Sim, acho que a cirurgia no cérebro também é uma besteira", ela abriu os braços e disse "Ahhh!".

Podemos descrever o padrão comum a esses dois exemplos da seguinte maneira: tanto a afirmação original quanto a resposta são aplicações inadequadas da abrangência categórica deduzida.

1. A afirmação original categorizou alguma coisa inadequadamente baseada em um *único critério* e então deduziu uma *conclusão* com base nessa categorização.

2. O interlocutor encontrou outro exemplo de uma categorização similar que era obviamente falso.

3. O interlocutor assemelhou a afirmação inicial expressando o novo exemplo *exatamente na mesma forma lingüística*. Isso criou um paralelo entre as duas afirmações, colocando-as na mesma categoria.

Para avaliar o poder desse padrão de conversa, compare-o ao tipo de resposta que a maior parte das pessoas daria nas duas situações descritas anteriormente: "Não, eu não sou uma mulher, apenas gosto de cabelos compridos" ou "Algumas mulheres têm cabelos curtos"; e "Algumas pessoas usam a PNL em si mesmas" ou "Mesmo que não dê para você usá-la em si mesma, ela pode ser eficaz com outras pessoas".

É muito fácil utilizar esse padrão, porque não há necessidade de reunir informações para descobrir como a categoria é estruturada ou mantida. Tudo que você precisa fazer é pensar em um exemplo paralelo nitidamente falso e expressá-lo em igual forma lingüística. Assim, a nova afirmação *precisa* ser processada exatamente do mesmo modo, parecendo ser outro exemplo que confirma a idéia original. E como a nova assertiva foi implicitamente colocada na mesma categoria, quando fica provado que é claramente falsa, ela acaba desmontando a primeira afirmação.

Por terem a mesma forma de muitas crenças problemáticas das pessoas com relação ao mundo ou a si próprias, o padrão dos exemplos anteriores pode ser usado para enfraquecê-las. Por exemplo, se alguém diz "Ele me largou; nunca mais terei um relacionamento", você pode responder "Sim, eu vomitei uma vez; nunca mais vou comer novamente" ou "Eu tentei tocar piano uma vez, mas não consegui tocar nada, portanto parei".

Ao pensar em uma afirmação problemática feita repetidamente no passado por alguém que você conhece, pratique respondendo dessa maneira e prepare-se para rebater da próxima vez que a pessoa disser a mesma coisa. Depois de praticar um pouco, você pode até aplicar esse processo em qualquer afirmação problemática ou limitadora que *você* fizer a respeito de si mesmo ou dos eventos.

3. *Abrangência categórica agregada* Quando incluo uma experiência em uma categoria, imediatamente ela fica *associada* a todos os outros exemplos na categoria – uma expansão de abrangência. A atribuição de uma categoria a um evento *associa* esse evento a todos os outros exemplos na categoria, e essa associação enriquece a experiência de qualquer exemplo específico. Uma categoria é a reunião ou *agregação* de abrangências, que torna *mais fácil* lidar com qualquer uma das outras abrangências inclusas na mesma categoria – e *mais difícil* lidar com as *não* inclusas na categoria. A abrangência categórica agregada é uma expansão de abrangência proporcionada pelas abrangências de todos os diferentes exemplos. Chamar isso de *abrangência categórica agregada* a distingue da abrangência categórica *observada* e da *deduzida*.

Cada exemplo de uma categoria terá uma abrangência especificada pelos critérios para ela e cada exemplo também terá uma abrangência individual, *nem especificada nem excluída* pelos critérios. Por exemplo, um critério para a categoria "gato" pode especificar que um gato tem pêlos, mas não sua cor. Exemplos de gatos incluem muitas diferentes cores e padrões de cores, como "malhado", "manchado" etc. Essa informação adicional enriquece a categoria muito além dos critérios necessários, acrescentando novas abrangências de experiência baseada nos sentidos.

Mais importante ainda, quando atribuímos uma categoria a uma experiência, ela se associa ao nosso *protótipo* para a categoria, aquilo que em geral usamos para compreender o *significado* da categoria. Pare um instante e pense em seus protótipos para um "bazar na garagem" e um leilão de arte. Ficará óbvio porque uma pintura que é vendida por US$ 10 quando está cercada pela confusão de coisas amontoadas na garagem pode alcançar um preço muito maior num leilão importante, na companhia de outras belas pinturas.

John McWhirter trabalhou em determina ocasião com uma mulher muito jovem que engravidou depois de ser estuprada. Após algum tempo e muita reflexão, ela decidiu fazer um aborto. Em seguida ao procedimento, por um descuido do médico, ela viu o feto morto em um recipiente e essa imagem passou a atormentá-la. John trabalhou com ela para evocar *muitas* diferentes imagens relacionadas com a sua decisão – as lembranças do estupro, o fato de ela não estar preparada para criar um filho sozinha, que o estuprador não só não seria um bom pai, como não tinha nenhum interesse em sê-lo etc. Então, ele a fez reunir *todas* essas imagens em um grupo, junto com a do feto no recipiente, criando uma categoria de imagens de diferentes aspectos de sua decisão. Quando conseguiu ver *todas* essas imagens juntas, ela sentiu uma profunda tristeza por ter precisado tomar uma decisão tão difícil entre dois futuros bastante desagradáveis, e então foi capaz de aceitar isso e continuar a vida.

Certa vez, assisti a um vídeo de Brian Weiss (médico que desenvolveu a terapia de regressão a vidas passadas) trabalhando com uma mulher que apresentava uma fobia. Quando terminou, eu sabia pela resposta não-verbal que a fobia ainda estava lá, mas já não *importava* para a cliente. Ela abriu os braços em um gesto amplo, indicando todas as suas vidas passadas e futuras, e então mostrou que a vida atual tinha cerca de 2,5 cm de comprimento. Ela havia mudado a abrangência de *uma* vida para um agregado que continha *muitas* vidas. No contexto daquela *longa* fileira de pequenas imagens, a vida atual parecia muito pequena e pouco importante, fazendo que ela não mais se *importasse* com a fobia e se sentisse bem melhor.

O processo de regressão a vidas passadas cria a *experiência* de ter tido muitas vidas. Para pensar em todas essas vidas ao mesmo tempo, elas precisam ser pequenas, diminuindo a abrangência de cada uma, *incluindo* aquela que a pessoa está vivendo agora. Isso resulta em dissociação e na diminuição dos sentimentos desagradáveis (e também dos agradáveis). Quer as vidas passadas existam, quer não, podemos usar abrangência e categoria para compreender como alguém representa os resultados da utilização desse processo.

Pessoalmente, tenho dúvidas consideráveis a respeito da validade de vidas passadas e da reencarnação (mas se eu tivesse de votar, certamente votaria "sim"!). Se essa crença, contudo, facilita para alguém viver a vida com mais alegria, eu não discuto. Uma das coisas que me ajuda a organizar a vida é a esperança de que aquilo que realizo agora fará alguma diferença para as gerações futuras – e não tenho nenhuma evidência disso mais do que tenho sobre a realidade de vidas passadas.

A abrangência categórica agregada também é apropriadamente chamada de "padrão de perspectiva", uma vez que pode ser usada para criar uma *perspectiva* equilibrada na qual as diferentes imagens relacionadas interagem e informam umas às outras. A seguir, apresento uma maneira simples para adquirir um pouco de experiência nisso. Será mais fácil se você encontrar alguém para ajudá-lo com as instruções, mas também se pode fazer esse exercício sozinho. É mais aconselhável fazê-lo em um local tranqüilo, onde você não será perturbado durante algum tempo.

Exercícios de perspectiva de abrangência categórica agregada

1. Decisão Pare um instante e convide sua mente inconsciente a ajudá-lo inteiramente ao longo de todo esse processo... Então pense na decisão importante que você precisa tomar no futuro próximo... e depois deixe essa imagem de lado...

2. Abrangências relevantes Pense em seis abrangências importantes relacionadas com essa decisão. Por exemplo, as prováveis conseqüências, boas e ruins, possíveis riscos e oportunidades (os pessimistas tendem a esquecer os benefícios; os otimistas, a omitir os riscos), suas necessidades e desejos, bem como aqueles das pessoas importantes da sua vida, e/ou qualquer outra coisa que você considera relevante nessa decisão, até ter seis diferentes imagens relevantes. Pode ser bom anotar algumas palavras para cada imagem, como um lembrete daquilo que elas são...

3. Organize as imagens Agora coloque essas imagens em círculos grandes, formando um círculo na mente e deixando outro vazio, do mesmo tamanho, no centro...

4. Acrescente a imagem da decisão Acrescente sua imagem da decisão nesse espaço vazio no meio do círculo de círculos e reserve algum tempo para simplesmente experimentar a sensação de ver *todas* essas sete imagens *juntas* ao mesmo tempo. As imagens talvez mudem um pouco como resultado desse arranjo. Elas podem até mesmo interagir umas com as outras como se mantivessem uma conversa sem palavras, podem trocar de posição, ficar um pouco maiores ou menores, ou mudar o conteúdo. É possível que a cor ou outro elemento de uma imagem se transfira para outra imagem ou elas façam outra coisa. Apenas observe durante algum tempo o que elas fazem e descubra o que você pode aprender com isso...

É comum as pessoas considerarem os diferentes fatores em uma decisão um de cada vez, *em seqüência*. Enquanto prestam atenção a um fator, os outros são temporariamente ignorados e os diferentes fatores não podem ser considerados juntos. Vê-los todos juntos *simultaneamente* os reúne em uma categoria, permitindo que sejam analisados todos ao mesmo tempo. Os diferentes fatores têm uma oportunidade para interagir e informar uns aos outros, em um processo amplamente inconsciente, posto que é demasiado complexo e rápido para ser expresso pela linguagem. Entretanto, você pode *observar* um pouco desse processo à medida que as imagens mudam de lugar e se modificam, e com freqüência obter algum tipo de resolução, definitiva ou parcial.

Você pode aplicar essa mesma estrutura de diversas outras maneiras. Use o círculo do centro para a imagem de um comportamento irritante de um parceiro ou de um amigo e coloque nos círculos ao redor as imagens de qualidades, comportamentos ou atitudes que valoriza nessa pessoa.

O círculo do centro também serve para rever uma decisão passada da qual você se arrepende. Utilize os círculos ao redor para informações relacionadas com ela, incluindo os eventos anteriores e as conseqüências, seu conhecimento na época, o que aprendeu depois etc., visando estar mais bem preparado na próxima vez que precisar tomar uma decisão semelhante.

Se você tende a comprar impulsivamente, use o círculo central para uma provável compra e os círculos ao redor para imagens de outras coisas ou atividades que poderiam ser compradas mais ou menos pela mesma quantia em dinheiro, ou uma imagem de quanto tempo e esforço seriam necessários para ganhar essa quantia. Um ou mais dos círculos de fora podem incluir imagens de outras pessoas que seriam afetadas pela compra, tanto positiva quanto negativamente.

Alguém que toma decisões sem considerar as opiniões de outros membros da família utilizaria o círculo central para a decisão e os círculos ao redor para imagens de membros da família ou outros que seriam afetados pelas decisões.

A abrangência categórica agregada amplia aquilo que realmente percebemos em um momento no tempo, incluindo muitas informações de outros exemplos na mesma categoria. Quando atribuímos uma categoria adequada – que contém exemplos válidos – a uma experiência, isso pode representar um aumento muito vantajoso desta. Contudo, se atribuímos uma categoria inadequada a uma experiência ou os exemplos na categoria são imprecisos, o mesmo processo pode nos levar a mal-entendidos e respostas nada úteis.

A abrangência categórica agregada é um elemento muito poderoso que contribui para a *força* de uma categoria, nossa confiança de que ela é verdadeira. Em geral, mais exemplos tornam uma categoria mais forte, devido à *variedade* de conteúdo e também simplesmente pelo *número* de exemplos. Alguém que se sente bastante confiante com relação a determinada habilidade ou capacidade terá *muitos* exemplos da execução dessa habilidade em uma ampla variedade de diferentes situações e condições.

Infelizmente, o mesmo vale para alguém que é descrito como "deprimido". Essa categoria acumulará *muitos* exemplos de qualquer coisa que o faça se sentir mal – fracassos, injustiças, dores ou outros problemas – e apenas a quantidade de exemplos será evidência bastante convincente de que a situação é irremediável. Como qualquer outro processo, a abrangência agregada pode ser enriquecedora ou enganadora e perigosa, dependendo de como a utilizamos.

Por exemplo, com 70 anos, certamente estou consciente de ser "velho", e uma variedade de dores e a rigidez repetidamente me lembram disso, mesmo quando não penso nessa grande quantidade. Tal categorização é constantemente confirmada por experiências de esquecimento, tropeções, coisas que derramo ou deixo cair e outros sinais do tipo de deterioração física e mental associados à idade. Contudo, se observo crianças pequenas, adultos jovens e outros, vejo-os fazendo muitas das *mesmas* coisas e, com certeza, eles não são velhos e decrépitos. Esses são lembretes bem-vindos que enfraquecem minha categorização de mim mesmo como "velho", num agregado de muitas diferentes experiências, das quais apenas algumas de fato se aplicam a mim, especificamente.

Quando a categoria precede a abrangência? Até agora tenho presumido que a abrangência vem em primeiro lugar, antes da categorização. Como categorizamos abrangências de experiência, essa parece ser uma suposição razoável; se não tivéssemos abrangências para categorizar, como poderíamos categorizar qualquer coisa? Entretanto, esse capítulo e o anterior mostraram o quanto abrangência e categoria estão entrelaçadas, uma afetando a outra num processo muito rápido e circular. Agora é hora de questionar a suposição de que a abrangência vem em primeiro lugar e examinar situações nas quais a categorização *precede* uma abrangência que é categorizada.

No primeiro capítulo, descrevi como os sentidos e a neurologia estão estruturalmente "predeterminados" para categorizar determinados aspectos de eventos a nosso redor de maneiras que devem ter ajudado a sobrevivência e a reprodução de nossos ancestrais. Por exemplo, as cores são categorias fisiológicas predeterminadas que facilitam a distinção de diferentes objetos a nossa volta – frutas maduras de frutas verdes, um animal da vegetação etc. Por mais que conheçamos os sentidos e a neurologia, inevitavelmente percebemos determinados comprimentos de ondas de luz como "azul" e outras como "vermelho" ou "amarelo". A categorização corporificada nos sentidos e na neurologia com certeza precede nossas experiências.

Se você ficar na frente de um bebê, ele provavelmente "prenderá" os olhos nos seus e acompanhará seu movimento. Isso vale tanto para um bebê desconhecido em um supermercado como para seus próprios filhos, portanto não depende de uma relação estabelecida. Experiências demonstraram que os bebês parecem ter uma categoria predeterminada que podemos chamar de "rosto". Eles respondem a imagens de rostos *reais*, mas não a "rostos" reorganizados compostos do mesmo número de olhos, boca e nariz. Supostamente, esse tipo de contato visual fez os adultos cuidarem melhor dos bebês, favorecendo a sobrevivência.

As categorias que aprendemos tendem a funcionar da mesma maneira. Viram "compartimentos" predeterminados nos quais automaticamente colocamos experiências, em geral com pouco ou nenhum pensamento consciente. Uma vez estabelecidas, as categorias tornam-se *anteriores* às experiências posteriores que vivenciamos. A compreensão do idioma nativo é um exemplo. É quase impossível ouvi-lo sem responder às categorias de sons, sintaxe das palavras etc. e extrair seu significado.

Qualquer tipo de preconceito, negativo ou positivo, seja direcionado a alimentos, música, carros ou pessoas, é exemplo de uma categoria predeterminada *aprendida* que necessita apenas de uma pequena informação sensorial para confirmá-la. Ao longo da vida, tendemos a notar uma ou duas qualidades de um evento, rapidamente o categorizamos e o esquecemos. Como resultado, freqüentemente é preciso algum esforço para ver algo familiar de maneira nova e categorizar isso diferentemente, o que muito se chama de "originalidade", "humor", "criatividade" ou, em inglês, "to think out of the box" ("pensar fora da caixa").

Ao compreendermos esses diferentes aspectos da maneira como categorizamos, podemos usar esse conhecimento para observar como o fazemos, a fim de mudar a abrangência quando uma categoria predeterminada nos leva aonde não queremos ir ou quando queremos ir para um lugar melhor.

Resumo: A categorização de uma experiência baseada nos sentidos amplia a abrangência e enriquece a experiência de três maneiras um pouco diferentes:

A *abrangência categórica observada* especifica a extensão geral, no tempo e no espaço, da abrangência que *observamos* ao identificar uma experiência como membro de uma categoria.

A *abrangência categórica deduzida* é criada pela utilização dos critérios para uma categoria, *deduzindo* e *atribuindo* características adicionais que não percebemos. Embora seja uma habilidade muito proveitosa, é também a base para o preconceito e outras conclusões enganadoras.

A *abrangência categórica agregada* ocorre quando atribuímos uma categoria a uma experiência e ela se torna associada, combinando com todos os outros diferentes exemplos na categoria, incluindo o *protótipo* da categoria que proporciona seu *significado*. Sempre que uma experiência é inserida em uma categoria adequada, esse processo a enriquece, mas em uma categoria inadequada, o mesmo processo pode se mostrar enganador e problemático.

Quando desenvolvemos categorias, elas *precedem* as experiências, servindo como formas predeterminadas para a categorização de novas experiências de maneiras antigas. Embora muito eficaz, isso também dificulta a recategorização da experiência e uma resposta nova e criativa aos eventos.

A seguir, vamos examinar os *valores*, categorias de experiências *importantes* para nós de algum modo. E como temos muitos diferentes valores, visando satisfazer a todos, precisamos contar com algum modo para organizá-los.

> *"A MENTE INTUITIVA É UMA DÁDIVA SAGRADA*
> *E A MENTE RACIONAL, UM EMPREGADO FIEL.*
> *CRIAMOS UMA SOCIEDADE QUE REVERENCIA O EMPREGADO*
> *E ESQUECEU A DÁDIVA."*
> **ALBERT EINSTEIN**

9

Necessidades, valores e importância
Feedback

"O BEM É MELHOR DO QUE O MAL PORQUE É MAIS AGRADÁVEL."

MAMMY YOKUM

Os valores são um assunto complexo que as pessoas lutam para compreender há milhares de anos. A fim de entender como funcionam, precisamos começar com os tipos mais simples de valores e, aos poucos, construir uma base para a compreensão dos mais complexos.

No nível mais básico, as crianças pequenas valorizam experiências que satisfazem suas necessidades fisiológicas – alimento, abrigo, proteção, contato humano, calor, descanso etc. Se não tivéssemos corpo para sustentar, não teríamos também necessidades para nos alertar sobre os desequilíbrios que exigem atenção e ação. A palavra "necessidade" descreve a experiência de um desequilíbrio fisiológico.

Quando precisamos de alguma coisa, nós a *valorizamos*, portanto os valores são as experiências *subjetivas* das abrangências de experiência "objetivas" capazes de satisfazer nossas necessidades. Os valores são categorias de coisas e eventos importantes para nós; eles contêm exemplos de abrangências de experiência que nos proporcionam sentimentos de prazer e satisfação, critérios fundamentais para qualquer categoria de experiências que valorizamos.

À medida que crescemos e desenvolvemos nossas habilidades e aptidões, também descobrimos prazer e valor em muitas outras coisas e atividades – esportes, viagens, música, sexo, aprendizado, arte, livros, filmes etc. Essas categorias de experiência podem proporcionar prazer direto em si mesmas, bem como se tornar valorizadas porque podem ser meios para obter *outras* satisfações.

Descobrindo como os eventos estão ligados, tanto no mundo real quanto no mundo "inventado" da cultura, aprendemos a valorizar muitas outras categorias de coisas e eventos – aprendizado, dinheiro, *status*, poder, bens etc. – que facilitam o acesso a satisfações básicas.

Por exemplo, aprendemos a valorizar pequenos pedaços de papel pintado chamados de "dinheiro", não pelo que são em si mesmos, e sim por aquilo que podem comprar. O dinheiro talvez não compre a felicidade, mas com certeza compra o *acesso* a muitas diferentes *oportunidades* de felicidade. O valor que aprendemos a dar a esses pequenos pedaços de papel é um exemplo vívido de como podemos começar a valorizar *qualquer coisa* se, na mente, ela for relacionada com outra coisa ou evento. Os detalhes de como fazemos isso serão explorados no capítulo 11, sobre significância.

Assim, quando valorizamos alguma coisa, pode haver muitos aspectos de valor, desde o prazer direto que ela proporciona até seu significado social ou cultural aprendido. Posso comprar pinturas principalmente pelo prazer que sinto ao olhar para elas, mas elas também podem se valorizar como fonte de renda, passar a idéia de *status* de pessoa culta, ou como uma maneira de o proprietário encontrar outros com interesses semelhantes etc.

Você pode valorizar um carro principalmente pela capacidade de levá-lo até o trabalho de maneira segura a qualquer hora, mas também pelo conforto, sistema de som, estilo ou por seu valor como um sinal para os outros de sua riqueza ou *status* – ou mesmo como um sinal de como isto *não* importa para você. Dirijo um carro velho e sinto muito prazer por ele ter custado bem pouco, o seguro ser barato, por nunca perceber um barulho a mais no pára-lama ou um arranhão na pintura e porque ninguém nem mesmo *sonharia* em roubá-lo.

Portanto, podemos aprender a valorizar *qualquer coisa* e por *qualquer* motivo. Podemos até mesmo aprender a encontrar prazer em negar o prazer a nós mesmos porque isso mostra nossa dedicação a princípios ou valores maiores – força de vontade, moralidade, justiça etc. Como os valores são categorias, é possível encontrá-los em diferentes níveis lógicos, com alguns *inclusos* em outros mais gerais. Por exemplo, a palavra "prazer" é uma categoria muito ampla que pode incluir os inúmeros e diferentes prazeres fisiológicos do corpo: sabor, movimento físico, sexo, descanso etc.

Há também os prazeres da mente (beleza, compreensão, simplicidade, verdade, elegância etc.) e os prazeres de uma vida orientada por ensinamentos religiosos ou espirituais que descrevem um mundo e uma vida dentro ou além dessa vida material. A dedicação a um valor ou missão mais elevados ou a princípios formulados por profetas em textos históricos oferece orientação sobre como viver neste mundo visando nos prepararmos para o próximo, assim como proporcionar emprego aos que se tornam ministros, padres, teólogos ou gurus.

Como a fonte fundamental de valores encontra-se nas sensações de prazer e satisfação, precisamos começar distinguindo claramente dois tipos de sensações fisiológicas basicamente diferentes.

As *sensações perceptivas* oferecem *informação* sobre o mundo, inclusive o mundo interno, dentro do corpo. Temos sensações *táteis* que proporcionam informações sobre aquilo que tocamos ou aquilo que nos toca – sua dureza ou suavidade, temperatura, movimento, localização, tamanho etc.

Também temos sensações *proprioceptivas* (*self*) que oferecem informações sobre o corpo – sua posição, movimento, desconforto, dor, tensão, relaxamento, temperatura etc.

Finalmente, o sentido *vestibular* no ouvido interno *relaciona* o mundo interno de experiência com o mundo externo. Se você alguma vez já sentiu tontura, sabe de sua importância e de como é difícil funcionar quando esse sentido está prejudicado.

De modo geral, essas sensações perceptivas nos oferecem informações reais sobre *o que* está acontecendo fora e dentro do corpo e como isso se relaciona. Essa informação real é irrelevante até que a relacionemos com nossas necessidades, desejos e objetivos.

Sensações e emoções avaliativas são muito diferentes das sensações perceptivas. Elas nos dão um *feedback sobre* a *importância* ou *relevância* da abrangência da experiência com a qual estamos lidando. As sensações *avaliativas* de prazer/desprazer, gostar/desgostar, felicidade/infe-licidade, atração/repulsa etc. proporcionam um *feedback* valioso para nos orientar na direção de uma vida satisfatória – *afastando-nos* de experiências dolorosas ou desagradáveis e *aproximando-nos* daquelas que são confortantes e agradáveis.

Apesar de algumas vezes sentirmos fortes sensações avaliativas no corpo inteiro, em geral elas são experimentadas principalmente no tórax e no abdome, em particular ao longo da linha mediana da parte frontal do tórax e da barriga. As sensações avaliativas agradáveis nos dizem se estamos "no caminho certo" e se não precisamos de nenhum ajuste naquilo que temos feito. As sensações avaliativas desagradáveis são mensagens de que alguma coisa está indo em uma direção que não nos agrada e que algo precisa ser feito para corrigir a situação. Sem as sensações avaliativas, não comeríamos ao precisar de alimento ou não procuraríamos água ao sentir sede, e logo morreríamos.

Para esclarecer a diferença entre sensações *perceptivas* e sensações *avaliativas*, vamos usar um exemplo: a sensação tátil de uma suave carícia no braço. No contexto de um relacionamento carinhoso, você normalmente teria sensações avaliativas de calor, amor, ligação etc. Mas se a pessoa que faz o carinho é alguém de quem você não gosta ou em quem não confia, ou que o estivesse forçando de alguma maneira, a *mesma* sensação tátil provavelmente seria avaliada como desagradável ou repugnante.

As sensações avaliativas de gostar ou desgostar são categorias que podem incluir *muitas* experiências, portanto estão sempre em um nível lógico mais elevado do que as próprias experiências. Em reconhecimento a esse fato, são chamadas de "metassensações" no campo da PNL. A falta de reconhecimento da importante distinção entre uma experiência *perceptiva* e a nossa resposta *avaliativa* a ela provocou sérios mal-entendidos no campo da psicologia e da mudança pessoal.

Mudando sensações Grande parte da prática da psicoterapia durante as últimas centenas de anos direcionava-se às sensações desagradáveis das pessoas, encorajando os clientes a experimentá-las totalmente por meio da expressão "catarse", socando travesseiros etc.

Alguém que está inibindo e contendo sensações, em geral se sente muito melhor após expressá-las, portanto há um valor de curto prazo na expressão física total. Experimentar sensações desagradáveis que não foram totalmente reconhecidas também pode ajudar bastante a motivar alguém a agir e, algumas vezes, até mesmo oferecer informações sobre aquilo que precisa ser mudado. Esses benefícios da expressão das sensações fizeram muitas pessoas pensarem que a expressão integral de sensações e emoções é necessária e suficiente para provocar mudanças, embora os dados de acompanhamento durante uma abrangência de tempo mais longa não sustentem essa idéia.

Com freqüência, as sensações não expressas são consideradas metaforicamente fluidos ou substâncias que precisam ser expelidos pela expressão ou catarse, sem perceber que se trata de mensagens importantes a serem transmitidas para outra pessoa. Um exemplo extremo disso é a terapia do grito primal de Arthur Janov, na qual o objetivo é "drenar o poço de dor primal", uma metáfora que nitidamente carrega a pressuposição de que as sensações de dor constituem um poço de fluido a ser drenado para fora do corpo, e não uma mensagem a ser comunicada a outra pessoa. Na prática, realiza-se isso gritando o mais alto e durante o maior tempo possível – normalmente, em uma sala à prova de som ou dentro de uma caixa, para não perturbar os vizinhos.

Gritar é um comportamento eficaz para comunicar necessidades importantes a outra pessoa na esperança de que ela responda e ajude; quando alguém grita dentro de uma caixa, esse objetivo é totalmente anulado. Pensar que somente a expressão basta para provocar uma mudança é uma abrangência estreita que focaliza somente o transmissor da mensagem, ignorando tanto seu *propósito* quanto o *receptor*. Essa é uma interpretação errada que desperdiçou muito tempo e esforço "terapêutico". A expressão de sensações é apenas um *primeiro* passo, insuficiente em si mesmo. É preciso algum tipo de mudança na *situação* ou no *pensamento* a respeito da situação que evoca essas sensações.

Às vezes, as sensações são suficientemente específicas a ponto de dizerem exatamente o que precisa ser feito. Se você sente uma dor desagradável no pé, isso o levará a descobrir o que está acontecendo nessa parte do corpo e a fazer alguma coisa a respeito – movimentá-lo, retirar uma farpa ou ser examinado por um médico.

Outras vezes, porém, temos sensações muito menos específicas e até confusas, pois não nos dizem o que fazer para recuperar o equilíbrio. Quando isso acontece, experimentar totalmente as sensações pode ajudar a atrair a atenção para um problema, mas as sensações podem proporcionar pouca ou nenhuma informação sobre aquilo que precisa ser feito.

Por exemplo, aproximadamente quarenta anos atrás, sentia-me irritado e não conseguia dormir à noite, o que persistiu durante algumas semanas. Pensei no assunto e tentei solucionar a situação de diversas formas, sem sucesso. Finalmente, decidi procurar uma oportunidade para jogar vôlei, esporte que não praticava há algum tempo e que apreciava muito. Após três horas de exercícios vigorosos, dormi maravilhosamente e recebi o *feedback*. A partir daí, sempre que começo a sentir uma vaga irritação ou a ter problemas de sono, entrego-me a exercícios puxados.

Faz sentido o fato de os seres humanos não possuírem um sinal muito bom para nos alertar sobre a necessidade de praticar exercícios: durante centenas de milhares de anos, nossos ancestrais se exercitavam *muito* na luta diária pela sobrevivência, portanto raramente (ou nunca) precisavam de um sinal claro para mostrar essa necessidade. Agora que vivemos em um mundo bem diferente, no qual muitos de nós trabalham sentados a maior parte do dia, a ausência de um sinal pode resultar em "batatas de sofá", expressão em inglês para gente com excesso de peso e outras conseqüências da falta de exercícios.

Ao longo dos últimos cem anos, grande parte da psicoterapia e da mudança pessoal esteve focalizada na tentativa de mudar sensações desagradáveis, em vez de modificar o *problema* que *causa* as sensações ruins. Tratar o *sinal* do problema, e não o próprio *problema*, é como notar a luz que aponta o nível de óleo no painel do carro e colocar uma fita adesiva sobre ela, em lugar de prestar atenção ao nível baixo de óleo no motor que a luz *indica*.

As pessoas que abusam de alimentos, álcool ou outras drogas para diminuir ou eliminar sensações desagradáveis estão fazendo a mesma coisa:

tratando o sintoma em vez do problema que causa as sensações. Esse tipo de "solução" costuma ser pior e o mesmo padrão também ocorre em muitos outros problemas.

Por exemplo, certa vez trabalhei com uma mulher que tinha uma maneira terrível de tomar decisões, escolhendo aleatoriamente ou de acordo com as preferências dos outros e não as suas (Andreas, Andreas, 1993, p. 166-168). Como ela não usava os próprios valores e preferências, em geral escolhia coisas das quais não gostava, o que provocou *muita* insatisfação durante um longo período. Ela fez terapia por mais de um ano, explorando e expressando seus sentimentos de insatisfação, sem encontrar alívio.

Quando lhe ensinei uma forma melhor para tomar decisões, ela conseguiu escolher usando os próprios valores e preferências. A partir daí, não sentiu mais insatisfação do que qualquer pessoa que ocasionalmente comete um erro de escolha. Ela ainda sentia insatisfação com muitas das opções erradas que já fizera anteriormente, mas agora contava com uma maneira para reavaliá-las e escolher de maneira diferente se desejasse. O trabalho de mudança efetiva precisa ser direcionado para a causa de um problema, e não para as resultantes sensações desagradáveis.

"Estados" A palavra "estado" é comumente utilizada no sentido de "estado emocional", referindo-se às sensações e emoções cinestésicas avaliativas de uma pessoa. Mas ela também pode ser empregada para significar a abrangência muito maior da experiência de alguém, incluindo suas percepções (em todas as cinco modalidades), pensamento interno e comportamento externo, bem como suas sensações e emoções. Falar sobre o "estado" de alguém é vago e ambíguo, uma vez que pode significar apenas sensações avaliativas, ou a abrangência e a categorização muito mais amplas e inespecíficas da experiência de alguém, ou qualquer coisa entre elas.

Uma das inovações fundamentais no início da criação da PNL foi o reconhecimento de que qualquer "estado" era divisível em seus cinco diferentes componentes sensoriais (visual, auditivo, cinestésico, gustativo e olfativo) e que cada um deles podia ser mudado *independentemente* dos outros. Na prática, raramente é adequado ou eficaz mudar o sabor ou o aroma de uma experiência. Mas isso ainda permite que as três modalidades principais (imagens, sons e sensações perceptivas) ofereçam mais escolhas para mudar um "estado-problema" em um "estado de recursos".

Posteriormente, no desenvolvimento da PNL, a caracterização explícita de submodalidades – os menores elementos dentro de cada modalidade – tornou a mudança ainda mais fácil, uma vez que abrangências menores são ainda mais fáceis de modificar e existem bem mais submodalidades do que modalidades. Somente na visual há mais de vinte submodalidades, com escolhas adicionais nas modalidades auditiva e cinestésica.

Por exemplo, é muito mais fácil mudar a tonalidade, o volume ou o ritmo de uma voz interna crítica do que mudar a voz. Para evocar uma resposta avaliativa, esses elementos sensoriais não-verbais da comunicação com freqüência são *muito* mais importantes do que o conteúdo das palavras. Imagine alguém que você ama usando uma voz fria, abrupta, antipática e hostil, dizendo "Eu amo você"...

Agora imagine a mesma pessoa usando uma voz calorosa, lenta, amorosa, convidativa, sorridente, dizendo "Seu filho-da-mãe"...

Provavelmente, você experimentou o segundo exemplo como mais amoroso e descobriu que é mais fácil ouvir essa mensagem. Agora pense em uma voz interna crítica que de vez em quando o censura por seus erros e ouça primeiro a tonalidade e o ritmo dessa voz...

Ouça então as mesmas palavras, mas pronunciadas naquela voz calorosa, lenta, amorosa, convidativa, sorridente...

O tipo de mudança no tom de voz geralmente torna muito mais agradável ouvi-la. Talvez você consiga até mesmo apreciar e utilizar todos os conselhos úteis que a voz tem a oferecer. Se essa mudança, no entanto, não fez nenhuma diferença para você, volte e tente um novo tom ou ritmo, até encontrar aquele que realmente faça diferença.

Esse é apenas um exemplo dos diversos tipos de mudanças bastante rápidas que podem ser feitas com as submodalidades. Como há muitas submodalidades diferentes, cada uma delas capaz de fazer uma diferença na resposta, elas oferecem uma variedade bem maior de escolhas adicionais quando realizamos mudanças. Você pode usar o brilho, a distância ou o tamanho de uma imagem visual, a intensidade, a temperatura, a pressão ou a extensão de uma sensação tátil, ou os tipos de mudanças na tonalidade auditiva que acabamos de experimentar etc.

Cada um desses refinamentos oferece maneiras muito mais específicas e detalhadas de se caracterizar um "estado", estabelecendo a base para uma variedade de métodos bastante específicos que podem ser cuidadosamente adaptados a fim de alterar a experiência de alguém. Esse tipo de refinamento é o que acontece no desenvolvimento de qualquer área enquanto ela progride; fazem-se distinções cada vez mais precisas e a compreensão torna-se cada vez mais detalhada e específica.

Entretanto, alguns "avanços" na área foram na direção *oposta*. Quando alguém aplica um "estado" vago e geral a outro "estado", visando criar um "metaestado" (Hall, 2002), isso cria ambigüidade e incerteza a respeito do que realmente está acontecendo. Se esse metaestado progredir ainda mais, a confusão se aprofunda exponencialmente.

Intensidade de estados emocionais Por se tratar de sinais, as sensações avaliativas são muito úteis como *medida* da mudança na *resposta* a uma intervenção para solucionar determinado problema. Os sinais da sensação avaliativa podem mudar na *qualidade*, como do "medo" para a "segurança", indicando uma mudança digital significativa na categoria, bem como de *intensidade*, mesmo quando a qualidade da sensação permanece a mesma – por exemplo, do medo intenso para a preocupação branda. É interessante pedir à pessoa para atribuir um número à sua experiência numa escala de 1 a 10, com o intuito de especificar a intensidade de uma sensação. Essa quantificação pode então ser usada para verificar como as sensações de alguém relacionadas com uma situação problemática variam naturalmente, ou como elas mudam em resposta a uma intervenção para solucionar um problema.

Enumerar a intensidade de uma sensação é em particular eficaz no controle da dor, na medida em que muitas pessoas experimentam a dor digitalmente – "com dor ou sem dor" – quando, na verdade, sua intensidade varia consideravelmente em uma extensão análoga. Solicitadas a prestar atenção a mudanças na intensidade, elas têm a oportunidade de usá-las para identificar elementos na atenção, no pensamento, na atividade ou no contexto que diminuem ou aumentam a dor. Depois de identificados, esses elementos podem ser usados voluntariamente para diminuir a dor, algumas vezes a zero.

Por exemplo, quando alguém descobre que prestar atenção às sensações nos pés e nas mãos diminui a dor sentida nas costas ou que assistir a um filme ou relaxar diminui a dor, isso é algo que pode aprender a fazer voluntariamente – e finalmente transformá-lo em hábito – para diminuir a dor. Verificar a intensidade da dor oferece um importante *feedback* a respeito daquilo que funciona melhor para alterá-la.

A falácia da "teoria aritmética de estados" Há outra maneira muito menos proveitosa de usar a intensidade de um estado. É bom atribuir uma intensidade de –6 a um estado-problema e entender as mudanças como indicação daquilo que funciona melhor para diminuir a intensidade da resposta a um problema.

Entretanto, algumas pessoas acreditam que, para resolver um estado desagradável, precisam acessar um estado agradável que tenha pelo menos a mesma intensidade. "Se o estado de recursos não é mais intenso do que o estado-problema, o estado-problema pode 'contaminar' ou 'sobrecarregar' o estado de recursos. Para solucionar um estado-problema –6, você precisa de um estado de recursos de pelo menos +6 ou +7." Esse tipo de afirmação revela uma total incompreensão da maneira como as sensações avaliativas funcionam. Elas não podem ser apenas somadas ou subtraídas umas das outras. O que importa não é a *intensidade* de um estado de recursos, e sim sua *qualidade* ou *adequação* ao problema.

Por exemplo, a clássica cura rápida de fobia da PNL (Andreas, Andreas, 1993, capítulo 7) certamente proporciona um vívido contra-exemplo à idéia de que um estado de recursos deve ser tão intensamente positivo quanto o problema for negativo. A fobia é um dos estados psicológicos mais intensos que alguém pode experimentar, sem dúvida um –10. Contudo, o recurso, a dissociação visual, é um estado neutro ou muito *brando*, não mais do que um +1. De acordo com a teoria aritmética de estados, a cura da fobia não teria como funcionar! Por outro lado, um estado de excitamento muito intenso pode piorar uma fobia.

As intervenções devem se dirigir à *situação* ou à nossa *percepção* da situação, não à sua *avaliação*. Por não ter determinada habilidade – a dissociação –, a pessoa fóbica sente-se tão mal ao lembrar de uma experiência desagradável do passado que sente como se ela estivesse acontecendo de novo. Depois de aprender a se dissociar da lembrança desagradável e vê-la como se acontecesse com outra pessoa, sua avaliação se torna muito diferente, resultando em sensações bastante "práticas" que lhe permitem deixar o aborrecimento daquela lembrança no passado, que é o seu lugar.

Sempre que uma pessoa está presa a um estado sem recursos, é porque não tem alguma habilidade ou capacidade que lhe permitiria lidar com uma situação problemática. Colocando de outra maneira, ela não consegue acessar a neurologia adequada para a tarefa. Ela talvez nunca tenha aprendido uma resposta adequada, ou até tenha, mas nunca a aplicou na situação problemática. Uma dificuldade muito simples às vezes resulta em uma resposta emocional avaliativa muito intensa, quando normalmente um recurso muito simples e comum poderia resolvê-la. Descrevo mais detalhadamente o assunto de como escolher esse estado de recursos em outro texto (Andreas, 2000).

As sensações avaliativas nos dizem o que é importante para alguém e o que o motiva a mudar. E podemos usar a mudança na avaliação como um importante *feedback* que nos informa quando a intervenção foi parcialmente ou totalmente bem-sucedida. Mas a intensidade da resposta é irrelevante na escolha do tipo de recurso que será eficaz para solucionar o problema. Prestar atenção à intensidade da resposta avaliativa é um exemplo comum de tentar fazer uma mudança no nível lógico errado.

Outro exemplo dessa confusão de níveis lógicos é a diferença entre autoconceito e auto-estima. Muitas pessoas usam esses dois termos alternadamente, mas eles são bastante diferentes. Autoconceito é o conjunto de idéias que você tem sobre o *self*, como você categoriza a si mesmo. Auto-estima é o sentimento positivo ou negativo de *avaliação* do autoconceito, que se encontra em um nível lógico mais elevado. Se você valoriza seu autoconceito, automaticamente tem auto-estima "alta"; se não o valoriza, tem "baixa" auto-estima. Quando alguém tem baixa auto-estima, nem vale a pena tentar experimentar sentimentos de auto-estima positiva.

As sensações avaliativas de auto-estima de uma pessoa aumentarão *automaticamente* se acontecer uma destas duas coisas:

1. Se os *valores* mudarem para que ela possa apreciar quem é, ou

2. Se aprender novos comportamentos e respostas para que se alinhem a seus valores.

Os métodos que se mostraram eficazes no aumento da auto-estima na realidade mudam o autoconceito ou os valores, a fim de que eles se harmonizem.

A teoria aritmética de estados também conduz a outra suposição muito enganadora: a idéia de que um recurso *sempre* é um recurso, independentemente da tarefa, problema ou contexto. Por exemplo, estar alerta e atento ajuda muito no aprendizado de novas habilidades ou em uma situação de perigo, mas não quando o objetivo é dormir e descansar um pouco. O importante é que um recurso seja *adequado* para aquilo que falta na situação problemática; uma habilidade essencial em uma situação representará um sério risco em outro contexto.

A dissociação é um poderoso recurso para a fobia, que em geral resulta da associação a uma lembrança muito desagradável. Mas se alguém está lamentando uma perda, a dissociação de lembranças agradáveis da pessoa falecida é a essência fundamental do *problema*, e o recurso necessário é exatamente o *oposto* da dissociação – a *associação* a lembranças positivas de estar com a pessoa que morreu (Andreas, 2002a; Andreas, 1985a).

Uma pessoa com dificuldade para manter a excitação sexual com freqüência está avaliando seu desempenho como um juiz numa competição de mergulho. Dessa perspectiva dissociada, ela perde o acesso às sensações físicas de excitação. Como acontece com o luto, a dissociação é o problema e a associação, a solução. Ambas podem ser recursos maravilhosos ou riscos terríveis, dependendo do contexto, e isso vale para *todas* as habilidades e capacidades.

Examinando e ajustando valores

Os valores são subcategorias de uma categoria mais geral a que podemos chamar "coisas que são importantes". Diferentes pessoas valorizam "liberdade", "prazer", "dinheiro", "honestidade", "fama", "novidade", "estabilidade", "saúde" etc. Geralmente, você valoriza experiências que o fazem sentir-se bem ou que o beneficiam de algum modo e valoriza negativamente aquelas que o fazem se sentir mal ou que trazem conseqüências desagradáveis. Como todas as outras categorias, os valores têm critérios que especificam quais abrangências baseadas nos sentidos estão inclusas na categoria. Por exemplo, os critérios para "novidade" são diferentes daqueles para "liberdade" ou "conhecimento". Da mesma forma que em outras categorias, normalmente usamos algum tipo de experiência *prototípica* para representar toda a categoria avaliada.

Como muitas coisas e eventos são importantes para você, e de maneiras muito diversas, você tem muitos valores diferentes. Uma grande variedade de eventos pode satisfazer o *mesmo* valor. Por exemplo, se você valoriza o *status*, pode obtê-lo com um carro caro, um grande anel, um título importante ou conhecendo muita coisa sobre algum assunto etc.

A *mesma* coisa ou evento também pode satisfazer diversos valores muito *diferentes*, pois é importante para você de várias maneiras. Ter uma casa grande pode significar um abrigo confortável, melhorar seu *status*, permitir que você dê festas para os amigos, ser um investimento seguro etc. Se você valoriza um relacionamento íntimo, sexo, filhos e um lar estável, em geral funciona melhor se todos esses valores forem satisfeitos com a mesma pessoa.

Enquanto alguns valores estão bem integrados e organizados por sua importância relativa, outros se apresentam mais separados e independentes, e isso pode resultar em uma variedade de conflitos de valores diferentes. Examinar nossos valores e revê-los ou mudar sua importância ajuda a eliminar muito da frustração repetida e das dúvidas que resultam do fato de eles não estarem claros para nós. As mudanças nos valores, sempre relacionadas com outros valores mais ou menos importantes, afetarão decisões e respostas em toda a variedade de contextos nos quais há um valor ativo – uma maneira mais eficaz para funcionar num nível lógico mais elevado do que um contexto de confusão específico. O primeiro passo é descobrir quais são os seus valores.

Valores Quais são as coisas, atividades e eventos valiosos para você? Do que sentiria muita falta se não tivesse mais acesso? Pense nos muitos aspectos de sua vida – as diferentes pessoas, lugares, atividades, informações e coisas que considera relevantes...

Agora reveja exemplos específicos de cada um deles e note o que é *importante* para você com relação a cada um deles. Por exemplo, você pode valorizar um amigo especial pelo afeto físico, o enorme senso de humor, a habilidade para ouvi-lo quando está deprimido ou oferecer um novo "ângulo" das situações etc. Enquanto revê diferentes eventos, observe que determinados valores surgem repetidamente em diferentes contextos, provavelmente aqueles que costumam ser mais importantes para você em uma ampla variedade de contextos...

Após identificar uma lista de seus valores mais importantes, note a experiência prototípica que você utiliza para representar cada um...

Revendo valores É bastante eficaz rever seu comportamento passado em diferentes contextos para descobrir os valores que realmente guiaram suas decisões, quais foram as conseqüências posteriores e o quanto você ficou satisfeito com os resultados. Às vezes, saber o que você realmente valoriza pode ser sensato, já que de vez em quando há uma diferença significativa entre os valores que você conscientemente considera importantes e a maneira como se comportou e respondeu. Alguém pode afirmar que acredita na honestidade e então pegar a si mesmo mentindo ou permanecendo em silêncio em situações nas quais *diz* que a honestidade é importante.

Rever eventos é particularmente eficaz nas situações em que você experimentou algum conflito de valores. Por exemplo, lembro-me muito bem de quando eu estava na universidade, há quase cinqüenta anos, e fui convidado por uma jovem para ir a uma festa. Então, quando tive a oportunidade de convidar outra moça, de quem eu gostava mais, fiquei pensando no que dizer à primeira, não querendo ferir seus sentimentos nem deixar de cumprir meu compromisso com ela. Finalmente, decidi ser honesto, falei sobre a situação e expliquei que gostaria de ir com outra pessoa. Chegando à festa, a primeira jovem também estava lá e pensei nos aborrecimentos que eu evitara por ter sido sincero.

Também pode ser muito proveitoso rever a última vez em que você fez alguma coisa que não o deixou satisfeito ou da qual alguém se queixou. Que valores foram expressos naquele evento e quais você ignorou, deixou de lado ou só considerou mais tarde? Será que aquele telefonema sobre o qual sua esposa esqueceu de avisá-lo e que o deixou zangado era *realmente* mais importante do que seu relacionamento amoroso com ela? Se isso acontecesse novamente, você gostaria de ficar zangado outra vez ou preferiria fazer algo diferente, uma expressão melhor do que é importante para você quando considera a abrangência maior de seu relacionamento? Usar uma abrangência diferente assim ou mudar o modo como você categoriza uma abrangência pode modificar a maneira como seus valores ficam ativos ao responder a uma situação.

Valores conflitantes Mesmo em uma situação bastante simples como escolher uma refeição num restaurante, diferentes valores entram em ação e precisamos escolher os *mais* importantes. Você pode estar com fome, portanto gostaria de comer muito, mas planeja fazer exercícios mais tarde, por isso seria melhor comer menos. Aquela sobremesa pode parecer bastante tentadora, porém você quer perder peso. Talvez seja um restaurante caro, então você decide pedir uma refeição mais simples para economizar, embora esteja faminto. Esses são exemplos do tipo de escolha que enfrentamos todos os dias, entre alguma coisa que valorizamos no momento *presente* e algo que valorizamos em uma época ou lugar no *futuro*, exemplo da utilidade de uma abrangência de tempo mais longa.

Quando tomamos uma decisão, precisamos escolher as qualidades que são *mais* importantes e ignorar as menos relevantes. Por exemplo, ao comprar um carro, talvez você valorize a segurança, o rendimento do combustível, o estilo, a cor, o espaço, o conforto, a potência e o baixo custo. Mas o maior rendimento do combustível provavelmente diminui a potência, o conforto pode afetar a segurança, determinado estilo pode reduzir o espaço e tudo isso acabar aumentando o preço do carro. Sem saber quais desses valores são mais importantes para você, será muito difícil tomar uma boa decisão.

Priorizando em hierarquia Todos nós enfrentamos esses conflitos entre valores diferentes, mesmo quando estão solidamente fundamentados em nossa experiência. Contudo, também adquirimos muitos dos valores dos pais, de outras pessoas ou da sociedade em que crescemos, sem uma base de experiência pessoal. A vantagem disso é que uma criança pode aprender o valor de agir cuidadosamente ao atravessar a rua para não ser atropelada por um carro sem precisar passar por essa experiência. Porém, mesmo quando os valores da sociedade nos são úteis, às vezes experimentamos um conflito. Posso gostar muito de ter um carro sem pagar por ele, mas a longo prazo será melhor se eu resistir a esse desejo.

Adquirimos alguns valores simplesmente porque nossa cultura ou subcultura os aceitam, mesmo que *não* sejam adequados para nós. Uma vez que diferentes culturas têm valores muito divergentes, o mínimo que podemos dizer é que eles com freqüência são opostos. Por discordarem a respeito do que é importante, pelo menos *algumas* dessas opiniões devem ser arbitrárias e algumas delas nitidamente destrutivas; toda sociedade carrega certos valores que não são bons para *nenhum* ser humano.

Quando alguém aceita um valor social que não é adequado a si mesmo, precisa inibir as próprias respostas naturais ao entrar em conflito com esses valores. Algumas pessoas podem até mesmo evitar ou ignorar totalmente essas respostas, diminuindo a abrangência para evitar o conflito; outras talvez até se sintam bem com sua força de vontade para resistir a impulsos proibidos. A anorexia é um exemplo extremo de como algum tipo de necessidade de ser magro pode sufocar totalmente as necessidades fisiológicas naturais e urgentes por alimentação e saúde.

Toda cultura também traz valores que entram em conflito direto. Um dos dez mandamentos diz "Não matarás" e nossa sociedade tem leis contra o assassinato. Contudo, outras leis sustentam que matar em defesa própria está certo, que executar um assassino condenado é bom, que matar na guerra é um dever para proteger a pátria etc. Se você aceitar todos esses valores e levá-los a sério, algumas vezes decidir o que fazer pode se tornar um problema muito difícil.

Devido a todos esses fatores, comumente deparamos com valores conflitantes em determinada situação e, independentemente daquilo que decidirmos fazer, será necessário violar um ou mais de nossos valores. Com freqüência, isso causa incerteza, hesitação ou inércia, a menos que tenhamos uma maneira clara de priorizá-los – decidir que valores são mais importantes para nós e quais podem ser ignorados se entrarem em conflito com estes.

Quando você se vê em uma situação de emergência, em geral está *bem* claro o que é preciso fazer, e isso pode ser muito agradável para alguém que lutou com diversos valores conflitantes e tinha dificuldade para priorizá-los e decidir.

Por outro lado, as escolhas que alguém faz numa situação extrema como um campo de batalha podem ser muito diferentes dos valores que possuía anteriormente. O contraste entre aquilo que realmente fez e a maneira como pensava em si acrescenta outro conflito entre valores opostos. Esse contraste nem sempre está totalmente visível para um soldado no contexto da guerra, cercado por outros soldados que passam pelo mesmo tipo de experiência. Isso vale particularmente para alguém que tende a "acompanhar a multidão", aceitar seus valores e fazer o que os outros estão fazendo.

Mas quando ele volta à vida civil, cercado por pessoas que não passaram por aquela experiência, o contraste entre esta vida e o que ele fez no campo de batalha pode ficar completamente evidente. E, como as pessoas a seu redor não viveram a experiência da guerra, elas não têm como lhe oferecer compreensão ou apoio. Assim, é muito provável que ele se sinta sozinho – o que é particularmente difícil para alguém que "acompanha a multidão" – e precisa tentar entender sua confusão por conta própria.

Esse costuma ser um importante aspecto do "transtorno de estresse pós-traumático" sofrido por muitos soldados. Eles se vêem em situações extremas de vida ou morte que os forçam a escolher entre valores conflitantes ou até mesmo a violar alguns deles ao mesmo tempo. O que poderia ter sido uma discussão "intelectual" sobre a "ética do bote salva-vidas" na sala de estar de alguém se tornou bastante real no campo de batalha e para eles é muito difícil entender isso posteriormente. Perguntas perturbadoras a exemplo de "Como pude fazer aquilo?", "Que tipo de pessoa eu sou?" exigem auto-exploração, compreensão e autoperdão.

Esclarecimento de valores Por mais que uma hierarquia de valores possa funcionar bem como um guia *geral*, nenhuma hierarquia responde à enorme complexidade de um ser humano na abrangência maior de um mundo físico e social ainda mais complexo, em constante mutação.

Algumas pessoas tentam entender seus valores "objetivamente" ou deduzi-los de forma lógica de um conjunto de regras, princípios ou escrituras hierárquicas, mas em geral eles não resistem muito bem à experiência real, pois *vários* outros fatores influenciam os valores em determinadas situações.

Se você não sabe quais são os seus valores e gostaria de esclarecê-los, a melhor maneira é se colocar em uma experiência específica – na realidade ou na imaginação. Com isso, você terá uma chance para responder a ela com *todos* os seus diferentes valores e preferências, descobrir o que decide fazer e se gosta ou não dos resultados.

É importante fazer isso com uma abrangência grande *tanto* no espaço *quanto* no tempo, já que algumas experiências podem ser boas em uma abrangência limitada no espaço, porém não em um contexto mais amplo e mais rico e vice-versa. Outras experiências às vezes são desagradáveis no momento, mas posteriormente resultam em conseqüências boas. Uma decisão inteligente leva em consideração *todos* esses fatores, com o propósito de encontrar um equilíbrio que funciona bem para você como um todo.

Desse modo, você poderá *descobrir* quais são os seus valores e como eles realmente o ajudam, em vez de seguir rigidamente aquilo que lhe ensinaram. Saberá dizer se seus valores são realmente importantes para *você* ou se simplesmente os aceitou dos *outros* ou da sociedade, sem pensar neles ou verificar se são ou não adequados para você.

"Valores objetivos" Algumas pessoas falam de valores objetivos, mas a palavra "objetivo" é *sempre* uma mentira, na medida em que invariavelmente há um observador oculto em algum lugar, mesmo no conhecimento científico cuidadosa e rigorosamente testado. É *sempre*: "Fulano, usando as seguintes suposições, estudando isso e aquilo, com os seguintes métodos

e instrumentos, empregando medidas convencionais e regras matemáticas, descobriu que...". Heinz von Foerster demonstrou a falácia do conhecimento "objetivo" de maneira sucinta:

> Sintática e semanticamente é correto dizer que declarações subjetivas
> são feitas por sujeitos. Assim, da mesma forma, podemos dizer que decla-
> rações objetivas são feitas por objetos. O problema é que essas malditas
> coisas não fazem nenhuma declaração.

Os sistemas matemático e lógico tentam ser objetivos e absolutos, mas
só podem fazer isso se ignorarem contextos específicos e vários detalhes
importantes. Funcionariam bem *somente* se você e o mundo fossem muito
simples e nunca mudassem. Mesmo no mundo artificial tremendamente
simplificado da lógica e da matemática *comprovou-se* que a objetividade não
é possível:

> *O primeiro teorema de Godel sustenta que qualquer sistema lógico que não
> seja excessivamente simples (isto é, que inclua pelo menos a aritmética comum)
> pode expressar afirmações verdadeiras que, no entanto, não podem ser deduzi-
> das de seus axiomas. E o segundo teorema afirma que não é possível mostrar
> antecipadamente que os axiomas nesse sistema, com ou sem verdades adicionais,
> estão livres de contradições ocultas. Resumindo, um sistema lógico que não tenha
> nenhuma riqueza jamais poderá ser completo, embora não se possa garantir que
> ele seja consistente. [...]*
>
> *A. M. Turing, na Inglaterra, e Alonzo Church, nos Estados Unidos, mostra-
> ram que não é possível conceber um procedimento mecânico capaz de testar cada
> afirmação em um sistema lógico e demonstrar em um número finito de passos
> se é verdadeiro ou falso. [...] Alfred Tarski, na Polônia, comprovou uma limita-
> ção ainda mais profunda da lógica. Tarski mostrou que não pode haver uma lin-
> guagem precisa universal; toda linguagem formal que seja pelo menos tão rica
> quanto a aritmética contém frases significativas que não podem ser consideradas
> verdadeiras ou falsas. [...]*
>
> *Tal sistema de axiomas sempre foi considerado o modelo ideal pelo qual a
> ciência luta. Na realidade, poderíamos dizer que a ciência teórica é a tentati-
> va de revelar um conjunto de axiomas abrangente e decisivo (incluindo regras
> matemáticas) com base no qual demonstraríamos que todos os fenômenos do*

mundo podem ser acompanhados por dedução. Mas os resultados que mencionei, especificamente os teoremas de Godel e Tarski, tornam evidente que esse ideal é inatingível, pois mostram que todo sistema axiomático de qualquer abundância matemática está sujeito a limitações severas, cuja incidência não pode ser prevista nem evitada. Em primeiro lugar, nem todas as afirmações racionais na linguagem do sistema podem ser deduzidas (ou refutadas) de acordo com os axiomas: nenhum conjunto de axiomas pode ser completo. E, em segundo lugar, não é possível garantir que um sistema axiomático seja consistente: a qualquer momento pode surgir nele uma contradição flagrante e irreconciliável. Um sistema axiomático não é capaz de gerar uma descrição do mundo que combine totalmente com ele, ponto por ponto; em alguns lugares haverá lacunas que não podem ser preenchidas pela dedução e em outros talvez surjam duas deduções opostas.

Portanto, afirmo que os teoremas lógicos penetram decisivamente a sistematização da ciência empírica. Assim, em minha opinião, o propósito verbal, estabelecido pelas ciências físicas desde a época de Isaac Newton, é inalcançável. As leis da natureza não podem ser formuladas como um sistema axiomático, dedutivo, formal e claro, que também é completo. E, se em qualquer estágio da descoberta científica as leis da natureza realmente pareciam formar um sistema completo, então deveríamos concluir que nós não as entendemos direito. (Bronowski, 1966, p. 14)

Se não há esperança para a objetividade total na matemática, provavelmente não há esperança para ela nos valores e no comportamento humano – uma abrangência muito mais complexa. Contudo, ainda consideramos a matemática tremendamente útil; sempre que alguém fala num telefone celular, está utilizando sem perceber uma matemática bastante complexa, que funciona muito bem.

A objetividade é um propósito do qual podemos nos aproximar, mas jamais alcançar, pois sempre haverá um pequeno resquício de subjetividade. Isso não denigre a ciência; os muitos e amplos sucessos da ciência e da tecnologia resultam do fato de sermos tão objetivos quanto possível, para evitar nos enganarmos. O conhecimento desenvolvido pelos físicos parece estar amplamente livre de subjetividade – matéria e energia seguem regras que independem das expectativas, crenças ou religião de uma pessoa.

Contudo, aqueles que propõem a existência de valores objetivos imutáveis em geral não se baseiam na ciência, e sim nas idéias de profetas que caminharam, amaram e lutaram nos desertos do Oriente Médio ou em outro lugar há centenas ou milhares de anos. Por mais sábios que esses profetas possam ter sido na sua época e contexto, eles não tinham acesso à riqueza de conhecimento que a humanidade adquiriu durante os anos intermediários – cuja ampla maioria foi desenvolvida somente nos últimos cinqüenta ou cem anos! O conhecimento básico da humanidade mais do que duplicou durante a minha vida e provavelmente já aumentou muito mais do que isso – e o ritmo está acelerando!

Curiosamente, mesmo as pessoas que seguem o conjunto de valores estabelecidos em textos religiosos não os usariam como guia para construir um aparelho de televisão ou um rifle. Aqueles que lutam em guerras religiosas estão dispostos a utilizar a ciência corporificada em aviões a jato, radares e outros armamentos para derrotar os inimigos "infiéis", mas não para examinar a base das próprias crenças e valores. Se os métodos da ciência fossem aplicados ao estudo dos valores humanos, poderíamos esperar algum dia encontrar valores, se não totalmente, pelo menos razoavelmente "objetivos".

Valores comuns Devido às nossas necessidades fisiológicas, sociais e psicológicas, compartilhamos muitos valores básicos com todos os outros seres humanos. Essa característica deveria ser capaz de proporcionar a base para um conjunto de valores que nos ajudariam a viver juntos harmoniosamente. Contudo, apesar dessa base comum de valores, as pessoas que crescem em culturas diferentes costumam ter valores muito distintos, o que às vezes se torna a base para o conflito entre elas, tanto como indivíduos quanto como membros de grupos. Mesmo uma necessidade muito básica como a fome pode ser satisfeita de maneiras bastante diferentes e a cozinha de uma cultura talvez não agrade a alguém criado em outra.

Sempre que as pessoas diferem em seus valores, há um potencial para o conflito. No nível mais simples, se quero comer comida chinesa e minha esposa quer comida italiana, precisamos encontrar um restaurante capaz de satisfazer a ambos ou buscar um tipo de comida alternativa que agrade a nós dois. Quando valores diferentes são mais divergentes, ou mais importantes, o potencial para encontrar soluções diminui radicalmente e o potencial para o conflito aumenta na mesma medida. Por exemplo, se quero ter diversas esposas e morar em uma fortaleza defendida por empregados e minha esposa quer uma relação monogâmica e morar em uma casa distante do centro, será muito mais difícil encontrarmos uma solução mutuamente aceitável! Esse pode parecer um exemplo ridículo, mas se uma mulher do subúrbio casar com um príncipe árabe, aí ele se torna muito real.

Tradicionalmente, a maioria das sociedades tentou solucionar o problema de valores conflitantes com algum tipo de decisão autoritária a respeito dos valores que todos *deveriam* ter, em geral descrevendo-os como "certos e adequados", "obviamente verdadeiros" ou "divinamente estabelecidos". Esse conjunto uniforme permeia todos os aspectos de uma cultura tradicional, especificando como cada ato deve ser realizado de acordo com esses valores estabelecidos. Em uma cultura isolada, é normal que cada pessoa inserida nela os aceite sem nem pensar, porque não tem outras opções. Quando inevitavelmente alguns membros de determinado grupo passam a considerar os valores tradicionais um peso, eles precisam ser punidos ou exilados a fim de manter a estabilidade.

Em geral, quando uma cultura como essa entra em contato com outra com valores diferentes, ambas vêem os membros da outra como "pecadores profanos" que devem ser convertidos em crentes ou em cadáveres, pois qualquer um que pense de maneira diferente representa uma ameaça aos valores da cultura. Uma sociedade tradicional é muito semelhante à "monocultura" de uma plantação de trigo ou um pomar de maçãs moderno. Toleram-se somente trigo ou macieiras; todas as outras plantas são ervas daninhas que precisam ser exterminadas.

Um ecossistema natural é muito diferente. Embora todas as plantas tenham necessidades comuns, como água, ar e nutrientes do sol, diferentes plantas crescem melhor em diferentes lugares. Algumas vivem melhor sob a luz do sol e em solo úmido ao longo de riachos e rios, enquanto outras vão bem na sombra de florestas tropicais ou em locais secos e rochosos etc. Esse paralelo sugere uma possível alternativa à uniformidade totalitária, uma sociedade na qual pessoas com muitos valores divergentes poderiam viver de maneira distinta confortavelmente umas com as outras, apesar de suas diferenças.

A moderna sociedade ocidental se encaixa em algum lugar entre essas duas possibilidades. Por ter surgido de sociedades tradicionais mais uniformes, ainda há muitas forças totalitárias que tentam manter ou restabelecer a uniformidade nas crenças e valores – mesmo em costumes inteiramente arbitrários que determinam que tipo de roupa vestir ou que música tocar. Por outro lado, há muito mais tolerância com diferentes maneiras de viver, um pouco de espaço para as pessoas que desejam seguir normas culturais diferentes ou até mesmo tentar inventar as próprias. Durante séculos, os críticos tradicionais previram que a mudança resultaria em anarquia e desorganização, mas raramente, ou nunca, eles acertaram.

Nas sociedades modernas, muitas pessoas diferentes valorizam coisas e atividades diversas, sem necessariamente entrar em conflito. Pense em todas as diferenças entre aquilo que você e outra pessoa valorizam, mesmo dentro da própria cultura ou subcultura. Quando examino as coisas e atividades que diversas pessoas valorizam, algumas delas não têm nenhum sentido para mim! Alguém precisaria me pagar *muito* dinheiro para eu fazer coisas que outros fazem alegremente, gastando tempo e dinheiro para isso. E o contrário também é verdadeiro, claro: várias das coisas que *eu* valorizo não têm nenhum sentido para os outros. Contudo, na maior parte das vezes, cada um de nós pode fazer o que bem entende sem incomodar os outros. Naturalmente, ainda haverá conflitos entre os ecologistas desejam preservar a natureza e os mineiros que pretendem escavar a terra em busca de carvão ou ouro. O que pode impedir a anarquia que preocupa alguns?

Uma resposta é que existem alguns valores capazes de beneficiar a *todos*, ao mesmo tempo que respeitam os diferentes valores das pessoas. A concordância a respeito de um pequeno número desses valores deve ser suficiente para que a sociedade se una a fim de evitar a anarquia. Por exemplo, a *honestidade* beneficia todo mundo com exceção dos que trapaceiam. Pense em como seríamos *todos* mais ricos se pudéssemos pegar todo o dinheiro gasto em fechaduras, chaves e segurança de todos os tipos e gastá-lo em coisas que nos beneficiariam mais diretamente.

Do mesmo modo, a idéia de *liberdade* permite que as pessoas sigam seus valores, respeitando apenas o direito dos outros de seguirem os seus. O *estado de direito*, com freqüência embaraçoso e injusto, estabelece formas para solucionar disputas entre pessoas – uma alternativa à violência. Mesmo tão imperfeito e tendencioso quanto a lei, em geral é preferível à briga, hostilidade ou guerra. Esperamos que a lei evolua, tornando-se mais justa na proteção da liberdade de *todos*, e não somente ao que concerne aos ricos e poderosos.

Esses tipos de valores são categorias mais *gerais* em níveis lógicos mais elevados, maneiras de unificar e apoiar outros diferentes valores mais específicos. Trabalhando juntas, diferentes pessoas com diferentes valores podem descobrir de que maneira criar um ecossistema de valores equilibrado, que permitirá o desenvolvimento total dos seres humanos de diversas maneiras. A capacidade de cooperação da humanidade é considerável e, embora fique mais evidente quando utilizada para entrar em guerra, não há motivo para que não seja utilizada no intuito de encontrar soluções não violentas para diferenças e conflitos.

Resumo: Valores são categorias de experiências que satisfazem nossas necessidades e desejos. As sensações *perceptivas* proporcionam informações sobre o mundo fora e dentro do corpo, enquanto as sensações *avaliativas* de gostar e desgostar nos oferecem um *feedback* sobre a *importância* desses eventos para nós. As sensações avaliativas são os critérios máximos para valores, informam quando as coisas vão bem e nos alertam quando não vão e precisamos fazer alguma mudança.

Grande parte da terapia e da mudança pessoal tem sido direcionada à mudança direta de sensações avaliativas desagradáveis e não à mudança da situação que evoca essas sensações. Como estas estão sempre em um nível lógico mais elevado do que as situações que as evocam, esse é um exemplo de tentativa de trabalhar no nível lógico errado.

"Estado" é um termo ambíguo que pode indicar os sentimentos ou o estado emocional de uma pessoa ou também incluir uma abrangência maior de suas percepções, pensamento e comportamento. Dividir um estado em seus componentes menores – modalidades e submodalidades – nos permite fazer discriminações mais precisas e ser mais específicos a respeito daquilo que alguém experimenta. A especificidade nos permite mudar abrangências bastante menores de uma experiência, o que é bem mais fácil, e também oferece muito mais alternativas para modificar um "estado-problema". Ao contrário, a utilização do "metaestado" relaciona um estado mal definido com outro, criando ambigüidade e confusão no termo "estado".

A classificação numérica da intensidade de uma resposta emocional serve como *feedback* para mostrar se uma intervenção está funcionando em relação ao evento que evoca essas sensações. Entretanto, essa intensidade de uma sensação avaliativa é irrelevante na escolha de um recurso – e um "recurso" pode ser totalmente inútil em uma situação e prejudicial em outra.

Os conflitos de valores surgem de diferentes fontes. Em determinada situação, é comum descobrirmos que não podemos satisfazer diferentes valores independentemente do que façamos. Um valor no momento presente muitas vezes se oporá a um valor no futuro. Os valores expressados pela fisiologia com freqüência entram em conflito com valores sociais, que às vezes são inconsistentes e contraditórios.

Mesmo quando revemos e organizamos nossos valores em uma hierarquia de importância consistente, isso pode significar que alguns valores têm prioridade sobre outros, os quais são ignorados, pelo menos temporariamente. Muitas sociedades tradicionais estabeleceram autoritariamente aquilo que chamam de valores "objetivos", baseando-se na prática histórica ou nas revelações de profetas e textos sagrados. Infelizmente, os valores "objetivos" de uma sociedade com freqüência entram em conflito com os valores "objetivos" de outra – portanto deve haver *alguma coisa subjetiva* neles.

Como o conhecimento "objetivo" na ciência e na matemática não existe, é improvável que a objetividade seja possível nos valores. Entretanto, existe uma alternativa à autoridade totalitária em nossas necessidades fisiológicas compartilhadas, em nosso desejo de liberdade e em nossa capacidade considerável de sentir compaixão e cooperar com os outros. Esses valores compartilhados podem formar a base para a *descoberta* de como vivermos juntos, respeitando nossas consideráveis diferenças. As sociedades ocidentais se movem lentamente nessa direção, enquanto os remanescentes de doutrinas políticas e religiosas autoritárias anteriores tentam conduzir a sociedade para trás.

A seguir, exploraremos como é eficaz organizar experiências em uma hierarquia de importância relativa – ajudando-nos a prestar atenção àquilo que é mais relevante – e como usar isso para ajustar esses relacionamentos quando eles conduzem a conseqüências problemáticas. Embora os valores possam ser colocados em uma hierarquia de atenção e importância, esta não é uma estrutura rígida e imutável: ela muda com o tempo em resposta a eventos que mudam, tanto fora quanto dentro de nós.

"A AÇÃO PODE NEM SEMPRE TRAZER FELICIDADE,
MAS NÃO HÁ FELICIDADE SEM AÇÃO."
BENJAMIN DISRAELI

10

Hierarquia e heterarquia
Equilíbrio dinâmico

"DOIS PERIGOS AMEAÇAM O MUNDO: ORDEM E DESORDEM."

PAUL VALERY

Ao tomar uma decisão, faz sentido optar pelo que é *mais* importante para você ou escolher a alternativa que satisfará *melhor* suas necessidades ou desejos. Isso pressupõe que de algum modo você *sabe* o que é mais importante ou o que é melhor para você. Para isso, é preciso ter diferentes experiências organizadas em algum tipo de hierarquia de importância. Algumas pessoas não dispõem de uma hierarquia clara e muitas vezes fazem escolhas que não satisfazem realmente suas necessidades e desejos mais importantes. Outras têm uma hierarquia imprecisa e suas decisões constantemente resultam em frustração e sofrimento.

"Hierarquia" é uma palavra com diversos significados diferentes, muitos dos quais costumam ser pressupostos ou mal compreendidos. Nesse capítulo, vamos começar com o tipo mais simples de hierarquia de categorização. Então, mostraremos como um tipo especial de critério pode ser acrescentado a uma hierarquia simples para criar outra, que também inclui importância ou controle.

No capítulo 5, dei um exemplo simples de classificação de um grupo de blocos de brinquedo em diferentes categorias, usando o princípio da *inclusão categórica*, e como isso resultou em níveis lógicos de categorização. Primeiro, os blocos foram divididos em três categorias conforme a cor: vermelhos, brancos e azuis. Então, cada um desses três grupos foi dividido em três categorias mais específicas de acordo com os três diferentes formatos – quadrados, triangulares e circulares. Depois, cada uma dessas nove categorias foi subdividida em três categorias mais específicas baseadas nas três diferentes alturas, criando aquilo que se costuma chamar de *taxonomia*. Isso pode ser representado pelo diagrama com estrutura em árvore a seguir, usando Q para quadrado, T para triangular e C para circular:

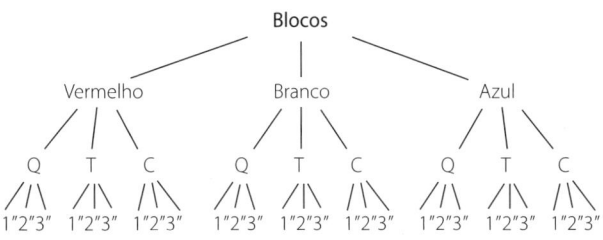

Anteriormente, utilizamos esse exemplo para ilustrar princípios da inclusão categórica. Agora, quero empregá-lo para examinar a *hierarquia* resultante, que estava implícita nesse exemplo, mas não foi discutida.

No diagrama, usamos a cor como o primeiro critério para dividir os blocos em subcategorias, seguida pelo formato e depois pela altura. Isso coloca a cor no topo da hierarquia e a altura, na base.

Devido à fisiologia e neurologia dos sentidos, prestamos atenção mais facilmente a algumas categorias do que a outras. Como a cor atrai muito a atenção, é mais natural começar a hierarquia de blocos por ela, em lugar da altura ou do formato.

Entretanto, poderíamos ter usado um desses dois como o primeiro critério, criando uma hierarquia muito diferente, com a altura ou o formato no topo. Então, teríamos optado pelo formato ou a altura como segundo critério, colocando a cor na base da hierarquia. A *ordem* que utilizamos para aplicar critérios visando subdividir um grupo de coisas ou eventos em subcategorias é muito mais arbitrária do que percebemos, bem como a hierarquia resultante.

Embora possamos encontrar determinadas seqüências (e hierarquias derivadas) mais naturais, intuitivas ou úteis, elas sempre são o resultado da *nossa* maneira de organizar a experiência. Não é algo que existe de maneira independente no mundo, como pensavam os filósofos clássicos e como supõem algumas crenças espirituais ou ocultas.

Quando pensamos em uma hierarquia lógica, muitas vezes consideramos as categorias mais gerais, que estão no "topo", as mais *importantes* ou *significativas*, como quando as pessoas falam de níveis lógicos "mais elevados" (Hall, 2002, capítulo 23; Dilts, 2000, p. 667-671) ou "níveis neurológicos" (Dilts, 2000, p. 312-327) *controlando* os níveis inferiores.

Contudo, como podemos criar muitas hierarquias diferentes simplesmente utilizando os mesmos critérios (ou outros) em uma seqüência diferente, é evidente que os níveis "mais elevados" nesse tipo de categorização são simplesmente mais *gerais* e menos específicos, não necessariamente mais importantes ou controladores.

O jeito mais simples de criar uma categoria é usar as propriedades *baseadas nos sentidos* das coisas – sua cor, formato, altura etc. –, como no exemplo dos blocos coloridos de madeira. Entretanto, há *muitos, muitos* outros tipos de semelhança. Para mencionar apenas alguns, podemos criar uma categoria de coisas que existem durante um curto período, eventos que ocorreram em determinado lugar ou hora do dia, coisas cujos nomes começam com a mesma letra etc. Essas categorias não se baseiam em propriedades observáveis dos membros de cada uma delas.

Um critério descritivo simplesmente especifica quais propriedades ou qualidades um membro de uma categoria deve ter e, por *hereditariedade*, qual categoria qualquer subcategoria desta também precisa ter. Independentemente dos critérios descritivos utilizados, isso não cria uma hierarquia de controle ou importância. A idéia comum de que os níveis "mais elevados" são *sempre* mais importantes ou controladores ("abstrações de nível mais elevado controlam idéias, representações e compreensões de níveis inferiores") é uma supergeneralização inadequada, que só *de vez em quando* é verdadeira. Entretanto, algumas hierarquias *realmente* apresentam importância ou controle relativo, portanto isso deve resultar de algum fato adicional.

Os *critérios relacionais* especificam como os membros de uma categoria se relacionam com outras coisas e eventos. Por exemplo, a categoria "mulher" ou "trabalhador" é *descritiva*, mas "esposa" ou "supervisor" é *relacional*, porque especifica um relacionamento com outra pessoa.

Os critérios relacionais às vezes são muito explícitos, como em uma organização militar ou nas descrições de um trabalho e no organograma de organização de uma empresa. Embora uma família raramente tenha um "organograma de organização" explícito, pode haver uma hierarquia de importância ou controle igualmente específica, expressada de forma não-verbal em vez de escrita. Muitas vezes, isso fica evidente em comportamentos não-verbais: quem interrompe quem, quem fala por último, quem olha para outra pessoa nos olhos e quem olha para baixo ou afasta o olhar, ou quaisquer outras pistas comportamentais.

Os membros de uma família costumam se comportar de maneira bastante sistemática em resposta a essas pistas não-verbais, sem necessariamente estar consciente da hierarquia de controle ou importância que elas revelam. Acompanhar esse tipo de hierarquia e as mudanças nela com o passar do tempo ou durante uma crise tem sido o foco principal dos "sistemas familiares" ou das abordagens "estruturais" da terapia familiar. Uma hierarquia familiar é freqüentemente a causa de problemas do "paciente identificado", portanto rompê-la ou reorganizá-la pode ajudar o membro sintomático da mudança familiar.

Os critérios relacionais *entre membros* de uma hierarquia especificam de que modo os membros de um nível se relacionam com os de um nível diferente, como em uma típica hierarquia "de cima para baixo" militar ou empresarial. Existem muitos outros critérios relacionais possíveis. Por exemplo, a utilização de um objeto, história ou valor monetário de troca, sua velocidade etc., todos estão *relacionados* com outra coisa. Uma antiguidade pode ser valorizada por sua idade em relação a outras antiguidades, pela procedência ou devido à sua raridade, talento artístico etc. Sempre que se aplica um critério relacional a uma hierarquia de categorização, ele acrescentará outro aspecto à hierarquia; se não o fizer, é irrelevante para *essa* hierarquia – embora possa ser relevante para outra hierarquia de categorização.

Quando descobrimos um critério relacional, a próxima pergunta é: "Um critério relacional se aplica a determinada hierarquia de categorias ou não?" Por exemplo, o fato de alguém em uma empresa ser "chefe", "funcionário" ou "consultor", especifica critérios relacionais que definitivamente se aplicam à hierarquia de uma organização. Os chefes dão ordens aos funcionários, incluindo contratar e demitir etc., logo há um relacionamento de controle de um sobre o outro. O relacionamento de um consultor com a empresa é mais variável, dependendo do contrato entre eles.

Entretanto, se descrevermos o mesmo homem como marido e pai, isso especifica esse relacionamento com pessoas que em geral *não* fazem parte da empresa. Esses critérios relacionais podem especificar uma hierarquia de controle ou de importância na organização *familiar*, mas não na hierarquia *profissional* – a menos que os parentes também façam parte da empresa.

Importância Em uma organização, normalmente pressupomos que o presidente é mais importante do que os outros funcionários, porém isso não é necessariamente verdade. Talvez todos os membros de uma organização concordassem que os trabalhadores são mais importantes, enquanto o presidente é simplesmente um administrador, uma espécie de zelador de alto nível, com menos importância para a companhia.

Por exemplo, isso acontece bastante em organizações de pesquisas: os administradores podem ser facilmente substituídos, mas substituir as mentes criativas – essência do sucesso da empresa – seria muito difícil.

Os membros de uma organização também poderiam concluir que cada membro é *igualmente* importante e desempenham um papel indispensável para seu sucesso. Portanto, embora comumente associemos hierarquia a importância, uma necessariamente não implica a outra.

Controle Examinando uma hierarquia militar ou profissional, descobrimos que um dos critérios para cada membro na organização especifica um relacionamento de controle entre membros em diferentes níveis. Uma pessoa em determinado nível recebe ordens daquelas de um nível mais elevado e dá ordens para quem está em níveis inferiores, numa "cadeia de comando".

Naturalmente, o "organograma da organização" oficial, que especifica níveis de controle em um negócio – ou mesmo na área militar –, talvez não detalhe com precisão de que maneira o sistema realmente funciona. Um funcionário mais antigo num papel subordinado, que tem conhecimento específico sobre a empresa, pode controlar muito mais coisas em seu funcionamento do que o organograma indica, particularmente em uma situação de crise. As empresas demoraram muito para perceber que as redes *informais* de conhecimento e influência num negócio muitas vezes são bem mais importantes do que seu organograma.

Os membros de uma família podem concordar que o pai é o "chefe da casa", mas sempre que tomam uma decisão, todos olham para a mãe com o propósito de verificar se ela concorda ou não. Mesmo quando ela responde apenas de forma não-verbal, é ela quem realmente decide, embora o pai tome a decisão verbalmente.

Para compreender se uma hierarquia inclui controle ou importância, precisamos primeiro discernir *se* existem quaisquer critérios relacionais – explícitos ou implícitos – e, em segundo lugar, se esses critérios se aplicam a determinada hierarquia ou se estão relacionados com outros eventos não inclusos nela.

Níveis lógicos: princípios relacionais

1. Critérios relacionais em uma hierarquia especificam relacionamentos entre *níveis de uma hierarquia* Os critérios relacionais em uma hierarquia apontam como os membros de uma categoria se relacionam com membros de outra mais específica ou mais geral dentro da hierarquia.

2. Influência entre níveis Freqüentemente, pensamos na palavra "hierarquia" com relação a organizações militares, empresas e igrejas, nas quais há uma hierarquia clara e explícita de *controle* e/ou *importância*, com níveis mais elevados dando ordens e controlando os níveis inferiores por meio de algum tipo de autoridade ou influência. Quando realmente existe uma hierarquia de importância ou controle, ela sempre deriva de *critérios relacionais*.

a. Hierarquia de controle Sempre que a participação em um nível especifica o controle sobre membros do nível abaixo (e/ou sendo controlado pelo nível acima), isso é chamado de hierarquia de *controle*. Em vez de supor que todas tenham um relacionamento de controle, precisamos examinar uma hierarquia e determinar:

1. *Se* há um relacionamento de *controle* entre níveis e, se houver,

2. *Como* um ou mais *critérios relacionais* para esse relacionamento estabelecem tal controle.

b. Hierarquia de valor ou *importância* Outra hierarquia comum é aquela na qual há um relacionamento de mais ou menos *valor* ou *importância* entre níveis, com os mais elevados sendo mais importantes do que os inferiores. Novamente, em vez de supor que todas as hierarquias têm um relacionamento de valor ou importância, precisamos examinar e definir:

1. *Se* há um relacionamento de *valor* ou *importância* entre níveis e, se houver,

2. *Como* um ou mais *critérios relacionais* estabelecem esse valor ou importância relativos.

Essa hierarquia fica muito explícita quando alguém considera conscientemente o que é mais importante, ou mais implícita e oculta, revelada apenas pelas respostas comportamentais e escolhas. Com freqüência, há uma considerável incongruência entre o que alguém *diz* que é importante para si e seu comportamento.

Um exemplo: classificação de conteúdo do "metaprograma" da PNL

As pessoas tendem a sistematicamente *lidar* com todas as suas experiências e *categorizá-las* usando cinco diferentes categorias de conteúdo: *pessoas*, *locais*, *atividades*, *informação* e *coisas* – o acrônimo PLAIC nos ajuda a lembrar delas. Certas pessoas incluem o *tempo* como categoria adicional de classificação de conteúdo e, nesse caso, o acrônimo seria PLAICT.

Alguns classificam principalmente *pessoas* e então subdividem suas experiências usando as outras categorias. Outro indivíduo classificará especialmente por *localização*, empregando-a como a primeira forma de categorizar, mais geral. Outros ainda classificarão primeiro por *atividades*, *informação*, *coisas* ou *tempo*.

Embora muito diferentes, essas categorias são *universais*, uma vez que todas estão presentes em *todos* os eventos. Sempre haverá pelo menos uma *pessoa* (o sujeito) em determinado *lugar*, no *espaço* e no *tempo*, fazendo algum tipo de *atividade* (no mínimo, dormindo e respirando). Sempre haverá *coisas* presentes e o observador em geral terá pelo menos alguma *informação* sobre a situação. Um pouco dessa informação será simples e baseada nos sentidos, como a cor de uma camisa ou aquilo que alguém disse, enquanto outras serão mais abstratas e categóricas.

Aplicando abrangência e categoria a essas categorias de "metaprograma", descobrimos que elas são muito diferentes. *Pessoas* e *coisas* são objetos, abrangências que permanecem durante uma abrangência de *tempo*, enquanto *atividades* (processos) são movimentos de pessoas ou coisas em relação ao espaço e ao tempo. *Localização* no espaço e no *tempo* é uma abrangência independente do conteúdo; já *informação* é algo mais abstrato, nem coisa nem processo. A informação se refere ao modo como diferentes eventos se *relacionam* uns com os outros – no mínimo, um observador se relacionando com o que é observado.

As categorias de metaprograma estão associadas a categorias gerais fundamentais dos verbos que usamos freqüentemente: *relacionando* (pessoas), *estando* (localização no espaço e no tempo), *fazendo* (atividades), *sabendo* (informação) e *tendo* (coisas).

Estas categorias são ainda uma divisão de experiência conveniente em diferentes abrangências que podem ser encontradas em qualquer evento. Há um paralelo entre essas categorias e as seis perguntas que fazemos para obter mais informação sobre o que alguém está falando. "Onde?" no *espaço*, "Quando?" no *tempo*, "Quem?" *pessoas*, "Como?" *atividades* (processos). "O quê?" e "Qual?" são mais gerais e questionam sobre *coisas* ou *informação*, ou qualquer uma das outras diferentes categorias de conteúdo (que hora, qual pessoa, qual informação, que lugar).

"Por quê?" é um tipo diferente de pergunta a respeito de causa do *passado* ou do *futuro* – nossas idéias de passado ou futuro. Se alguém pergunta "Por que isso aconteceu?" ou "Por que você fez isso?", a resposta pode ser "Fiz isso porque... como me foi ensinado", ou "Fiz isso porque... os objetivos que são importantes para mim".

Consideradas juntas, as respostas a essas perguntas básicas podem especificar qualquer experiência, portanto são meios de nos certificarmos de que prestamos atenção a todas as principais abrangências presentes a qualquer evento.

Duas pessoas podem ter vivido basicamente o *mesmo* conjunto de experiências ao crescer, mas aprendido maneiras muito *diferentes* de lidar com elas. Uma talvez agrupe na mente todos os eventos que envolvem determinada *pessoa*, independentemente do lugar ou atividade etc., enquanto a outra agrupa todos os eventos ocorridos em determinado *lugar* ou *época*, independentemente das pessoas ou coisas envolvidas etc.

Assim, cada uma delas subdividiria a categoria mais geral em categorias mais específicas, usando outras categorias de metaprograma etc. Seja qual for a seqüência utilizada, sempre que organizadas em uma hierarquia, essas categorias criarão diferentes níveis lógicos de categorização, como no diagrama em árvore dos blocos de brinquedo.

Com cinco categorias, há 120 possíveis diferentes hierarquias; se incluirmos o tempo, 720! Como a classificação do metaprograma é uma categorização simples, não é necessário nenhum relacionamento entre os níveis, a não ser *inclusão lógica*, *hereditariedade* e *restrição*, conforme discutido no capítulo 2.

Controle? Agora, vamos considerar uma destas possíveis hierarquias: *localização*, *informação*, *atividade*, *pessoas*, *coisas*, *tempo* e examiná-las para ver se apresentam *controle* entre níveis. Geralmente, o controle é considerado de cima para baixo – um nível mais elevado dentro de uma hierarquia controla o nível abaixo dele. (Embora naturalmente pudéssemos inverter o diagrama e então o controle fluiria para cima.)

Nessa hierarquia, a localização controla a informação ou a atividade que ocorre nesse local? A informação controla as atividades ou as pessoas envolvidas nelas? As atividades controlam as pessoas envolvidas?

A cor ou a forma de uma coisa não controlam seu peso ou aquilo do que ela é feita, ou sua história. Esses são simplesmente aspectos diferentes dela aos quais podemos prestar atenção e descrever em qualquer seqüência. A localização é tão-somente onde podem ser encontradas a informação, as pessoas ou atividades em determinada experiência; o tempo se refere a quando ela ocorreu; e a informação é um meio de lembrar das atividades, pessoas e coisas num evento etc. As categorias de metaprograma constituem uma maneira para dividir um evento em diferentes abrangências e organizá-las, mas não há hierarquia de controle.

Importância? A seguir, examinaremos a mesma hierarquia para verificar a presença da *importância*. A categoria mais geral indica como alguém *primeiro* presta atenção aos eventos, e esta é sempre direcionada por nossos interesses, necessidades e valores. Na maior parte do tempo, nossa atenção muda espontaneamente, sem que estejamos inteiramente conscientes de todas as necessidades ou desejos envolvidos. Como a atenção é a verdadeira base dos valores, ela indica, de maneira implícita, o que é subjetivamente mais importante para nós.

A importância relativa da classificação do metaprograma está muito evidente em nossas imagens internas de lembranças passadas e planejamento futuro. Alguém que faz a classificação por pessoas, tenderá a enfatizá-las, vendo-as em 3-D, coloridas, maiores, mais próximas, mais brilhantes, com freqüência criando algum tipo de efeito de imagem/superfície ou enfatizando outra qualidade perceptiva. Alguém que faz a classificação principalmente por *atividades* verá todos os movimentos destacados em cor ou brilho etc., dando menos destaque a outros aspectos. Alguém que classifica primordialmente pelas *coisas* vai enfatizá-las de maneira semelhante, assim como alguém que classifica pela *localização* ou pelo *tempo* enfatizará as relações de tempo e espaço. A *informação* pode assumir muitas formas, normalmente linhas finas, brilhantes, ligando coisas e processos relacionados.

Portanto, descobrimos que *há* importância ou valor relativo entre as categorias em qualquer hierarquia do metaprograma. A primeira categoria, a mais geral, é mais *importante*, exigindo mais atenção do que as outras categorias específicas e exercendo maior influência em nossas respostas. A classificação de conteúdo do metaprograma não expressa uma hierarquia de *controle*, e sim de importância de *valores*.

A próxima pergunta é: "Essa hierarquia de *valores* resulta em uma hierarquia de *controle*?" A resposta a essa pergunta depende do significado da palavra "controle" e particularmente da diferença entre controle *externo* e *interno*. O protótipo que a maioria das pessoas emprega para compreender a palavra "controle" é o de uma hierarquia militar, profissional ou religiosa. Essas hierarquias se baseiam no controle externo, embora todas façam o melhor para instilar esse controle em todos os membros da hierarquia. Mesmo quando são bem-sucedidas, os critérios relacionais para a hierarquia se originam *externamente* dos membros e são *inflexíveis*. Um sargento sempre dá ordens a um soldado, e não o contrário; em questões religiosas, um arcebispo é sempre uma autoridade acima de um bispo.

Quando atendemos nossos interesses, necessidades e valores, o resultado é um tipo de controle muito diferente. O controle se origina *dentro* da pessoa e atua com bastante *flexibilidade*, sem a influência de nenhum sistema de controle externo.

Na década de 1950, Abraham Maslow fez uma lista das principais categorias de valores das pessoas e então tentou colocá-las numa ordem hierárquica de importância, com as necessidades de sobrevivência na base e a auto-realização individual no ponto "mais alto", surgindo apenas depois que as necessidades sociais e de sobrevivência estivessem satisfeitas.

Mas então Maslow encontrou tantas exceções que precisou desistir da idéia de uma hierarquia. Percebeu que, com freqüência, as pessoas arriscam a vida para ter realização e algumas até desistem dela para que *outra pessoa* possa satisfazer suas necessidades básicas ou se realizar. A hierarquia de valores é eficaz na hora de simplificar decisões, mas é inadequada para a maneira como as pessoas realmente funcionam.

Heterarquia Na experiência real, a importância dos valores muda com o tempo e em diferentes contextos. Você pode achar que uma coisa é mais importante do que outra em determinado momento ou contexto e depois ver sua hierarquia mudar muito, em outra época e local. Para citar um pequeno exemplo, acredito que neste momento a leitura deste livro seja o mais importante. Um pouco mais tarde, porém, você pode ficar cansado e, se o telefone tocar ou você começar a perceber que está com fome, isso deve se tornar mais importante do que ler – e espero que você respeite essa mudança em seus valores e aja para satisfazer quaisquer valores diferentes que surjam!

W. S. McCulloch foi um dos primeiros neurofisiologista a descrever as redes neurais do ponto de vista matemático. Uma das estruturas que ele examinou foi o sistema ativador reticular no tronco cerebral, no topo da medula espinhal. Esse sistema, que interage com outras partes do cérebro e seus diversos sinais, indica se uma pessoa está dormindo ou acordada e, quando ela está acordada, a que ela presta atenção.

McCulloch descobriu que o funcionamento dessa estrutura poderia ser mais bem descrito como uma *heterarquia*, em vez de uma hierarquia (1988, p. 40). Uma heterarquia funciona um pouco como um comitê, no qual todo membro pode falar e ouvir os outros *simultaneamente*. As diversas partes do cérebro se comunicam umas com as outras, contribuindo para um consenso a respeito das percepções e atividades que são *mais urgentes e relevantes* em determinado momento. Todas as diferentes partes interagem mutuamente, até que uma delas adquire o controle por tempo determinado, em colaboração com as outras. Esse sistema é muito antigo e determina a atenção não somente nos seres humanos, mas em todos os vertebrados. Ele faz isso há algumas centenas de milhões de anos, uma indicação de como é proveitoso e eficaz.

> *Inevitavelmente, o sistema deve experimentar uma redundância de comando potencial no qual a posse da informação urgente necessária constitui autoridade naquela parte que possui a informação. [...]*
>
> *O fato de ter funcionado tão bem durante toda a evolução, sem que ele próprio evoluísse, indica sua estrutura como a solução natural para a organização do comportamento adequado.*
>
> (MCCULLOCH, 1988, P. 397)

Uma heterarquia descreve como nossas necessidades, valores e desejos realmente funcionam. Em um *momento* qualquer, esse sistema parece ser uma hierarquia, com algumas necessidades assumindo a precedência sobre as outras, enquanto outras ainda são totalmente ignoradas. Mas quando observado durante algum tempo e em diferentes contextos, vê-se que a atenção e o controle na verdade passam de uma necessidade para outra, satisfazendo com sucesso uma e depois a seguinte.

Toda ecologia natural é uma heterarquia, na qual todas as diferentes espécies de plantas e animais interagem entre si em um equilíbrio complexo e dinamicamente mutável, que também responde às mudanças no ambiente físico – temperatura, estações, terremotos etc. Algumas pessoas falam hierarquicamente de um "carnívoro por excelência" ou uma "espécie essencial", o que pressupõe que determinadas espécies são mais importantes do que outras. Um "carnívoro por excelência" costuma ser um animal "no *topo* da cadeia alimentar", como o leão ou o tubarão. Entretanto, seria mais adequado designar os minúsculos micróbios que comem *toda* matéria em decomposição, tanto animal quanto vegetal, como carnívoros por excelência, na medida em que eles se alimentam de *todo* o resto – e naturalmente também são comidos!

Outro exemplo de heterarquia é uma corrida de cavalos ou qualquer outra competição. Para simplificar, digamos que três cavalos estão correndo e que A ganha de B, B ganha de C e C ganha de A. Se você pensar em hierarquias, isso não faz *nenhum* sentido! No entanto, se você *pudesse* criar uma hierarquia estável entre cavalos, isso acabaria com a incerteza do turfe. O que falta à informação anterior são todos os diferentes fatores *além do cavalo*, que contribuem para vencer uma corrida.

Talvez o cavalo A corra melhor em um dia quente e ensolarado e numa pista seca, enquanto B corre melhor na lama e C quando a temperatura está baixa. E existem todos os outros fatores variáveis, como saúde e condição do cavalo e do jóquei, capazes de influenciar o resultado da corrida. Devido a esse tipo de complexidade, você não pode criar uma hierarquia, a não ser de maneira muito geral. Se você pudesse estabelecer uma hierarquia estável, não faria sentido apostar em cavalos, já que todos saberiam antecipadamente qual deles venceria a corrida.

Os militares israelenses, membros de uma das forças armadas mais eficazes do mundo, tomaram providências para se mover na direção da heterarquia. Sempre que possível, os soldados são mantidos nas mesmas pequenas unidades, com o intuito de que cada membro de uma unidade tenha conhecimento detalhado das habilidades, capacidades, fraquezas e forças pessoais dos outros – fatores que poderiam afetar o resultado de uma operação ou batalha. Apesar de haver um comandante designado, o comando é de fato atribuído àquele que se mostra mais capaz e bem informado em determinada situação.

No basquete, durante um período de tempo, os times eram organizados ao redor de uma "estrela", com os outros membros da equipe em papéis de apoio. Mais recentemente, os times vencedores têm sido aqueles que continuamente se reorganizam ao redor do atleta que está na melhor posição para jogar naquele momento – outro exemplo de heterarquia.

Todas as nossas diferentes necessidades e desejos formam uma ecologia *interna*, com um equilíbrio dinâmico que responde com flexibilidade, satisfazendo primeiro uma necessidade e depois outra, dependendo do nosso estado interno, das circunstâncias externas, das oportunidades presentes, previsões futuras etc. Sempre que possível, buscamos experiências capazes de satisfazer alguns valores ao mesmo tempo, porque isso é mais eficiente.

O tipo de controle exercido por uma heterarquia é muito diferente daquele de uma hierarquia. Uma hierarquia de controle é sempre uma imposição artificial no processo heterárquico natural que tem sido a base para a sobrevivência animal há centenas de milhares de anos. Uma hierarquia de valores pode ser ótimo como guia *geral* para aquilo que *habitualmente* é mais importante para você. Mas se ela se tornar rígida e específica, a tendência é que seja bastante prejudicial. Uma hierarquia de controle pode ser considerada uma heterarquia demasiado simplificada e corrompida.

Controle nos relacionamentos Em um relacionamento saudável, a pressuposição fundamental é de que ambos são iguais, contribuindo com aquilo que têm a oferecer, com o mesmo direito de falar e ver suas necessidades e desejos satisfeitos. Quando um está doente, suas necessidades têm prioridade; se um conta com mais habilidades ou informação para lidar com determinado problema, suas opiniões se tornam mais influentes. Qualquer desigualdade no controle é temporária, mudando com os eventos, o contexto e a habilidade, em uma heterarquia flexível e dinâmica. Há uma espécie de dança, na qual cada um responde ao outro, *colaborando* na decisão de quais objetivos ou opiniões têm prioridade em determinada situação.

Um dos problemas mais comuns nos relacionamentos resulta da "rigidificação" dessa heterarquia natural em uma hierarquia na qual a desigualdade torna-se sistemática e permanente, em vez de temporária. Por exemplo, uma família patriarcal tradicional autoritária é um exemplo de hierarquia rígida, muito semelhante à militar. O pai manda na mãe, mesmo que ela tenha mais conhecimento ou habilidade, e a mãe manda nos filhos, sujeita à aprovação do pai. Qualquer conhecimento da mãe ou dos filhos não é utilizado a menos que o pai, em sua infinita sabedoria, concorde.

Os pais podem saber mais do que os filhos a respeito da maioria das coisas, especialmente quando estes são muito jovens. Mas à medida que as crianças crescem e se tornam mais capazes, ficam mais insistentes para ter mais liberdade e participação nas decisões, aumentando a pressão por uma heterarquia mais natural – o que com freqüência resulta em conflito, rebeldia e, algumas vezes, em coisa pior. Naturalmente, uma hierarquia também desrespeita os outros se uma mãe dominadora ou um filho rebelde tem toda a autoridade e poder.

Raramente, a desigualdade em um relacionamento é abertamente confirmada pelas palavras "Veja, sou mais importante e sei mais sobre tudo, portanto vocês deveriam calar a boca e fazer o que digo" ou "Sou muito fraco e desmiolado para fazer todas essas coisas, portanto vocês precisam fazê-las para mim". A superioridade é geralmente comunicada de forma não-verbal por um tom de voz de comando, que interrompe a outra pessoa, fala longamente, rejeita o que alguém diz com um movimento brusco da cabeça etc. Muitas vezes, a inferioridade é comunicada de maneira oposta: olhos baixos, ombros caídos, expectativa de uma oportunidade para falar, tom de voz ansioso ou lamuriento etc.

Provavelmente, notamos a desigualdade no momento em que a outra pessoa assume uma posição *superior*, dizendo-nos o que fazer quando gostaríamos de fazer outra coisa. Entretanto, quando alguém assume uma posição *inferior*, agindo de forma desamparada ou incompetente, isso pode ser igualmente eficaz para nos coagir a fazer algo que do contrário não faríamos.

A primeira coisa a perceber é o fato de que, sempre que alguém quer o controle, essa não é realmente a questão. O controle está invariavelmente a serviço de *outro* objetivo. Quando alguém tem aquilo que é comumente chamado de "questões de controle", o controle sem exceção se presta a *satisfazer outras necessidades ou desejos.* Se uma pessoa sempre pudesse controlar os outros, como um rei, a vida seria muito agradável para ela – no entanto, ninguém gosta de ser controlado e, assim, os outros também tentam controlar, aberta ou secretamente, tornando-se oponentes. Em geral, a luta pelo controle se estende aos eventos mais irrelevantes, uma vez que qualquer desistência dele ameaça a rígida hierarquia.

Quando se estabelece um relacionamento entre pessoas desiguais, aquele que é "superior" deve ser ouvido, atendido, obedecido etc., e o que é "inferior", auxiliado, cuidado etc. Ambas as posições são meios de controlar a outra pessoa, em vez de discutir as questões por meio de uma posição de igualdade para chegar a uma decisão mútua – ou encontrar formas de satisfazer suas diferentes necessidades e desejos *separadamente.*

A luta pelo controle cria uma contradição muito interessante. Para controlar os outros, primeiro preciso controlar a mim mesmo – o que digo e faço etc. Assim, a primeira pessoa a ser controlada é aquela que deseja controlar os outros, o que geralmente resulta em muita inibição da resposta espontânea e em tensão.

Portanto, sempre que estiver vivendo um conflito num relacionamento, vale a pena explorar como ele ficou definido como desigual. A desigualdade pode ser estabelecida pela outra pessoa ou por você, ou, com maior freqüência, por *ambos*, já que raramente uma pessoa em interação define completamente o relacionamento sem algum tipo de cooperação ou concordância da outra. Como disse Eleanor Roosevelt: "Ninguém pode fazê-lo se sentir inferior sem o seu consentimento. Nunca desista". O exercício a seguir deve ajudá-lo a praticar a exploração desse tipo de situação.

Explorando a desigualdade e recuperando o equilíbrio

1. Relacionamento desigual Pense num relacionamento que já é desigual ou problemático e veja o filme de um momento específico no qual você está se relacionando com essa pessoa.

2. Descubra a natureza da desigualdade Quem é superior ou "melhor" e quem é inferior ou "pior". Quem está "no comando" e quem não está? Como é comum nesse tipo de conflito *ambas* as pessoas se sentirem presas

numa armadilha, algumas vezes isso é difícil de determinar. Essa desigualdade é ampla, em todos os contextos, ou existem alguns contextos nos
quais ela é abandonada ou invertida?

3. Como isso ocorre? O que, especificamente, você e essa outra pessoa
fazem para estabelecer e manter essa desigualdade? Geralmente, o componente verbal é mais fácil de ser determinado. Quem diz a quem o que fazer,
diretamente ou por pressuposição ou sugestão?

O componente não-verbal costuma ser menos óbvio e muito mais infor-
mativo. Reveja em detalhes o seu filme daquele evento, notando *todos* os comportamentos não-verbais que contribuem para definir o relacionamento.

Será mais fácil começar observando os comportamentos e respostas da
outra pessoa e seu impacto. Por exemplo, quando ela movimenta a cabeça,
você se sente rejeitado ou ignorado? Quando ela sorri ou ri, foi porque sin-
ceramente achou alguma coisa engraçada ou se tratou de uma rejeição de
algo importante para você, ou ainda uma demonstração nervosa de medo
ou vulnerabilidade?

Em seguida, observe como a pessoa respondeu à *sua* comunicação não-
verbal. Em geral, isso é mais difícil, mas pode ser facilitado se você assumir
a "posição do observador", na qual pode observar a si mesmo enquanto
interage com essa pessoa.

De que maneira essas comunicações não-verbais contribuem para categorizar *você*, a *outra* pessoa, seus *comportamentos*, *eventos* ou o *relacionamento* entre vocês?

4. Estabelecendo seu objetivo Essa desigualdade lhe é satisfatória ou
você gostaria de mudá-la? Pense naquilo que gostaria que fosse diferente;
faça um filme detalhado de como seria esse relacionamento se vocês fossem iguais, em uma parceria dinâmica. O que você diria e faria diferente e
como seu comportamento o apoiaria?

5. Ensaie opções Pense no que você poderia fazer para alcançar tal objetivo nessa situação. Tenha em mente que a outra pessoa provavelmente
tentará manter o relacionamento desigual, portanto você precisará antecipar sua resposta. Continue explorando opções até chegar a diversas
maneiras satisfatórias.

6. Ensaie suas respostas no futuro Pense na próxima vez em que provavelmente estará com essa pessoa e se imagine respondendo de formas
novas àquela situação. Se você considerá-las insatisfatórias de qualquer
modo, volte ao passo 5 para desenvolver novas opções.

Esse exercício também pode ser usado no relacionamento de uma pessoa com objetos inanimados que a controlam – alimentos, drogas ou outras
coisas que resultam em compulsão. Como você pode mudar a *sua* maneira
de responder a fim de recuperar o equilíbrio? Na bulimia, a hierarquia se
alterna entre a necessidade social de ser magro e a necessidade fisiológica
de alimento. Assisti ao vídeo de uma sessão com uma pessoa que não comia nada e só bebia Pepsi *diet* (*zero* calorias) durante três dias, negando e
desrespeitando completamente a fome e a necessidade de nutrição. Então,
ela perdia o controle e comia demais, até recuperar o controle, vomitando
e voltando à Pepsi *diet*.

Oferecendo adoçantes artificiais a ratos, pesquisas recentes descobriram que eles desativaram o sistema natural de *feedback* e, na verdade, con-
tribuíram para o excesso de peso que deveriam evitar. Normalmente, o
sabor doce do açúcar é acompanhado de mudanças fisiológicas no sangue
enquanto ele é metabolizado, e isso sinaliza para o animal comer menos.
Com um adoçante artificial, porém, o sinal do sabor fica sem significado,
uma vez que não é acompanhado por mudanças fisiológicas. Assim, ele
passa a ser ignorado e o animal continua comento, resultando num ganho
maior de peso do que se ingerisse açúcar.

Infelizmente, o terapeuta (um "especialista" bem conhecido) dedicou
todos os seus esforços para ajudar o cliente bulímico a adquirir mais *controle* voluntário sobre sua alimentação! Meu objetivo teria sido o *oposto*: diminuir seu controle e recuperar um pouco de respeito por seu funcionamento
natural. Os animais e as pessoas saudáveis não *controlam* a alimentação;
comem espontaneamente quantidades razoáveis e mantêm um equilíbrio
dinâmico entre a ingestão de alimentos, exercícios *e* todas as suas muitas
outras necessidades.

Giorgio Nardone e Claudette Portelli desenvolveram um protocolo
sistemático bem-sucedido para trabalhar com distúrbios de alimentação

que é consistente com a idéia de restaurar a heterarquia natural do corpo. Por exemplo, no caso de comer excessivamente, eles primeiro estabelecem, dialogando com o cliente, que fazer dieta, contar calorias, repressão e outros métodos usados na tentativa de controlar o peso não somente falharam como são na verdade um fator *causador*. Então, eles dão ao cliente uma instrução muito simples a ser seguida durante as duas semanas seguintes:

> Pense todos os dias em seus alimentos favoritos, sem pensar na saúde, e prepare cada refeição – café-da-manhã, almoço e jantar – com seus preferidos, aqueles que você adora. Prepare as refeições cuidadosamente a fim de torná-las saborosas e aprecie seus alimentos favoritos. Coma o que quiser na hora das refeições, mas não coma nos intervalos. (2005, p. 107)

Logo os clientes descobrem que os alimentos antes "proibidos" perdem seu apelo compulsivo e eles passam espontaneamente a comer refeições razoáveis e balanceadas, livres da luta criada pelas tentativas de controlar a alimentação – e, aos poucos, perdem o excesso de peso.

A mulher que descrevi no capítulo 1, que não comia, dormia ou se exercitava bem, é outro exemplo de hierarquia rígida. Ela ignorou outras necessidades até que se tornaram suficientemente fortes para fazer valer seus direitos e conseguir sua atenção total. Ela ia de uma abrangência a outra, sempre desequilibrada. Ao usar uma abrangência maior, respondeu flexivelmente a *todas* as suas diferentes necessidades, alternando facilmente entre algumas e integrando outras na mesma atividade, restabelecendo uma heterarquia saudável.

Resumo: Uma hierarquia simples baseada na inclusão categórica tem as propriedades da *hereditariedade* e da *restrição*. Os níveis lógicos resultantes *não* criam necessariamente uma hierarquia de importância ou de controle. Somente uma hierarquia com *critérios relacionais* que especificam como os membros se relacionam uns com os outros em diferentes níveis estabelecerá uma hierarquia de importância ou de controle.

Para determinar se uma hierarquia também inclui *controle*, *importância*, *significado* ou outro relacionamento sistemático entre níveis, precisamos determinar *se* existem critérios relacionais (explícitos ou implícitos) que especificam como os membros de níveis *na* hierarquia se relacionam.

Eventos diferentes são *qualitativamente* diferentes para nós – significativos ou importantes de maneiras distintas. Com freqüência, também são *quantitativamente* significativos – alguns *mais* valiosos ou significativos do que outros. Quando criamos uma hierarquia de experiências significativas, isso estabelece uma hierarquia de importância. Um exemplo é a classificação de categorias do "metaprograma", que cria uma hierarquia de importância, mas não de controle.

Cada um de nós valoriza muitos diferentes tipos de experiências, por várias razões, portanto é importante saber *priorizar* valores em uma *hierarquia geral* que indica quais valores são *geralmente* mais importantes, na maior parte das situações. Isso torna mais fácil responder rapidamente a novas situações, de maneiras congruentes com nossos valores, sem precisarmos estudá-las cuidadosamente. Podemos demorar mais em experiências que consideramos valiosas e não desperdiçar demais a vida com coisas que não são importantes.

Precisamos reconhecer que toda hierarquia é uma distorção estática e que nossos valores de fato funcionam como uma *heterarquia*, que muda de importância conforme a situação externa, a mudança do estado interno, o conhecimento, a experiência, os objetivos etc. Toda sociedade autoritária tradicional que impõe uma hierarquia artificial de valores rígida à heterarquia natural flexível limitará e tolherá o potencial das pessoas para conseguir satisfação e se desenvolver mais.

A seguir, examinaremos como usamos os valores e sua importância relativa – juntamente com as outras compreensões sobre o mundo a nosso redor – para criar significado e significância maiores.

> *"A ARTE DO PROGRESSO É PRESERVAR A ORDEM EM MEIO À MUDANÇA,*
> *E PRESERVAR A MUDANÇA EM MEIO À ORDEM."*
> **ALFRED NORTH WHITEHEAD**

11

Significância
Além da indicação e da lógica

"NÃO SÃO AS COISAS EM SI MESMAS QUE NOS PERTURBAM,
MAS AS OPINIÕES QUE TEMOS SOBRE ESSAS COISAS."
EPÍTETO (SÉCULO I A.C.)

Indicação No capítulo 3, expomos como uma palavra identifica, indica ou aponta para uma experiência, o que alguma coisa "é". "Aquilo é uma caixa de fósforos." Podemos fazer isso devido à habilidade para categorizar eventos, nomeá-los e depois usar um *protótipo* da categoria a fim de representar o significado de toda a categoria. A maior parte das pessoas não encontra dificuldade para concordar com esse tipo de significado mais ou menos "objetivo". "Sim, essa é uma caixa de fósforos."

Lógica (e matemática) é um meio para determinar se certas conclusões são válidas, *supondo* que certas proposições ou axiomas são verdadeiros. A estrutura básica da lógica consiste na ligação "Se — então", e a incerteza expressada no "se" é muito importante. "*Se* X é verdade, então Y é verdade." "*Se* essa é uma caixa de fósforos e *se* os fósforos podem ser usados para fazer fogo, então essa caixa de fósforos pode ser usada para fazer fogo."

A lógica é um conjunto de regras e procedimentos utilizado para determinar se os argumentos chegam a conclusões significativas – e o significado está restrito a "verdadeiro" ou "falso". A lógica só pode dizer: "*Se* isso é verdadeiro, *então* aquilo é verdadeiro (ou falso)". Embora não acreditemos que a lógica seja útil, basicamente se trata de uma maneira de determinar a *consistência interna* do pensamento, de modo que, *se* nossas suposições forem verdadeiras, poderemos usar a lógica para chegar a conclusões corretas. A lógica trabalha para garantir que o significado não se perca e que não se criem falsos significados durante uma discussão ou em uma "cadeia de pensamentos".

Com base em um conjunto de números e métodos para processar esses números, um computador usa seus circuitos lógicos para dar uma resposta numérica correta. Entretanto, um computador não pode determinar como se criaram os números originais, se eles realmente medem aquilo que devem medir ou se os resultados da computação têm alguma importância para o mundo real. A lógica não tem como determinar se uma palavra indica uma categoria adequada de eventos ou se as proposições relacionando diferentes categorias são verdadeiras. Isso só pode ser estabelecido pela experiência ou pela cuidadosa experimentação científica.

Significância é um tipo diferente de significado. A indicação simplesmente identifica um evento como pertencente a uma categoria, por exemplo, "caixa de fósforos". O próximo passo consiste em determinar a *relevância* da categorização *para mim*, no contexto atual. "O que essa caixa de fósforos significa *para mim?*" "Qual a *significância* desse evento, ou categoria de eventos, no que diz respeito à minha história, necessidades, desejos, objetivos etc.?"

Significância é algo que *atribuímos* a eventos e comportamentos pelas ligações que fazemos na mente. Normalmente, processos como esse ficam mais claros quando *não* funcionam do que quando funcionam, porque revelam a ausência de um elemento que de outra forma não seria reconhecido. A seguir, um exemplo fascinante de como a *significância* de uma categoria de comportamento pode diferir mesmo quando a indicação e a lógica estão de acordo.

> *Durante os últimos anos da Segunda Guerra e o início dos anos pós-guerra, centenas de milhares de soldados americanos tinham sua base na Grã-Bretanha ou passaram por lá, proporcionando uma oportunidade única para o estudo dos efeitos de uma penetração em ampla escala de uma cultura por outra. Um aspecto interessante foi a comparação dos padrões de "paquera". Os soldados americanos e as garotas inglesas acusavam uns aos outros de serem sexualmente atrevidos. A investigação dessa curiosa dupla acusação trouxe à luz um interessante problema de pontuação. Nas duas culturas, desde o primeiro contato visual até*

a consumação final, a "paquera" percorria aproximadamente trinta passos, mas a seqüência destes era diferente. Beijar, por exemplo, vem relativamente cedo no padrão norte-americano (ocupando, digamos, o passo 5) e relativamente tarde no padrão inglês (digamos, no passo 25), no qual é considerado um comportamento muito erótico. Portanto, quando o soldado achava que aquela era a hora certa para um beijo inocente, a garota não somente se sentia enganada por seu comportamento inadequado como também achava que tinha de tomar uma decisão rápida: romper o relacionamento e fugir ou preparar-se para a relação sexual. Se ela escolhesse a última opção, o soldado se via diante de um comportamento que, de acordo com as suas regras culturais, só poderia ser considerado desavergonhado naquele estágio inicial do relacionamento.

(W<small>ATZLAWICK</small>, 1976, P. 63-64)

Como nosso processo para lidar com uma abrangência, categorizando-a e encontrando significado, costuma ser muito rápido e totalmente inconsciente, quero usar uma cena simples com o intuito de ilustrar os tipos de mudanças que podem ocorrer na *significância* de "uma caixa de fósforos".

Certa manhã, entro na cozinha e meus olhos são atraídos para uma caixa de fósforos sobre a mesa. Ninguém fuma em nossa família e guardamos os fósforos numa gaveta, já que geralmente só os utilizamos para acender velas em datas especiais ou quando falta luz. No contexto desse conhecimento, o significado da tal caixa de fósforos é o de que se trata de um pequeno quebra-cabeça, e fico curioso.

Então penso "Alguém a tirou da gaveta" e imagino um dos meus filhos usando um fósforo para esterilizar uma agulha a fim de tirar uma farpa de madeira do dedo. Isso amplia a abrangência da minha experiência dos fósforos, incluindo uma imagem do meu filho utilizando-os na noite anterior. Agora, ela significa uma pequena desordem, e me sinto um pouco aborrecido por ele não os ter guardado. Nesse ponto, minha categorização dos fósforos indica que uma pessoa de quem gosto os deixou fora da gaveta e eu os quero de volta lá. Já não me sinto confuso e curioso, e sim mais tranqüilo em minha nova compreensão.

Enquanto apanho os fósforos para colocá-los de volta na gaveta, noto que a caixa tem a propaganda de uma loja que não conheço – portanto, não são nossos fósforos – e penso: "Outra pessoa deve tê-los trazido e deixado aqui".

Isso muda minha abrangência. A imagem do meu filho retirando uma farpa do dedo desaparece e em seu lugar surge a imagem fantasmagórica de uma pessoa não identificada, sem rosto, movimentando-se pela nossa cozinha com fósforos – até escuto seus passos. Então, o significado dos fósforos é novamente um quebra-cabeça não resolvido, mas agora sinto uma leve preocupação com esse desconhecido. "Quem era essa pessoa, o que ela estava fazendo na casa e por que deixou esses fósforos aqui?"

Se você estivesse na minha posição, o que experimentaria a seguir, tentando determinar a significância da caixa de fósforos? Que imagens, sons ou sensações poderiam mudar a abrangência da experiência em sua mente, como você os categorizaria e que significância eles teriam para você?

A estrutura da significância

O significado de qualquer experiência depende parcialmente do *conteúdo* daquilo que se experimenta, e esse aspecto costuma ser muito óbvio. Entretanto, a *estrutura* do significado é bem menos óbvia e independe do conteúdo representado.

Por exemplo, digamos que eu entro na minha sala de estar e vejo um homem mais velho e uma mulher mais jovem que não conheço. Nesse ponto, eles têm pouco ou nenhum significado para mim, a não ser o significado indicativo: ambos são seres humanos, um homem mais velho e uma mulher mais jovem.

Então, minha esposa diz que a mulher trouxe o homem e que ele é seu advogado. Note como essa simples frase amplia a abrangência de suas imagens internas e como isso cria pelo menos o início de algum significado a respeito de como essas pessoas chegaram à minha sala de estar.

Esses fragmentos de significado também podem ter evocado algumas perguntas sobre a significância desses fatos. "Um advogado? Será que estamos sendo processados, convocados como testemunhas ou há uma herança?" Se eu tivesse visto essas mesmas pessoas na rua ou em um restaurante e minha esposa me desse a mesma informação, eu provavelmente vivenciaria uma experiência muito diferente, talvez imaginando como minha esposa conhecia aquelas pessoas ou como seria tê-las como amigos.

A mulher trazendo o homem para a casa é um exemplo daquilo a que se chama *causa-efeito*; a mulher fez o homem estar aqui. Podemos compreender isso imaginando um curta-metragem ou um diafilme dela trazendo-o para cá, vindos de outro lugar, em uma abrangência de espaço e tempo.

A afirmação de que o homem *é* seu advogado refere-se à *equivalência*: homem = advogado. O homem é um membro da categoria advogados; um não causou o outro, um é membro do outro. Ele é advogado seja qual for o contexto – ainda é um advogado quando está cortando a grama ou dormindo. Compreendemos facilmente esse significado usando duas imagens paradas, próximas uma da outra: uma imagem do homem e uma imagem próxima de "advogado", no mesmo momento no tempo.

O *contexto* é um terceiro elemento que cria significado. Ver essas duas pessoas em minha sala de estar é muito diferente de vê-las na rua ou no restaurante. O contexto cria um "segundo plano" que afeta o significado do "primeiro plano", e isso também é simultâneo: vejo o primeiro e o segundo planos ao mesmo tempo. Freqüentemente, pressupomos ou ignoramos o contexto enquanto lidamos com os eventos no primeiro plano.

Criamos significado ligando duas ou mais experiências na mente, fazendo isso *seqüencialmente* no tempo *(causa-efeito)*, ou *simultaneamente* no espaço. Neste último caso, elas podem ser ligadas vendo-as lado a lado *(equivalência)* ou uma dentro da outra (**contexto**). Vamos considerar essas três possibilidades estruturais mais detalhadamente.

Significado seqüencial

Causa-efeito "X causa Y", ou "X → Y". Quando duas experiências estão ligadas na mente seqüencialmente em uma abrangência de tempo, cria-se uma ligação causa-efeito. "Sua voz me faz sentir medo." "Porque ele não é cuidadoso na direção, pode sofrer um acidente." "Seu toque suave me dá arrepios."

Embora a causa sempre exija uma seqüência no tempo, a seqüência nem sempre implica causa; duas coisas podem não estar relacionadas mesmo quando uma vem antes da outra. "Os pássaros cantam logo antes do amanhecer" não quer dizer que os pássaros *causam* o amanhecer. (Na verdade, as primeiras indicações do amanhecer fazem os pássaros cantar!)

Quer a causa-efeito possa ser estabelecida ou justificada filosoficamente, quer não, ela é fundamental para compreendermos os eventos. Trata-se também de um dos principais elementos no sucesso de toda exploração científica. Uma causa-efeito que não tenha sido testada é chamada de *superstição*; ela pode ou não ser verdadeira, e não saberemos de fato até testá-la para descobrir sua validade.

Significado simultâneo

Podemos ligar duas experiências simultaneamente no espaço de *duas* maneiras, colocando as representações *próximas* uma da outra (equivalência) ou uma dentro da outra (contexto).

Equivalência "X *é/significa* Y" ou "X = Y". Quando duas experiências são ligadas *ao mesmo tempo*, provavelmente alguém utiliza palavras como "é" ou "significa", o que indica ou sugere uma *equivalência* entre duas abrangências de experiência.

A ligação costuma se dar entre uma abrangência externa e uma categoria interna. "Aquele olhar *significa* que ele me acha um inútil", "Abrir a porta para mim é uma manifestação de carinho". A representação interna em geral é um *protótipo* que representa uma categoria, e não todas as categorias.

No momento em que isso é invertido, uma equivalência se parece mais com uma definição, igualando uma categoria a uma experiência prototípica que representa a categoria: "'Segurança' *significa* não ter preocupações", "Um bom emprego *é* aquele no qual sei exatamente o que fazer". Nesse caso, normalmente a categoria vem em primeiro lugar na frase, mas isso pode ser invertido. "Parar para observar o pôr-do-sol é relaxante."

Quando duas *abrangências* estão ligadas na mente dessa maneira, em geral se trata de uma afirmação parte/todo ou outra afirmação de inferência. "Esse miado **significa** que o gato está na casa", "Ver pegadas na neve *é* sinal de que um cervo está por perto". Ao ligarmos duas *categorias* com equivalência, o "é" torna-se "são". "Políticos são mentirosos", "As crianças são o futuro".

Contexto "X *em* Y" ou "X cercado por Y". O significado do motor em um carro é muito diferente do significado do mesmo motor na sua sala. O significado de uma piada de mau gosto é muito diferente em uma partida de pôquer do que na igreja. O contexto no qual uma abrangência está embutida é um caso especial de significado simultâneo criado pela visão de uma abrangência *dentro* de uma abrangência maior de espaço ou de tempo. O significado resulta da categorização da *relação* entre o evento e seu contexto, e habitualmente respondemos mais à experiência do que ao contexto. Por exemplo, quando descrevi o motor do carro na sua sala, provavelmente o motor se "destacou" em sua imagem, enquanto a sala teve sua ênfase diminuída.

Esse efeito pode ser aumentado se separarmos os dois para que se veja o motor mais próximo do que a abrangência circundante da sala, criando um contexto de "primeiro plano" representado à frente de um "segundo plano". Embora essa seja uma experiência familiar para a maior parte das pessoas, o contrário não é, e você pode confirmar isso facilmente tentando fazê-lo na mente. Em vez de ver o motor mais próximo, veja-o *mais afastado*, como se você olhasse por um "buraco". Ao fazermos isso, prestamos mais atenção ao contexto e o motor torna-se menos importante.

Quando alguém faz uma afirmação sobre o significado criado pelo contexto, com freqüência ambos são pressupostos ou até totalmente omitidos, ou mesmo completamente inconscientes. "Sou muito calado (em reuniões de negócio) (e isso significa que não posso ser bem-sucedido)." "Ela é muito agressiva (em festas) (e não gosto disso)." "Ele é muito alegre (em ocasiões tristes) (ele é esquisito)." Esta antiga história taoísta sobre um fazendeiro chinês ilustra como um contexto diferente pode mudar o significado de um evento:

> Um fazendeiro de um vilarejo pobre era considerado rico porque tinha um cavalo, que usava para arar a terra e como meio de transporte. Um dia, seu cavalo fugiu. Todos os vizinhos exclamaram como aquilo era terrível, mas o fazendeiro disse simplesmente: "Talvez".
>
> Alguns dias depois, o cavalo voltou e trouxe com ele dois cavalos selvagens. Os vizinhos se alegraram com sua sorte, porém o fazendeiro disse apenas: "Talvez".
>
> No dia seguinte, o filho do fazendeiro tentou montar um dos cavalos selvagens. O animal jogou-o no chão e ele quebrou a perna. Os vizinhos

foram solidários com sua falta de sorte, contudo o fazendeiro novamente disse: "Talvez".

Na semana seguinte, policiais foram ao vilarejo recrutar os jovens para o exército. Eles rejeitaram o filho do fazendeiro devido à perna quebrada. Quando os vizinhos disseram como ele tinha sorte, o fazendeiro respondeu: "Talvez".

(BANDLER, GRINDER, 1986, P. 1)

A pressuposição da PNL de que "*Todo comportamento é útil em algum contexto*" constitui uma afirmação geral que nos alerta a pensar nisso. Quando um cliente está infeliz com algum comportamento, um primeiro passo muito eficaz é mostrar os contextos em que ele seria totalmente adequado e benéfico. Por exemplo, digamos que um pai está infeliz por perder o controle repetidamente e gritar com os filhos por questões pequenas, como atrasos ou um quarto bagunçado. Mostrar que gritar pode ajudar a atrair sua atenção em uma situação na qual eles se encontram em perigo real e imediato talvez diminua sua autocrítica e mude sua atitude de oposição aos gritos, *redirecionando-a* e escolhendo o contexto apropriado para ela: "Gritar *nesse* contexto, não *naquele*". É bem mais fácil redirecionar o comportamento do que pará-lo, e enxergar seu valor em certo contexto torna mais fácil encontrar um comportamento diferente no contexto no qual ele é um problema.

Como todo evento tem aspectos *seqüenciais* e *simultâneos* e ocorre em algum *contexto*, essas três diferentes categorias de significado não são rigorosamente independentes ou separáveis; trata-se de maneiras diferentes para alguém *compreender* a mesma experiência, *lidando* com seus diferentes aspectos.

Tomemos a afirmação "*Porque* ele não é cuidadoso na direção, pode sofrer um acidente". Poderia ser associada a um curta-metragem de um carro descontrolado com a imagem de um acidente de carro seqüencialmente, *ou* mostrar duas imagens paradas lado a lado ligadas simultaneamente no espaço, *ou* uma das imagens estaria dentro da outra, com a imagem de fora proporcionando o segundo plano.

Da mesma maneira, qualquer *equivalência* "X significa Y" pode ser reformulada como "X me faz pensar Y". "Esse tipo de olhar me *faz* pensar que ele me acha um inútil." Outra opção seria representar a "inutilidade" no contraste imagem/cenário, com uma imagem minha no contexto de um grupo de homens muito poderosos.

"Sou muito calado" em determinado *contexto* também poderia ser representado pelas conseqüências seqüenciais de ser calado – ser ignorado ou abandonado – ou por uma imagem simultânea adjacente de ser rejeitado ou ridicularizado.

Em qualquer situação, lidamos majoritariamente com qualquer uma dessas três formas para criar significado (mais raramente com duas delas, ou até mesmo com todas as três).

$$\begin{array}{ccc} & \textit{Causa} \text{ (causa-efeito)} & \\ X & \textit{é} \text{ (equivalência)} & Y \\ & \textit{em} \text{ (contexto)} & \end{array}$$

Essas três diferentes categorias de significado indicam a abrangência daquilo em que alguém *está* prestando atenção, daquilo em que *não* está, ou está prestando menos atenção, sem dar o devido valor.

Alguém que geralmente presta atenção à causa-efeito muitas vezes ignora os aspectos simultâneos de uma experiência no momento, bem como o contexto.

Em meu exemplo já citado de levar a garota para casa debaixo de chuva, eu estava pensando nas *conseqüências* de caminhar com ela por três quarteirões até a porta de sua casa (e voltar mais três na chuva!), portanto, atenciosamente, estacionei o carro na frente da casa. Dessa maneira, ela só se molharia um pouco e eu não me molharia nada.

Entretanto, *ela* estava lidando com sua *equivalência* para "cortesia" ou "respeito", uma imagem na qual eu a levava até a porta de casa, e por isso me considerou rude e *sem* consideração. Também poderíamos dizer que ela estava prestando atenção ao contexto do *relacionamento* (um encontro), enquanto eu respondia ao contexto *físico* (a chuva forte).

Mesmo duas pessoas que se conhecem há anos, quando decidem tornar o relacionamento estável e casar, quase sempre descobrem que têm *equivalências* significativamente diferentes para a nova vida de casados.

Alguém que presta atenção principalmente ao *contexto* provavelmente vai ignorar o significado simultâneo no momento e as conseqüências futuras. Por exemplo, uma pessoa que se recusa a revelar assuntos "particulares" para um médico ou um terapeuta, apesar de estar à beira do suicídio, não está prestando muita atenção às conseqüências.

Todo evento incluirá três elementos: *causa-efeito*, *equivalência* e *contexto*. Isso também vale para qualquer matéria escrita, incluindo este capítulo *a respeito de* como criamos significado. Cada frase é uma tentativa de evocar determinadas abrangências de experiência na mente do leitor e depois ligá-las em um contexto – seja simultaneamente no espaço, por meio das palavras "é" ou "significa", ou seqüencialmente no tempo, usando termos como "causa", "resulta", "faz", "evoca" etc.

Quando alguém presta atenção a todas essas três maneiras de se criar significado, obtém informações para avaliar uma situação e tomar uma boa decisão. Se ignorarmos um ou mais desses três aspectos diferentes, corremos o risco de categorizar e responder inadequadamente. Sabendo de que maneira alguém representa um evento, podemos começar a compreender como ele o categoriza e criar significado, atraindo sua atenção para a abrangência daquilo que ele não está considerando. Mesmo quando uma pessoa rejeita um significado que lhe oferecemos, para fazê-lo ela precisa pelo menos considerá-lo por um instante; isso pressupõe que *há* outros possíveis significados, embora ainda não tenhamos encontrado um aceitável.

Experiência sensorial ou categoria Outra variável estrutural na criação do significado é a diferença entre usar uma abrangência específica e uma categoria. A primeira experiência, X, em geral é uma abrangência específica (real ou imaginada) com a qual a maior parte das pessoas concordaria (um bom beijo de boa-noite, uma entrevista de trabalho, um encontro, um comentário verbal etc.). Mas X também pode ser uma *categoria* de experiência, como "homens", "acidentes", "flores" etc. "Casas são um fardo", "Viajar amplia sua perspectiva".

A segunda experiência, Y, é uma representação interna do *efeito*, *equivalência* ou *contexto* percebido que dá significado a X. Ela também pode ser determinada *abrangência*, lembrada ou imaginada, ou uma *categoria*.

Como há opção de X e Y serem uma abrangência ou uma categoria, há quatro possibilidades. Para ilustrar com clareza a diferença entre abrangência e categoria nesse contexto, é bom comparar os extremos. Façamos isso com dois exemplos de causa e efeito: um no qual X e Y baseiam-se nos sentidos e um no qual *ambos* são categorias.

Imagine que você esteja jantando e alguém lhe diz alguma coisa. Pare e note como suas imagens internas destas frases são *estruturalmente* diferentes.

"Segurando a faca desse jeito, ela vai escorregar e cortá-lo."

"O descuido provoca ferimentos."

Ambas poderiam descrever o mesmo evento, mas a experiência delas é diferente. Se não houver nenhuma diferença imediatamente aparente para você, alterne entre as duas frases para aumentar o contraste.

Na primeira, as duas experiências são *abrangências baseadas nos sentidos*; você pode facilmente criar um filme detalhado do que ela significa – um curta-metragem de uma faca afiada escorregando e cortando sua mão.

Na segunda afirmação, as imagens são bem menos detalhadas, uma vez que ambas as palavras se referem a *categorias abstratas* gerais de experiência. Minha imagem dessa frase são duas "nuvens" escuras unidas por uma flecha, cada uma contendo vários exemplos diferentes e ainda não sei qual deles seria melhor usar como protótipo para indicar o que a frase significa. A categoria "descuido" inclui *muitos* diferentes comportamentos baseados nos sentidos, desde não prestar atenção até o abandono irresponsável. O mesmo acontece com a categoria "ferimentos". Há diversos diferentes tipos de ferimentos, com conseqüências bastante diferentes.

As minhas "nuvens" constituem uma maneira de indicar todas essas muitas diferentes possibilidades baseadas nos sentidos; até que eu escolha uma delas, as nuvens para "descuido" e "ferimentos" são apenas pedaços indistintos de névoa. A frase "O descuido provoca ferimentos" é uma ligação de *duas* incertezas indistintas, portanto o significado de toda a frase é ainda menos certo do que cada uma delas sozinha.

Esse tipo de incerteza é uma conseqüência inevitável da utilização de categorias abstratas, e é por isso que as propagandas do governo dizem "Fumar causa câncer". Embora "fumar" seja bastante específico, "câncer" é uma ampla categoria que contém uma enorme variedade de doenças. A menos que alguém tenha vivido diretamente a experiência de ver alguém morrendo de câncer, ela será representada por uma imagem muito abstrata e sem grande impacto. Posso compreender facilmente o significado *geral* da frase, mas ele não é muito vívido ou convincente. As representações do câncer nos filmes costumam ser "esterilizadas", deixando de oferecer uma boa representação de como ele realmente é. Certamente, eu não experimento essa frase da maneira *específica* experimentada por um fumante que tem câncer! Na Europa, pôsteres e *outdoors* mostram fotos bastante reais e desagradáveis de pessoas que estão morrendo de câncer, oferecendo imagens baseadas nos sentidos mais convincentes das conseqüências.

Com freqüência, uma experiência provoca esse tipo de mudança de uma generalidade não convincente para uma imagem específica convincente. Minha mãe fumou durante muitos anos e, apesar de ter pressão baixa a maior parte da vida, como resultado, aos 70 anos de idade, ela ficou com pressão alta. "Intelectualmente", ela sabia que o fumo era a origem do problema e que poderia causar outras doenças, mas suas imagens desse significado não eram específicas e suficientemente convincentes para mudar seu comportamento. Então, quando teve um derrame, suas imagens dessas conseqüências – incapacidade para falar ou movimentar um lado do corpo – tornaram-se *muito* convincentes! Ela parou de fumar de repente, sem apresentar nenhum sintoma de abstinência, mas é claro que o dano já havia sido feito.

A propaganda eficaz coloca pares de imagens específicas: uma foto de uma linda mulher ao lado de um carro novo proporciona uma vívida imagem específica do que o anunciante do carro quer dizer. Isso exerce um impacto muito maior do que uma afirmação geral como "Compre esse carro novo para atrair uma mulher".

Mudando a significância

Modificar o significado de uma experiência tem sido chamado de "ressignificação" (Bandler, Grinder, 1986), usando a metáfora de mudar a moldura ou contexto mais amplo para mudar a abrangência daquilo a que a pessoa está prestando atenção dentro daquela moldura. Um dos resultados de emoldurar qualquer imagem é focalizar nossa atenção ao que está *dentro* da moldura, excluindo ou diminuindo a significância daquilo que está *fora* dela.

Embora a metáfora de uma "moldura" física seja muito adequada quando pensamos em uma abrangência no espaço, ela tem algumas limitações. Normalmente, compreendemos que uma "moldura" limita o *espaço* e isso desvia nossa atenção do *tempo*, que é tão ou mais importante. Isso diminui a probabilidade de pensarmos em como também é possível mudar uma abrangência de tempo para mudar a significância. A abrangência é um termo mais geral que direciona a atenção *tanto* para o tempo *quanto* para o espaço e a maneira como podemos mudar qualquer um deles a fim de mudar o significado.

A metáfora da "ressignificação" também não mostra como a mudança da moldura freqüentemente resulta na mudança da maneira como *categorizamos* o que está nela. Quando meus amigos colocaram sua elegante moldura dourada sobre o buraco onde se encontrava a coifa, de repente ele foi recategorizado como uma interessante composição abstrata – "arte" em lugar de "bagunça".

Finalmente, usar a palavra "ressignificação" ainda nos impede de perceber que também podemos efetuar a recategorização diretamente, sem mudar a abrangência ou o contexto com uma "moldura".

Resumindo, agora compreendemos que a palavra "ressignificação" inclui qualquer intervenção que muda a *abrangência* da experiência de alguém no tempo ou no espaço, *ou* como alguém *recategoriza* a mesma abrangência, *ou* muda a abrangência *e* a categoria. Com essa compreensão mais detalhada, podemos ser mais específicos a respeito das opções que temos para mudar o significado de diferentes maneiras.

Assemelhando a mesma forma Será mais fácil assemelhar a experiência de alguém se observarmos a estrutura de como ele *pensa* nela agora, notando quais das três formas descrevem melhor sua experiência.

"X causa Y" (causa-efeito) X → Y

"X é/significa Y" (equivalência) X = Y

"Eu (ele/a) é muito X (para contexto Y)" X em Y

Sempre que oferece um novo significado para uma pessoa, você está esperando criar uma nova ligação da primeira abrangência ou categoria X com uma *diferente* abrangência ou categoria Z, à qual anteriormente a pessoa não prestou atenção. A maior parte das pessoas achará muito mais fácil aceitar um novo significado que apareça na *mesma forma* de seu atual significado, porque isso será apenas uma mudança no *contexto*.

Para ilustrar como ressignificar cada um dos três diferentes tipos de significado, usarei uma queixa típica de relacionamentos e darei exemplos das respostas a cada um deles. As respostas apresentadas podem não ser convincentes para algumas pessoas; elas são apresentadas apenas a título de exemplo de como fazer isso.

"O fato de você estar [muito] atrasado [para o nosso encontro] [me faz pensar] [significa] que você não se importa comigo."

Causa-efeito "*O fato de você estar atrasado me faz pensar que você não se importa comigo.*"

"Meu atraso a faz pensar que não me importo e isso levou você a questionar nosso relacionamento para ter certeza de que ele ainda é afetuoso."

Equivalência "*O fato de você estar atrasado significa que você não se importa comigo.*"

"Você pensou que meu atraso significava que eu não me importava com você; você significa tanto para mim que eu vim devagar para chegar em casa com segurança."

Contexto "*O fato de você estar muito atrasado para o nosso encontro (significa que você não se importa comigo).*"

"Sinto muito se meu atraso para a nossa noite juntos a deixou preocupada com respeito aos meus sentimentos por você, mas o atraso pode ser uma coisa boa se você pensar que eu podia não chegar."

Exercício de mudança de significância

1. Pense em uma queixa sua ou uma que alguém já fez a seu respeito.

2. Observe qual das três formas descreve melhor essa queixa. Se você não consegue decidir, mude um pouco as palavras fazendo que se encaixem em uma das formas.

"X causa Y" (causa-efeito) X → Y

"X é/significa Y" (equivalência) X = Y

"Eu (ele/a) é muito X (para contexto Y)" X em Y

Causa-efeito Após identificar a causa-efeito, deixe-a de lado e pense em *outra* causa-efeito sugerida pela afirmação ou que *poderia* existir no evento ou categoria descrito. "O que mais foi uma causa desse evento, ou o que mais provavelmente acontecerá como resultado dele?" Primeiro acompanhe a causa-efeito existente e depois conduza para a nova causa-efeito que você escolheu.

Equivalência Tendo identificado a equivalência existente, pense em *outras* equivalências passíveis de estar presentes. "O que mais esse evento poderia *significar?*" Primeiro assemelhe a equivalência existente e depois conduza para a nova equivalência que você escolheu.

Contexto Identifique o contexto no qual a pessoa está pensando. Com freqüência, ele não é demonstrado, então talvez você tenha de perguntar se não parecer óbvio. Separe o comportamento do contexto e deixe este de lado. Em seguida, pense em um contexto *diferente* no qual o comportamento seria adequado ou vantajoso. Primeiro assemelhe o conteúdo atual e depois faça uma afirmação a respeito do evento no contexto diferente.

Usando uma *forma* diferente

Em outras ocasiões, vale a pena assemelhar a forma do atual significado de uma pessoa e depois conduzir para uma forma *diferente*, particularmente se você pensa que será útil expandir aquilo que ela já faz. Por exemplo, você poderia substituir um significado de causa-efeito por um significado diferente baseado na equivalência ou no contexto, e não em outra causa-efeito.

Isso talvez seja um pouco mais difícil para a pessoa, pois se trata de uma mudança no processo, bem como no conteúdo, mas a mudança no significado também pode ser maior. Isso porque direciona sua atenção para uma abrangência que ela estava ignorando, resultando em uma mudança maior na categorização e na resposta.

Esses padrões de mudança de significado são idênticos aos padrões utilizados no humor e na criatividade, o que Arthur Koestler chamou de "bissociação" (1964). Uma piada começa com uma abrangência e/ou categoria familiar e então muda para outra. Uma mudança criativa relaciona um problema com alguma coisa que anteriormente não foi reconhecida como relevante para sua solução, permitindo-nos pensar a respeito dela de maneira nova e diferente. Discutirei os padrões de humor com mais detalhes no final do capítulo 13.

A prática desses padrões para mudar o significado ensina como ajudar uma pessoa a compreender algo de maneira diferente. Mas também é uma maneira agradável de aumentar *sua* flexibilidade de pensamento e na solução de problemas. Considere qualquer coisa ou evento comum, note o significado que você encontra nele e divirta-se encontrando *outros* significados, pensando em outras causas-efeitos, equivalências e contextos.

A *arte* de mudar a significância

Se pensarmos numa abrangência como um "átomo" de significado, uma categoria é uma simples "molécula" composta de um grupo de abrangências. As três diferentes formas de significância são como "moléculas" de significado ainda maiores. Por exemplo, ver alguém sorrir de determinada maneira poderia ser considerado *equivalente* à categoria "amor", fazendo-o pensar nas *conseqüências* para você no *contexto* atual. Essas conseqüências podem ter *equivalências*, com determinadas *conseqüências* em um *contexto* diferente etc.

A vida mental é uma cadeia contínua desses significados. Mesmo quando não está acontecendo muita coisa, isso também tem uma significância. Alguém poderia categorizar como "tédio", um "bem-vindo intervalo" ou "antecipação temerosa do que vem a seguir" etc. Apesar da complexidade da cadeia constante de significados, quando eles são problemáticos sempre é possível tornar o processo mais lento e examinar um único passo para descobrir que "átomos" e "moléculas" de significado estão presentes e, a partir daí, modificá-los.

A prática e a fluência nos diferentes padrões de significado proporcionam flexibilidade e habilidade para modificá-los. Também é muito útil realizar algumas mudanças no significado do tipo que "serve a todos os propósitos", aplicáveis a muitos eventos diferentes. Por exemplo, "Parece que a resposta daquela pessoa fala muito mais sobre *ela* do que sobre *você*" é uma mudança eficaz na abrangência sempre que alguém leva uma crítica a sério e para o lado pessoal. "Se você continuar fazendo isso, continuará recebendo a mesma resposta desagradável" pode evocar motivação para tentar fazer algo diferente em vez de insistir no que não está funcionando.

Quando a mudança para uma forma de significado não funcionar com determinada pessoa, mude para outra ou permaneça com a mesma, mas tentando um conteúdo diferente. Você também pode inserir diversas mudanças na abrangência ou na categoria em uma única resposta, fazendo que ela cause muito mais impacto do que quaisquer outras mudanças individuais diferentes causariam separadamente. Considere a resposta a seguir para a queixa que usei anteriormente como exemplo (*"O fato de você estar atrasado para o nosso encontro significa que não se importa comigo"*).

Estou realmente feliz por você ter falado nisso, porque sei como é difícil para você conversar sobre seus sentimentos e o fato de fazer isso é uma medida de como nosso relacionamento é importante para nós dois. E, se você não tivesse falado, provavelmente sua preocupação teria afetado nossa intimidade de um modo que nenhum de nós deseja. Eu estava pensando em sair mais cedo do trabalho para ter certeza de chegar na hora, mas então meu patrão me pediu uma coisa com urgência e, quando terminei, o trânsito já estava intenso. Algumas vezes tentei passar no sinal amarelo para economizar tempo, e então pensei: "Aposto que ela prefere que eu chegue tarde a não chegar".

Estratégia e modo de expressão Oferecer um novo significado é como contar uma boa piada. Sua eficácia depende muito do modo como você se *expressa*: assemelhando a experiência de uma pessoa, a comunicação não-verbal, as mudanças no ritmo, na tonalidade e no volume, a "estrutura" que cria um contexto para o "clímax" etc.

Com freqüência, vale muito a pena abandonar ou mudar o significado que alguém já tem antes de oferecer um novo. Isso já foi chamado de "*des*emoldurar", removendo ou mudando uma "moldura" velha para facilitar a aceitação de uma nova.

Por exemplo, se a queixa é "Sou muito calado e tímido em situações sociais", isso implica que é bom falar e ser mais assertivo. Se você mudar primeiro esse significado existente, fica bem mais fácil para a pessoa aceitar um novo.

Sabe, estive em muitas festas nas quais uma ou duas pessoas monopolizam a conversa. Às vezes, elas contam muitas piadas ou histórias longas sem nem mesmo notar se as pessoas querem ou não ouvi-las. Com freqüência, parece-me que sua boca está no "piloto automático" e elas realmente não têm muito a dizer e não são sensíveis.

Isso proporciona diversos novos significados desagradáveis para "falar" e também é um exemplo de abrangência agregada, criando um *grupo* de significados semelhantes – nesse caso, "falar indica superficialidade e insensibilidade".

Muitas vezes, descubro que estou esperando que uma das pessoas mais caladas falem. Talvez seja porque elas param para realmente pensar nos interesses e sentimentos dos outros antes de falar, ou talvez porque elas pensam cuidadosamente naquilo que querem dizer antes de falar. Mas freqüentemente descubro que uma ou duas frases de uma das pessoas mais caladas valem duas dúzias das frases daquelas que são mais comunicativas e penso no velho ditado: "Águas paradas são profundas".

Por mais complexo ou brilhante que seja o conteúdo e a expressão de seu novo significado, ele só terá sucesso se encaixar-se na visão de mundo *dessa* determinada pessoa, incluindo suas crenças, valores, critérios, objetivos etc. *Afinal, a resposta de alguém (verbal e não-verbal) é a* única *medida da eficácia de uma mudança no significado.*

Quando alguém rejeita um novo significado que você lhe oferece, sua resposta costuma dar informações úteis sobre seus critérios, e isso pode ajudá-lo a rever o que disse ou sugerir um novo significado. Certa vez, trabalhando com uma jovem, perguntei-lhe: "Você gostaria de ter *automaticamente* essa nova resposta em situações futuras adequadas?" Ela torceu o nariz e respondeu: "Não gosto disso, parece muito *mecânico*".

Quando eu disse "Então, você gostaria de ter essa nova resposta *espontaneamente* em situações futuras?", ela sorriu e *adorou*. Para mim, as duas descrições eram equivalentes e intercambiáveis, mas uma se encaixava no seu "mundo" muito melhor do que a outra.

Grandes significados Até agora, estivemos aplicando as compreensões de abrangência, categoria e a estrutura do significado a eventos muito pequenos – embora com freqüência significativos. E, quanto aos significados mais amplos, muitas vezes chamados de "crenças", que quase sempre têm conotações de imutabilidade e religião? Assim como uma palavra só indica a coisa ou evento mencionado, uma afirmação verbal de crença é apenas uma maneira de comunicar uma experiência para outra pessoa. Qual é a sua experiência de uma pergunta realmente importante como "Qual é o significado da minha vida?" ou "Qual é o meu propósito na Terra?" Essas são perguntas feitas há milhares de anos. Elas parecem ser relevantes, parcialmente porque a abrangência é tão ampla e também porque o significado é significativo para nós. Desejamos que nossa vida seja importante para *alguma coisa*, e não apenas um evento aleatório efêmero sem nenhuma significância.

> *Muitos de nós encontramos significado na vida pensando em uma abrangência de tempo mais ampla, esperando que a vida deixe algo positivo para as gerações futuras. Então, se as circunstâncias parecem indicar que não deixaremos para trás alguma coisa de valor, a vida pode parecer sem sentido e nos lamentarmos: "Que diferença isso faz? Nada do que eu realize fará diferença em cinqüenta mil anos". Mas se isso é verdade, também deve ser verdade que nada do que aconteceu em cinqüenta mil anos faz diferença agora. Particularmente, não faz diferença hoje o que, daqui a cinqüenta mil anos, realizamos agora.* (Paulos, 2000, p. 164-165)

Esse exemplo provavelmente o deixou um pouco atordoado, devido às mudanças nas abrangências de tempo, a estrutura em espiral de categorias encaixadas e também porque ele destrói nossas idéias habituais a respeito de como a causalidade funciona através do tempo. Observe que ele também pressupõe que o significado da vida de alguém está relacionado com os outros, uma pista importante.

Ray Baumeister (1991, capítulo 3) descreveu quatro principais formas para as pessoas encontrarem significado na vida, em um resumo de muitas pesquisas realizadas:

1. *Propósito* O significado está relacionado com objetivos futuros de longo prazo – filhos, emprego, o desenvolvimento da arte ou conhecimento científico etc.

2. *Eficácia* O significado fundamenta-se no *feedback* positivo baseado nos sentidos no presente, que confirma a capacidade, o controle e o poder sobre os eventos.

3. *Moralidade tradicional* O significado é encontrado quando seguimos um conjunto de regras e proibições baseadas em um sistema de valores social ou religioso.

4. *Valor próprio* O significado vem de comparações *self*/outro que resultam no sentimento de superioridade por causa de mais *status*, inteligência, privilégios, realizações, posses etc.

Essas quatro diferentes formas proporcionam significados muito diferentes, mas têm em comum o fato de que todas usam um *feedback* baseado nos sentidos e que pode ser verificado. Em geral, você sabe quando está progredindo em um objetivo ou é capaz de fazer aquilo que pretende fazer. Sabe se está ou não seguindo uma moralidade tradicional ou onde se encontra na escada do *status* – com os pés em cima dos dedos da pessoa no degrau abaixo e os seus dedos sob os pés da pessoa acima.

Seja qual for a maneira (ou as maneiras) de alguém medir o significado, quando os eventos da vida tiram suas evidências, a pessoa provavelmente vai achar sua vida "sem sentido". Sempre que um objetivo futuro parece inatingível, a eficácia desaparece como resultado da idade, doença ou incapacidade física, a base para uma moralidade ou *status* desaparece ou as comparações *self*/outro não são mais favoráveis, o significado baseado nisso também pode desaparecer. Entretanto, essa vulnerabilidade fundamenta-se em uma abrangência limitada; a pessoa está focalizada apenas na abrangência de tempo *presente* e somente em *si mesma*.

Se ela pensasse em uma abrangência de tempo mais ampla, estendendo-a para o *passado*, e em como tudo o que ela fez afetou *outras* pessoas, ela teria uma base mais estável para o significado e isso o estenderia até o presente. O significado do que ela fez no passado se mantém na vida das pessoas que afetou, mesmo quando uma mudança nas circunstâncias não permite esse *feedback* no presente.

Algumas pessoas podem achar adequado um ou mais dos quatro significados de Baumeister, mas outras diriam que eles realmente não respondem à pergunta "Qual é o significado da minha vida?". Como um dos problemas com as grandes perguntas de significado é o fato de que são *muito* amplas em abrangência, pode ser interessante fazer a mesma pergunta "Qual é o significado de ...?", porém aplicá-la a uma abrangência muito menor. Por exemplo, se perguntarmos "Qual é o significado de dizer 'olá'?" ou "Qual é o significado de maçã?", torna-se óbvio que está faltando *tanta* coisa na pergunta que é impossível respondê-la.

A principal coisa que falta à pergunta "Qual é o significado da minha vida?" é "significado para *quem*?". Uma maçã tem um significado muito diferente para um verme, um cervo faminto, um poeta, um cientista ou alguém que não gosta de maçãs. Da nossa perspectiva, podemos ver que a árvore produz maçãs como parte de sua natureza, uma entre milhões de espécies que existem porque são bem-sucedidas na reprodução de si mesmas. Mas até onde sabemos, uma maçã não tem "significado" para si ou para a árvore que a produziu – é simplesmente parte do funcionamento da árvore.

É fácil esquecer que o significado é sempre *relacional*; uma coisa não pode ter um significado para si mesma, apenas para outra coisa. Maçãs não têm autoconsciência, portanto não podem nem mesmo pensar na pergunta "Qual é o significado da minha vida?", muito menos fazê-la. Entretanto, se uma maçã *pudesse* fazer a pergunta, como ela responderia? Quando fazemos a pergunta para *nós mesmos*, pode haver uma resposta? Uma maçã deve ter significado para *outros* organismos, mas não para si mesma, e o mesmo vale para nós.

Se quisermos encontrar significado para uma pergunta como "Qual é o significado da minha vida?", precisamos preencher não apenas o "para quem?", como também todos os outros elementos que faltam. "Qual é o significado de maçã para *quem*, em qual *contexto*, com quais *conseqüências*, em relação a quais *objetivos*, determinado por quais *critérios*?"

Se deixássemos de fora a maior parte dos ingredientes para um bolo, não ficaríamos surpresos se o resultado não parecesse com um bolo nem tivesse gosto de bolo. Quando deixamos de fora a maior parte dos ingredientes para criar significado, não nos surpreende o fato de ser difícil encontrar algum. Buscar um significado transcendental eterno é como tentar fazer um bolo sem a maior parte dos ingredientes; não é assim que se faz um bolo. Quando especificamos todos os ingredientes para o significado, sempre podemos encontrá-lo.

Se eu especificar todas essas abrangências ausentes, descubro que posso responder à pergunta com muita facilidade. Por exemplo, se eu perguntar "Qual é o significado da minha vida para meus filhos e para seus objetivos e critérios?", responderei facilmente tanto em contextos específicos quanto de forma mais geral. O significado específico para o meu filho nessa manhã foi o de que lhe ofereci amizade, interação e algumas informações, coisas que ele e eu valorizamos.

No entanto, se eu perguntasse "Qual é o significado da minha vida para o carteiro?", obteria uma resposta muito diferente. Sou alguém para quem ele entrega cartas, uma das muitas pessoas que proporcionam uma razão para o seu trabalho e sustento.

Portanto, minha vida não tem um *único* significado amplo; ela tem *muitos* significados para *muitas* pessoas diferentes, dependendo do meu lugar em sua vida. Ao encontrar maneiras pelas quais minha vida tem significado para os *outros*, isso carrega significado para *mim*. Sou alguém que tem sido importante para os outros. Assim, embora não possa encontrar significado em minha vida de modo reflexivo e direto, posso encontrar uma riqueza de significados indiretamente, ao perceber como a minha vida tem significado para outras pessoas.

Ao juntar todos esses significados, tenho chance de encontrar "O significado da minha vida", uma categoria muito útil e importante. Se você pensar em todas as pessoas que influenciou de algum modo ou com as quais teve contato, incluindo todas aquelas que nunca conheceu, como as pessoas que fizeram, embarcaram, armazenaram e venderam os clipes para papel que você comprou no mês passado, notará que proporcionou muitos significados para várias diferentes pessoas.

No clássico filme *Do céu caiu uma estrela*, George Bailey está deprimido e à beira do suicídio devido a seu fracasso iminente nos negócios, quando um anjo lhe mostra como seria sua cidadezinha se ele não tivesse nascido e se todos os seus atos nunca tivessem ocorrido.

Se você viveu a vida de acordo com seus valores e aquilo que é importante para você, então exerceu um impacto positivo em muitas pessoas, a maioria das quais nunca encontrou. Sua vida não tem *um* significado, ela tem muitos, *muitos* significados, e a soma de todos eles é considerável. Se pensar em todos esses significados de uma vez, pode ter uma experiência daquilo que vai muito além de "apenas palavras".

Gosto de fechar os olhos e imaginar que vejo *todas* as pessoas que afetei até agora na vida, tanto direta quanto indiretamente. Mais perto de mim está minha família e amigos íntimos sobre quem tive mais impacto. Um pouco mais afastado estão alunos, amigos casuais e pessoas que conheço um pouco. Então, vêm os balconistas da mercearia e outras pessoas que eu mal reconheceria na rua. Além dessas, aparecem todas as outras que afetei e aquelas que foram afetadas pelas pessoas que eu afetei – amigos de amigos, esposas de alunos, uma multidão imensa, que se amplia na direção de um horizonte distante.

Essa é uma maneira de utilizar aquilo que você aprendeu para criar uma *experiência* de uma categoria imensa, utilizando a abrangência agregada para proporcionar um significado que estará com você até seus últimos momentos de vida, quando *tudo* que você teve será levado embora.

Resumo: O significado resulta de abrangências de experiência com que lidamos e de como nós as categorizamos. Acima de tudo, porém, ele resulta das maneiras como ligamos essas abrangências e sua relevância para aquilo que é importante para nós. Os "átomos" e as "moléculas" de significado proporcionados por abrangências e categorias podem ser combinados em "moléculas" maiores de significado – *causa-efeito*, *equivalência* e *contexto*.

Estes, por sua vez, podem ser combinados em estruturas ainda maiores de significado na seqüência contínua da vida. Quando encontramos significados desagradáveis, temos a opção de examinar um segmento curto desse fluxo e diminuir sua velocidade ou repeti-lo, para descobrir como criamos o significado daquilo de que não gostamos. Compreender o que estamos fazendo com freqüência sugere alternativas a serem testadas.

Quando prestamos atenção apenas a uma pequena parte de nossa experiência e temos somente algumas maneiras para categorizá-la, isso nos deixa com poucas opções para o significado – e alguns deles nos levarão a círculos infindáveis de perguntas ou becos sem saída. Mas quando compreendemos que sempre usamos apenas uma pequena parte das abrangências que temos à disposição, poucas categorias disponíveis e só algumas das maneiras para juntá-las, percebemos que existem *muitas* outras possibilidades de criar um significado que nos agrade mais.

Quando você oferece a alguém (ou a si mesmo) uma nova escolha de significado, vale a pena deixar primeiro o significado que ele (ou você) já tem, o que alguns chamam de "desemoldurar". Então, você pode oferecer novo conteúdo na mesma forma do significado que ele está usando agora ou novo conteúdo em uma forma *diferente* de significado, ampliando suas opções. Ao oferecer um novo significado a uma pessoa, seu tom de voz, ritmo, coerência etc. são fatores importantes para o impacto na pessoa – a maneira como o significado é recebido e considerado.

Sempre que pensamos no significado mais geral da vida, descobrimos que perguntas como "Qual é o significado da minha vida?" omitem quase todos os ingredientes que tornam possível o significado – significado para *quem*, em que *contexto*, com que *conseqüências*, em relação a quais *objetivos*, conforme determinado por quais *critérios*? Sem esses ingredientes, o significado não é possível, portanto não é possível reflexivamente encontrar significado para mim diretamente.

Mas se acrescentarmos os elementos ausentes na pergunta, é muito fácil encontrar significados que temos para os *outros*. Então, podemos encontrar significado para *nós mesmos* no significado que tivemos para os *outros* – base para um significado estável que pode nos fazer superar momentos difíceis.

Nos dois capítulos seguintes, explorarei como podemos usar nosso conhecimento sobre abrangência e categoria para melhorar a compreensão e a vida, *recategorizando* eventos no intuito de lhes dar um significado novo e mais satisfatório.

> *"SOU UM VELHO E SOFRI COM MUITOS GRANDES PROBLEMAS, A MAIORIA DOS QUAIS NUNCA ACONTECEU REALMENTE."*
> **MARK TWAIN**

12

Recategorização
Mudando grupos, dentro de grupos

"A galinha e o porco estão passando na frente de um restaurante quando vêem um aviso na janela: 'Presunto e ovos: doações bem-vindas'.

A galinha diz para o porco: 'Vamos entrar e fazer uma doação'.

O porco responde: 'Olha, para você é uma doação, para mim é uma entrega total!'"

No romance de ficção científica *Babel 17*, a protagonista é uma lingüista fluente em mais de oitenta idiomas diferentes. Quando enfrenta um problema que não consegue resolver, ela traduz sua compreensão da situação para outro idioma e depois para outro e mais outro... até encontrar um no qual a *descrição* torne a solução visível.

Os matemáticos fazem o mesmo tipo de coisa ao transformar uma expressão matemática em diversas maneiras, de acordo com regras e métodos estabelecidos, até que ela chegue a uma forma na qual é mais fácil resolvê-la ou compreendê-la ou a qual proporcione *insights* de outros problemas.

Anteriormente, exploramos de que modo a mudança de abrangência (menor, maior, sobreposta ou diferente) pode resultar em uma recategorização. Mudar a abrangência é uma intervenção livre de conteúdo, na medida em que qualquer recategorização surge totalmente dos valores, critérios, suposições etc. daquela pessoa. Isso evita a imposição de valores, critérios ou suposições de outra pessoa.

Você também pode sugerir direta ou indiretamente uma recategorização que acredita ser mais útil. Essa *não* é uma intervenção livre de conteúdo, pois qualquer recategorização vem de *fora* da pessoa e sempre traz consigo alguns valores, critérios ou suposições. Com freqüência, isso é muito eficaz, já que talvez o cliente nunca pensasse sozinho em uma recategorização. Entretanto, ao oferecer uma recategorização, você precisa ter muito cuidado e verificar se o cliente a considera apropriada e útil.

Como a maioria das palavras se refere a categorias, simplesmente mudar as palavras que você utiliza para descrever ou definir determinada experiência constitui uma forma de mudar a maneira como ela é categorizada. Em geral, é mais eficaz redescrever os eventos problemáticos enfatizando os *pontos fortes*, e não as fraquezas. Pode-se descrever a "teimosia" como "uma importante habilidade de ter opinião sobre as coisas", ou "passivo" como "ter respeito pelas necessidades alheias" etc. Esse processo era visível no trabalho de Virginia Satir e trata-se de um importante foco das abordagens baseadas nos pontos fortes ou voltadas para a solução.

Contudo, às vezes o cliente não percebe que alguma coisa que ele considera uma boa solução é na verdade um problema sério, que provoca muitas dificuldades. Nesse caso, redescrevê-la como um problema pode motivá-lo a fazer mudanças. Um pai autoritário que sempre diz aos filhos o que fazer pode ficar desconfortável ao perceber que os está ensinando a obedecer pela autoridade, em vez de desenvolver nas crianças os tipos de valores internos estáveis que acredita serem tão importantes.

Outra opção consiste em recategorizar uma experiência de diversas maneiras diferentes, algumas categorias adicionais daquilo que é chamado de "ressignificação" ou padrões de "presdigitação lingüística" da PNL (Bandler, Grinder, 1986; Mattila, 2001; Dilts, 2000, p. 1226-1246; Dilts, 1999).

Os níveis lógicos nos ajudam a compreender como esses padrões funcionam de maneira diferente. Neste capítulo, exploraremos como você pode recategorizar um evento no *mesmo* nível lógico, entrar numa categoria e descrever uma *sub*categoria num nível lógico mais *específico* ou ir ainda mais fundo até um *exemplo* específico de uma categoria. No capítulo seguinte, abordaremos como recategorizar em um nível lógico mais *geral*, um dos tipos de recategorização mais flexível e poderoso.

Recategorização no mesmo nível lógico

Redescrição é o padrão mais utilizado de ressignificação, *substituindo* uma categorização existente por uma nova, no *mesmo* nível lógico. Quando uma experiência é recategorizada, a resposta a ela costuma mudar. Por exemplo, da próxima vez que você apresentar sua parceira (ou parceiro) a alguém, tente dizer: "Essa é minha *noiva* (ou *noivo*)" e observe a resposta tanto nela (ou nele) quanto na pessoa a quem você a(o) está apresentando.

Quando determinada pessoa tem um problema, muitas vezes ela descreve seus sentimentos como "ruins". Pode ajudar bastante mostrar que esses sentimentos desagradáveis na verdade são úteis e *bons*, porque indicam um problema que precisa ser resolvido. Se ela não tivesse esses sentimentos para avisá-la, talvez ignorasse o problema e sofresse suas conseqüências. Mudar a descrição de "ruim" para "desagradável" pode redirecionar sua atenção e fazer que ela, em vez de simplesmente tentar eliminar os sentimentos, resolva o problema que os provocam.

Em uma sessão de terapia para casais, o marido descreve a esposa como "promíscua" antes do casamento, algo que ela achou desagradável, torcendo o nariz e balançando a cabeça. Eu disse a ela: "Posso ver que você não gosta da palavra 'promíscua'. Seria melhor dizer que você era 'ativa'?" Ela pronunciou a palavra "ativa" para si mesma, como se a estivesse saboreando e então concordou: "Sim, 'ativa'".

Sempre que acordávamos nosso filho mais novo pela manhã para preparar-se a fim de ir à escola, ele compreensivelmente ficava um pouco aborrecido por ter de levantar, quando preferiria dormir. Certa vez, uma amiga dele estava nos visitando e de algum modo comentamos que o acordávamos pela manhã. Ela disse com grande entusiasmo: "Uau, você tem um despertador *humano* pessoal! Isso é *muito* melhor do que ser acordado por uma *máquina*". Isso redirecionou a atenção dele do *fato* de ser acordado para a maneira *como* isso era feito – uma mudança na abrangência, bem como na categoria – e, depois dessa nova descrição, passou a ficar bem mais animado pela manhã.

Há muitos anos, médicos, pais e hipnoterapeutas oferecem dinheiro às crianças para *comprar* suas verrugas – e com freqüência elas caem logo depois disso. A oferta para comprar uma verruga recategoriza-a implicitamente, de um "crescimento anormal" ou "doença" ou "parte do corpo" para algo que pode ser trocado por dinheiro e transferido a outra pessoa. Sem saber como isso acontece fisiologicamente, na aparência funciona como resultado dessa recategorização. Muitas vezes fiquei imaginando se redescrever um câncer e outras doenças como "desequilíbrios celulares temporários" poderia ter efeitos similares.

Sempre que as pessoas tentam perder peso, elas precisam usar as reservas de gordura e isso inevitavelmente provoca sensações de fome, que são muito desagradáveis. Muito mais importante é como a pessoa categoriza essas sensações. Se pensar nelas como "fome" ou "negar a si mesma o prazer de comer", ou como "punição por ter comido demais no passado", esse tipo de categorização *acrescenta* desagrado às sensações já desagradáveis de fome, tornando bem mais difícil a perda de peso.

Entretanto, as sensações de fome também podem ser categorizadas de outras maneiras que facilitam bastante o emagrecimento. A fome resulta do nível baixo de açúcar do sangue, portanto é um sinal de que você realmente está perdendo peso *agora*, *já* conseguindo usar as reservas de gorduras, *já* fazendo progresso para se tornar mais saudável e elegante. A fome é um sinal confiável de que os músculos abdominais estão mais firmes, a cintura está um pouco mais estreita e de que você tem um pouco mais de energia porque precisa carregar menos peso. Cada pontada de fome também é uma indicação da sua força e de "força de vontade", da tenacidade em continuar uma tarefa desagradável para obter benefícios futuros. A utilização de qualquer uma dessas categorizações agradáveis facilita *muito* a tarefa de continuar perdendo peso. E a utilização de *todas*, como acabei de fazer, cria uma nova categoria mais poderosa, com uma abrangência categórica agregada.

Anos atrás, quando o aborto era ilegal e, como resultado, bastante perigoso, Milton Erickson aconselhou um jovem casal que planejava realizar esse procedimento. Ele tentou muitas maneiras para dissuadi-los da idéia, mas eles estavam inflexíveis. Quando já deixavam o consultório, ele lhes disse: "O que quer que *façam, não dêem um nome à criança ainda não nascida!*", e o casal desistiu do aborto. Por que isso funcionou, quando todas as tentativas anteriores de Erickson haviam falhado?

No meu dicionário, a palavra "bebê" é definida como um ser humano, do nascimento até 1 ano, mas "criança" aparece como um ser humano do nascimento até a puberdade. "Dar nome a uma criança" cria a imagem de um ser humano *individual* e a abrangência dessa imagem pode chegar até o futuro, até a puberdade. Como Erickson e o casal estavam em posições opostas durante o aconselhamento, ele podia esperar que eles também se opusessem à sua última afirmação (um comando negativo) e dessem nome à criança.

Pensar na gravidez dessa maneira tornou muito mais provável que eles tivessem a criança, e naturalmente é por isso que as pessoas contrárias ao aborto sempre falam em matar um "bebê" ou "uma criança ainda não nascida". Como "gravidez" inclui uma abrangência de tempo da concepção ao nascimento e "feto" é definido até dois meses antes do nascimento, os defensores do direito da mulher de optar pelo aborto deveriam evitar essas palavras e, em vez disso, falar em acabar com um "zigoto", "mórula", "blástula" ou "gástrula" – termos médicos e científicos para diferentes estágios do início da gravidez.

Diversos problemas existem porque todos os envolvidos se apegam a determinado tipo de descrição que dificulta a solução; o problema pode ser resolvido muito mais facilmente quando descrito de outra maneira. Por exemplo, Salvador Minuchin atendia uma família na qual um menino de 10 anos de idade estava cheirando gasolina. Minuchin disse:

"Pelo visto, você gosta de cheirar gasolina. O que você pensa que é, um carro?" Toda a família relaxou um pouco com essa recategorização engraçada do menino como uma máquina e o problema sério ficou um pouco menos sério, mais fácil de ser resolvido.

Menos óbvio é o fato de que Minuchin recategorizou o comportamento do menino com resultado das preferências do menino ("você gosta de"), e não como uma misteriosa compulsão ou outro desvio. Minuchin perguntou-lhe: "Qual você prefere – aditivada ou comum?", ampliando sua categorização do comportamento como resultado de suas preferências.

Então, Minuchin cheira e toma um gole do chá de ervas da xícara que estava segurando e diz: "Que tipo de chá será esse?" Vira-se para o menino, levanta a xícara e sugere: "Já que você tem um nariz bom, me diga que tipo de chá é esse".

Minuchin coloca o menino na posição de ter um "nariz bom", capaz de determinar melhor do que ele que tipo de chá era aquele.

Isso mudou a categorização de seu comportamento de "desvio" para "competência", ao mesmo tempo que reverteu os papéis categóricos típicos pressupostos do terapeuta superior e do cliente inferior.

(ANDREAS, 1991B, P. 142-143)

Em outras ocasiões, Minuchin redescrevia o desvio como *incompetência*. Outro garoto tinha sido pego diversas vezes vendendo e usando drogas na escola. Após fazer uma *longa* lista das várias ocasiões diferentes em que o garoto fora apanhado, Minuchin disse-lhe: "Estou muito preocupado com você, porque você não parece muito bom nisso. É provável que vá para a prisão por muito tempo e lá a vida é muito dura. Acho que você não sobreviveria a isso".

O garoto respondeu com um olhar muito espantado; ficou nítido que ele não pensara nesse aspecto de seu comportamento. Provavelmente, ele esperava um sermão sobre o mal que as drogas causam, mas em vez disso Minuchin focalizou a *incompetência* do garoto e os possíveis resultados disso no futuro como um motivo para talvez pensar em outra profissão. A longa lista das ocasiões em que o garoto fora apanhado criou uma abrangência agregada que sustentou a recategorização, seguida pela consideração das conseqüências – uma mudança na abrangência.

Carl Whitaker, um dos introdutores da terapia familiar, certa vez demonstrou a técnica com um casal divorciado cujo filho adolescente morava com a mãe. Ela estava muito animada e falava de forma sensual a respeito de como o filho era maravilhoso, como confiava nele e conversava sobre os seus problemas e como o relacionamento deles era bom. Logo após ela ter mencionado de que outras maneiras ela e o filho se davam tão bem, Whitaker disse-lhe, enquanto gesticulava na direção dela e depois do filho: "Então seu segundo casamento funcionou muito melhor do que o primeiro", apontando na direção do pai.

Durante alguns segundos parecia que o cérebro da mãe parara completamente de funcionar. Claramente, ela nunca havia pensado no relacionamento com o filho como um "casamento" e, a partir daí, seria impossível para ela *não* pensar nele assim. Quando ela finalmente discordou veementemente da idéia, Whitaker respondeu: "Sim, bem, eu também não estou disponível" – uma comunicação *muito* interessante, que a princípio pareceu irrelevante e totalmente "esquisita". Antes de continuar lendo, pare e veja se você consegue descobrir os significados bastante relevantes na resposta de Whitaker...

Ao dizer "Sim", ele aparentemente concorda que o relacionamento dela com o filho não é um casamento. "Não estou disponível", no contexto, supostamente significa "não disponível para casar" – ele não vai discutir com ela como um marido poderia fazer. "Também" indica que *mais* alguém não está disponível e, no contexto, esse só pode ser o filho. Resumindo, Whitaker concorda com a mãe, mas somente porque o filho não está "disponível" (Andreas, 1991b, p. 140).

No fluxo normal da conversa, provavelmente poucos desses significados se tornam explicitamente conscientes, embora estejam lá e sejam processados inconscientemente. Essa recategorização forçará a mãe a rever todos os aspectos de seu "bom" relacionamento com o filho, considerando se eles são ou não apropriados. Essa recategorização mostrou-se particularmente eficaz porque era principalmente *pressuposta*, e não afirmada. Curiosamente, as pressuposições de Whitaker sempre estiveram direcionadas a eventos passados, em vez de ao futuro – talvez como resultado de seu treinamento psicodinâmico tradicional. As pressuposições de Milton Erickson, ao contrário, voltavam-se principalmente para o futuro, abrindo novas possibilidades.

Revertendo pressuposições   A recategorização de Whitaker é um exemplo de um padrão mais geral, *revertendo* as pressuposições de uma pessoa a respeito de determinado evento, de bom para ruim ou vice-versa. Por exemplo, uma das clientes de Connirae Andreas não estava conseguindo o que desejava sexualmente do marido. Ela não lhe dizia o que queria porque achava que o estaria "limitando" e eliminando sua escolha. Connirae disse: "Você já teve o prazer de dar um presente a alguém que você sabia que ele desejava receber? Você percebe que está afastando essa escolha do seu marido? Por não lhe dizer claramente o que quer, você o está *limitando* de dá-lo a você, mesmo se ele *quiser*. Se você lhe disser o que deseja, então pelo menos ele tem a escolha de lhe dar se ele quiser". Isso reverte a equivalência, "dizer = forçar ou limitar" para "*não* dizer = forçar ou limitar".

Peter Fraenkler descreveu um jovem cliente, Richie, que continuava brigando na escola:

> "Os outros garotos me provocam. Estou tentando ficar na minha e então eles dizem algo como 'A sua mãe...' e eu não posso deixá-los insultar a minha mãe", contou Richie. "Assim, eu começo a bater neles e aí os monitores chegam e fico encrencado só 'porque estou sempre por cima, vencendo'! Não é justo! Mas eu preciso mostrar para eles quem é que manda!" Eu disse a Richie que compreendia seu desejo de proteger a honra da mãe e ensinar aos garotos a não mexer com ele. Então tentei a primeira ressignificação da minha carreira.
>
> "Há apenas um problema: quando eles o fazem brigar provocando e insultando você e a sua família, a mim parece que são eles quem mandam, não você", eu lhe disse. "É como se você estivesse vestindo um grande alvo para dardos e os garotos conseguissem facilmente acertá-lo, fazendo-o brigar e ficar encrencado, dizendo o quê?"
>
> Richie não hesitou: "A sua mãe". Ele desviou o olhar silenciosamente, como se estivesse imaginando a cena, e então me olhou com uma expressão suave e simplesmente disse: "Puxa, eu nunca pensei nisso dessa maneira".
>
> Conversamos sobre como ele poderia "tirar o alvo" e ele decidiu tentar. Para meu espanto e o de sua mãe e professores, Richie nunca mais brigou na escola. Seu rendimento escolar melhorou e, na época em que terminou a terapia no final do ano, ele estava indo bem e ajudando mais em casa.
>
> (FRAENKEL, 2005, P. 34-35)

Caso não tenha ficado óbvio, o significado de brigar saiu de "ele mostrando quem é que manda" para "eles mostrando para *ele* quem é que manda". Aquilo, portanto, não era mais algo que ele desejava fazer.

Com freqüência, é eficaz pedir ao *cliente* para realizar o trabalho de descobrir como aquilo que ele pensa ser verdade é o contrário. Outra cliente de

Connirae se queixava de que não conseguia se relacionar com um homem por causa de suas fraquezas pessoais, que no final fariam o relacionamento acabar de qualquer modo, portanto não havia esperança. Sua crença poderia ser expressa assim: "O fato de eu ter fraquezas pessoais sempre fará fracassar qualquer relacionamento com um homem".

Connirae respondeu: "De que maneira, *agora que você pensa nisso*, o fato de você ter fraquezas pessoais e saber disso realmente *favorece* o desenvolvimento de um relacionamento melhor do que se você não tivesse nenhuma fraqueza pessoal?". Em essência, trata-se de uma comunicação hipnótica que pede ao cliente para "pensar nisso, agora" e descobrir maneiras (pressupostas e plurais) de que ter fraquezas pessoais – e saber disso (aumento na abrangência) – favorecerá um bom relacionamento (em vez de impedi-lo).

Quando alguém descreve determinado problema e você escuta uma pressuposição problemática que acredita ter uma boa chance de ser revertida, ajuda começar a sua resposta com "Graças a Deus!", "Ótimo!" ou "Que maravilha!" – algo que Carl Whitaker fazia muito. A imprevisibilidade evoca confusão e uma busca automática e inconsciente por achar sentido para essa resposta. Com freqüência, isso fará a pessoa pensar nas possíveis vantagens daquilo que considerava um problema. Enquanto ela pensa nisso, você também terá algum tempo para pensar no que pode dizer a seguir para ajudar a reverter a pressuposição.

Isso é particularmente eficaz quando a pressuposição não foi abertamente afirmada e a reversão é inesperada e presumida. Um terapeuta em supervisão queixou-se de que seus clientes sempre faziam objeções às soluções propostas: "Por exemplo, tenho um cliente que chega e diz que quer ter um bom relacionamento com a esposa. Passei-lhe orientações e ele me dá todas as razões do mundo para não segui-las".

Connirae respondeu alegremente e com entusiasmo: "Ah, ele também o ajuda de outras maneiras?".

A reação habitual de um cliente a esse tipo de reversão é sorrir, ruborizar e mostrar outras respostas não-verbais inconscientes, indicando um congruente processamento total da recategorização.

"Resistência" Quando um cliente se opõe a uma mudança ou solução proposta, os terapeutas freqüentemente categorizam isso como *resistência*, passando a uma categoria bem mais geral, presumindo que o cliente tem objeções a *qualquer* mudança, e não apenas a determinada mudança.

No exemplo anterior, Connirae reverteu uma pressuposição subjacente (muito comum no campo da terapia!) de que as objeções são obstáculos que impedem a mudança. As objeções proporcionam informações úteis e vitais sobre como modificar uma mudança ou objetivo proposto a fim de deixá-los de acordo com *todos* os outros objetivos, crenças, preocupações etc. da pessoa.

Se o cliente não quer fazer determinada mudança, é porque ela interferiria em outro objetivo benéfico seu. Trata-se de algo que ele reconhece conscientemente: "Se me tornar mais sincero e direto, posso ser despedido do emprego". Às vezes, a objeção é bem menos consciente, evidente apenas por um sentimento perturbador vago que ele nota quando acha que está sendo diferente: "Sinto essa náusea, como se tivesse medo de fazer isso".

Toda objeção surge de algum objetivo positivo que é ameaçado por uma mudança e tende a impedir ou interferir nela, a menos que – ou até que – ela seja modificada para satisfazer o objetivo. Quando um cliente se opõe a uma mudança, ele está oferecendo informações valiosas sobre quais outros critérios precisam ser satisfeitos para torná-la adequada e duradoura. Uma objeção ajuda consideravelmente o processo de desenvolvimento de um objetivo ou intervenção duradouros que realmente funcionarão bem. Essa é uma recategorização ampla e muito necessária em todo o campo da terapia.

Quando você valida – ou até mesmo apóia qualquer objeção a uma mudança –, o cliente muitas vezes vai para o *outro* lado, envolvendo-se totalmente com as vantagens da mudança, e começa a imaginar como poderia fazer isso. Aliar-se aos benefícios de um problema é particularmente proveitoso com pessoas que tendem a se opor a qualquer coisa dita por outra pessoa.

Frank Farrelly é um tanto habilidoso nisso; ele começa muitas entrevistas dizendo: "Você seria maluco se mudasse! Veja todas as vantagens de permanecer do jeito que você é". Por exemplo, uma mulher atraente que fora garota de programa, faturando até US$ 500 por noite (e provavelmente gastando a maior parte em drogas), foi encaminhada a Frank para o planejamento de sua liberação do hospital.

> Frank (incrédulo): *Planejamento de liberação?! (risadas) Com os seus recursos pessoais, internos, acho que está muito claro de que maneira você pode participar da comunidade.*
>
> Paciente (protestando): *Ah... espera aí... eu vou trabalhar como garçonete.*
>
> Frank (sensatamente): *Bem, e por que diabos você quer ficar em pé oito horas por dia quando pode conseguir a mesma quantia deitada de costas por vinte minutos?*
>
> Paciente (rindo, porém séria): *Quer parar de falar assim?!*
>
> (FARRELLY, 1974, P. 57)

Aliando-se aos benefícios de *não* mudar, Farrelly está fazendo o *oposto* daquilo que a maioria dos terapeutas "eficazes" provavelmente tentou realizar no passado – ignorar ou subestimar esses benefícios, levando a pessoa a mudar, apesar deles. Ao relacionar os benefícios de *não* mudar, terapeuta e cliente podem se tornar mais conscientes das vantagens do problema e trabalhar juntos para encontrar formas de considerá-las sempre que estiverem explorando novas alternativas.

Outra maneira para pensar sobre "resistência" consiste no fato de que toda mudança envolve *segurança* (não perder aquilo que você já tem) e *desenvolvimento* (ganhar alguma coisa valiosa que você ainda não tem). Com freqüência, as pessoas (e terapeutas!) cometem o erro de pensar neles como opostos – segurança *ou* desenvolvimento – e que, para ter um, é preciso sacrificar o outro.

Quando você reconhece a importância de ambos, é capaz de juntá-los e perceber que as pessoas querem ter segurança *e* desenvolvimento. "Como você pode mudar de maneira segura?" ou "Como você pode estar seguro enquanto considera uma mudança?". Sempre que alguém deseja uma mudança, precisamos reconhecer e respeitar igualmente a importância da situação existente e o fato de que ela, também, tem riscos e benefícios – *toda* escolha oferece oportunidades para segurança *e* desenvolvimento.

"Não existe fracasso, somente feedback" é um princípio da PNL aplicável a qualquer problema. Embora as descrições "fracasso" e *"feedback"* possam ser aplicadas ao mesmo tipo de evento, as duas palavras têm significados e conotações muito diferentes. "Fracasso" não é apenas uma conclusão a respeito do passado; em geral, é também uma previsão pessimista que atravessa o tempo e prevê *mais* fracasso no futuro.

Já *"feedback"* pressupõe que você pode utilizar as informações do passado para se comportar de maneira *diferente* (e, espera-se, com bem mais recursos) no futuro. A abrangência no tempo é a mesma, mas o relacionamento entre passado e futuro é muito diferente. O *feedback* pressupõe a utilização de informações sobre o passado para alterar o futuro e torná-lo *melhor*, enquanto o fracasso implica mais da mesma coisa.

Normalização Muitas vezes, as pessoas categorizam seus problemas (e algumas vezes a si mesmas) como "estranhos" ou "anormais", bastante diferentes dos das outras pessoas. A preocupação com esse autojulgamento desvia sua atenção do problema, dificultando o trabalho na direção de uma solução. Se você responder "Acho que a maioria das pessoas na sua situação se sentiria assim" ou "Já me senti assim várias vezes nesse tipo de situação", pode modificar a maneira de ele se ver de "estranho" para "normal", mudando a atenção do desespero para a solução do problema. Como as pessoas podem pensar em *qualquer* problema como estranho ou anormal, a normalização é uma recategorização eficaz numa ampla variedade de problemas.

Há muitos anos, um amigo meu que era psiquiatra da força aérea estava falando sobre sua insatisfação com a vida. De um lado, a segurança e os diversos benefícios da carreira na força aérea; do outro, a disciplina e a falta de escolhas, bem como a falta de tempo para explorar outros interesses. Em determinado ponto ele disse: "Pago um preço terrível por toda essa segurança". Eu respondi: "Bem, acho que todos nós temos o nosso preço", significando que todos têm de fazer escolhas em um mundo imperfeito e algumas delas são muito difíceis. Algum tempo depois, descobri que meu simples comentário o havia levado a examinar o preço que ele estava pagando e que ele decidira fazer algo diferente. Ele alegou uma depressão psicótica, foi demitido da força aérea e deu outro rumo à vida – pagando um preço diferente. Nesse caso, a normalização era tudo o que ele precisava. Devo ter levado cinco segundos para dizer minha frase, o que a qualifica como uma "terapia breve".

Exagero Quando alguém fala sobre um problema ou queixa, outra possível resposta é exagerá-lo e torná-lo muito maior em abrangência do que ele realmente é. Se alguém diz que tem muitos medos, você pode rebater: "Ah, você é uma daquelas pessoas que tem medo de ácaros embaixo da cama ou de que alguém vai olhar na sua lata de lixo e guardar pedaços das suas unhas para fazer um boneco de vodu e lançar uma maldição em você? Você se preocupa que um avião passando deixe cair alguma coisa do banheiro na sua cabeça? O quanto isso é ruim?". Geralmente, a pessoa vai rir e protestar: "Não, não, não é *tão* ruim assim" e esclarecer do que ela *tem* medo. Ao descrever um exemplo extremo do problema, por comparação, o problema dela parecerá muito menor e até mesmo normal. O exagero, portanto, pode ser considerado um tipo de *normalização*.

Se sua esposa disser "O fato de você esquecer as coisas que lhe peço para fazer significa que não liga para mim", você pode responder "Sim, acho que você tem razão. Vou arrumar as malas. Você quer ficar com a casa ou com o carro?" Depois da surpresa (e esperamos, da risada), peça desculpas pelo esquecimento e comece a resolver o problema para lembrar melhor no futuro.

Frank Farrelly é o mestre no exagero de uma situação com o propósito de ajudar alguém a vê-la de uma nova perspectiva:

> Uma paciente muito agressiva, por exemplo, acaba de ser colocada no quarto de isolamento. Ela fica em pé perto da grade da porta, gritando obscenidades para a equipe por controlarem seu comportamento agressivo com outro paciente.
>
> *Frank* (deslizando até a grade, bem à vista da paciente, rindo alto): *Garota! Você os fez correr! Eles estão com muito medo de você agora, os filhos-da-mãe e aquela louca! Continue assim, não deixe que eles a vençam.* (Entre dentes) *Não importa o que aconteça. Não importa quanto tempo eles a mantenham trancada!*

Paciente (rindo moderadamente): Ah, vá para o inferno, Frank! Não é você quem está trancado aqui. Para você é fácil dizer isso. Tente você, já que gosta tanto disso.

Frank (submisso, olhando furtivamente para os lados, abaixa o tom de voz até um sussurro conspiratório)*: Eu não! Eles me derrotaram há muito tempo, mas eu sempre espero que eles finalmente encontrem alguém que não consigam derrotar.* (Repentinamente com um olhar furioso, levantando a voz em um grito fanático) **Não importa as torturas que eles...**

Paciente (rindo, interferindo em um tom de conversa)*: Cuidado, eles vão colocá-lo aqui. Eu vou melhorar o comportamento e sair daqui.*

(FARRELLY, 1974, P. 110-111)

Quando um cliente paranóico foi à primeira sessão com um psiquiatra e começou a afirmar que estava sendo observado, seguido e perseguido, imediatamente o psiquiatra o interrompeu e juntou-se a ele, dizendo: "Meu Deus, você precisa ser mais cuidadoso; a maioria dos psiquiatras o mandaria direto para o hospício ou o entregaria para a máfia! Antes de falar qualquer coisa, você já verificou se não está com 'escuta'?". Ele ficou em pé e examinou as roupas do cliente muito cuidadosamente, pedindo-lhe que se levantasse e desse uma volta. Encontrando um fio de cabelo no ombro do cliente, ele o queimou com um fósforo em cima do cinzeiro, explicando: "Você precisa ser muito cuidadoso, elas estão ficando cada vez menores hoje em dia".

Então o psiquiatra comentou que, sem dúvida, algumas vezes ele ficaria distraído com o que estivesse fazendo e não ouviria tudo que as pessoas vinham dizendo a seu respeito pelas costas, portanto ele realmente deveria andar com um gravador e depois ouvir as fitas em casa, para não perder nada. Quando o cliente mencionou a CIA, o psiquiatra perguntou se ele verificara se o FBI ou a Interpol também estavam atrás dele. Continuou exagerando todos os comportamentos protetores do cliente, sugerindo a ele muitas outras maneiras para ficar ainda mais vigilante. Após alguns dias fazendo isso, o cliente voltou chorando e disse "Não posso viver assim!", e juntos eles começaram a explorar outras possibilidades. Conheço alguns exemplos em que esse tipo de abordagem funcionou muito bem.

Joel Bergman (1991) descreveu um homem de 39 anos chamado Eddie, que morava em um albergue após ter passado dezenove anos numa instituição psiquiátrica. Ele ficava na cama 23 horas por dia e no resto do tempo chorava, se lamentava, andava em círculos e pedia aos outros residentes para fazerem coisas para ele. Um dia, ele disse: "Já fiz tudo que havia para fazer na vida", e a equipe decidiu utilizar essa categorização. Todos concordaram com Eddie que ele provavelmente já passara por tudo e, portanto, a única coisa que restava era se preparar para morrer.

Eles disseram a Eddie que planejavam tirar a porta de seu quarto e colocá-la sobre blocos no meio da sala, transformando-a em um local para o velório, com velas e flores frescas. Ele deveria deitar, usando seu melhor terno e segurando um terço. Quando ouviu isso, Eddie começou a pular gritando que não tinha morrido, mas essa atitude foi descrita como uma "gargalhada da morte". Todos na casa foram informados de que Eddie estava "praticamente morto" e que eles estavam esperando sua alma deixar o corpo.

Então, Eddie ficou deitado lá durante três dias. Ao longo dos dias, as pessoas falavam nele no passado e dirigiam as vozes para o céu. Toda noite, vinte minutos antes do jantar, havia uma visita formal dos residentes para as últimas despedidas, todos com tarja preta no braço, algumas mulheres chorando. No quarto dia, Eddie começou a freqüentar os programas do dia, a dormir sete horas por noite, a executar as tarefas de lavar e cozinhar e a sair com mulheres.

Recategorização comportamental Toda vez que alguém categoriza você, um problema ou relacionamento de uma forma que causa problemas a ambos, você não precisa aceitar essa categorização e sempre pode oferecer outra. Virginia Satir costumava mostrar às pessoas que elas *sempre* tinham a escolha de aceitar ou não o modo como os outros as categorizavam, ou ao seu relacionamento, recategorizando, caso não gostassem do que havia sido feito. Durante anos colecionei exemplos extraordinários de como as pessoas conseguiram recategorizar situações que lhe ameaçavam a vida.

Um atendente de certo hospital psiquiátrico foi agarrado por trás por um paciente que não somente era muito mais forte como também

treinado em artes marciais. O atendente sabia que lutar para se libertar seria inútil, portanto, assim que começou a perder a consciência, ele
amorosamente acariciou o braço do paciente que estava em volta do seu
pescoço. O homem parou de apertá-lo porque, como disse mais tarde:
"Aquilo foi muito esquisito, por isso precisei parar para descobrir o que
estava acontecendo".

Uma mulher caminhava pela rua em um bairro perigoso tarde da noite,
quando notou um homem que parecia estar seguindo-a. Ela atravessou a
rua e ele a seguiu. Ela apressou o passo e ele também. Ela começava a ficar
preocupada, então voltou e caminhou até ele, dizendo: "Desculpe-me, estou assustada. Você poderia me acompanhar até a minha casa?". O homem
lhe deu o braço e foi com ela até em casa. Depois, ela descobriu que ele
atacou outra mulher mais tarde naquela mesma noite.

(ANDREAS, 2005, P. 251)

Se alguém pode recategorizar um relacionamento de homicídio em
amizade, de ataque em carinho, com certeza podemos transformar nossos
problemas cotidianos quando os outros nos categorizam de formas que
não gostamos. Quando você descobrir que a "dança" de seu relacionamento com alguém está se tornando uma batalha, é hora de parar e explorar
como ele foi categorizado, e decidir se está satisfeito com isso ou se deseja
mudá-lo. Como tudo é passível de recategorização – em alguns casos, de
várias maneiras diferentes –, as possibilidades vão muito *além* daquilo que
a maioria de nós é capaz de imaginar.

Recategorização em um nível lógico mais *específico*

Um exemplo baseado nos sentidos Em geral, é muito mais fácil compreender exatamente qual é o problema e como resolvê-lo quando temos informações detalhadas sobre um exemplo específico incluso numa categoria.

Uma fita gravada seria melhor, mas como isso raramente está disponível,
precisamos confiar no relato do cliente. Normalmente, o relato inicial quase
não apresenta as informações de que necessitamos para saber qual é o problema. Se o problema for "Ela me deixa louco", trata-se de uma categoria abstrata
muito geral, com pouca informação específica. Não sabemos nada daquilo

que ela faz – poderia ser qualquer coisa desde desviar os olhos durante uma conversa até convidar os vizinhos para uma orgia. E também não sabemos o que é "louco" – se atirar pratos pelas janelas ou bater nas crianças.

A categoria "o que ela faz" pode conter exemplos específicos ou categorias mais específicas. Diante do seu pedido por um exemplo da categoria, ele poderia responder com um exemplo baseado nos sentidos ou com uma *sub*categoria mais específica. "Bem, por exemplo, na noite passada, ela..." mostraria um *exemplo específico*. Mas "Ela sempre ri quando estou falando sério sobre alguma coisa" indicaria uma *sub*categoria de experiências que o deixam louco.

Agora você pode solicitar um exemplo específico *dessa* categoria. Se ele responder com outra categoria mais específica – "Bem, como quando estou realmente envolvido falando sobre esporte" –, pergunte novamente até ele lhe dar um único exemplo específico que esclareça exatamente o que ela fez e o que ele pensou e sentiu naquela situação. "Quinta-feira passada, eu estava muito animado com o lance de um jogador e ela riu de mim. Não consegui entender o que ela quis dizer com aquela atitude, mas tive medo de perguntar e me senti pequeno." Isso começará a lhe dar o tipo de informação específica necessária para você saber o que é preciso mudar na experiência dele.

Por exemplo, as palavras "sentir pequeno" costumam ser muito literais, indicando que alguém está se imaginando bem menor ou mais jovem do que a outra pessoa. Isso é comum em diversas situações nas quais alguém se sente inadequado, avaliado ou inferior, em geral com relação a alguma autoridade. Se você lhe pedir que aumente o tamanho da imagem que tem de si mesmo até ficar do mesmo tamanho da outra pessoa, ele não se "sentirá pequeno". Essa mudança no tamanho o fará sentir-se mais confortável para perguntar o que ela queria dizer com aquela risada etc. Toda essa informação está completamente ausente na afirmação geral "Ela me deixa louco". A mudança de atenção para o nível de um exemplo específico também diminui a abrangência do problema, tornando-o mais fácil de ser controlado do que a categoria com seus muitos exemplos.

Após determinar os detalhes sensoriais de um exemplo específico, muitas vezes é proveitoso perguntar se ele se trata de um "microcosmo" da categoria mais geral. "A mesma coisa acontece em outras ocasiões quando ela 'o deixa louco' ou há outras diferentes?" Se ele disser que todas são iguais, então, quando você mudar sua resposta para esse exemplo, a mudança vai se generalizar para todos os outros exemplos na categoria.

Se alguns dos outros exemplos são diferentes de algum modo, eles podem exigir um tipo diferente de solução. Peça um exemplo específico dessa subcategoria e trabalhe novamente para explorá-lo. Como ele deve estar na mesma categoria geral de eventos que "o deixam louco", provavelmente terá muitos aspectos semelhantes ao outro exemplo com o qual você trabalhou, permitindo-lhe acelerar seu trabalho perguntando como um exemplo dessa categoria é *diferente* do outro.

Outra opção é fazer uma mudança num exemplo e depois dizer: "Agora, quero que você feche os olhos e pense em sua nova resposta efetiva nessa situação, revendo todas as outras ocasiões em que ela o deixou louco no passado, e descubra se essa resposta funciona bem em alguma ou em todas elas." Às vezes, uma solução para determinado exemplo funcionará em todos os outros exemplos na categoria; em outras, só funcionará em um grupo deles, enquanto outras ainda precisarão de um recurso adicional ou diferente.

Categoria mais específica Em vez de trabalhar o tempo todo com um exemplo específico baseado nos sentidos, você sempre pode trabalhar com uma subcategoria, desde que ela lhe dê informações específicas suficientes para saber o que está acontecendo e que você seja capaz de realizar uma mudança adequada. Isso é algo que poucos terapeutas fazem.

Redirecionar a atenção para uma categoria mais específica também torna o problema menor e menos perturbador do que a categoria mais geral. A categorização mais geral não é modificada; você apenas *entra* nela e lida com uma *sub*categoria encaixada.

"Você afirma que ela o deixa louco. Então, que tipo de situação você acha difícil? Falar sobre assuntos nos quais vocês têm opiniões diferentes, como gastar dinheiro ou de que maneira lidar com as crianças, ou sobre o que fazer quando vocês têm algum tempo para passar juntos e você quer sexo e ela não, ou...?"

Pelo princípio da *hereditariedade*, qualquer subcategoria *deve* ter as qualidades especificadas na categoria mais geral e por isso é provável que uma solução para as experiências na subcategoria também seja eficaz para as experiências na categoria mais geral.

Contra-exemplos são aqueles "contrários" ou *opostos* aos exemplos inclusos em uma categoria. "Outros eventos também o deixam louco, mesmo que ela não ria?" Se você obtiver uma resposta "sim", isso lhe diz algo *muito* importante: que vários *outros* eventos provocam a mesma resposta problemática. Sem essa pergunta, você não perceberia a extensão total do problema e trabalharia apenas com parte dele.

Ao descobrir que comportamentos A, B, C e D também o deixam louco, você pode perguntar ao cliente: "O que *todas* essas coisas (rir e A, B, C e D) têm *em comum*?" – uma forma de questionar sobre critérios. A resposta a essa pergunta deve esclarecer bastante a essência do problema. "Todos são exemplos de desrespeito" ou "Todos são ocasiões nas quais alguém está sendo reclamão e dependente".

O outro tipo de contra-exemplo é o de quando ocorreu o riso, mas ele *não* ficou louco, o que a terapia focalizada na solução chama de *exceções*. Comparar um exemplo que provocou um problema e outro muito similar que *não* provocou em geral torna mais fácil detectar os elementos cruciais da experiência da pessoa que precisam ser modificados – a "diferença que faz diferença". "Bem, na noite passada, ela riu do mesmo jeito, mas eu gostei, pois sabia que ela estava rindo *comigo* e não *de* mim." Isso lhe permite focalizar as diferenças precisas entre as duas situações. "Como você sabia que ela estava rindo *com* você e *de* você? Qual era o tom da sua voz, sua postura, ou a maneira como ela olhou para você ou desviou o olhar? Que evidências você está usando?" Sem um contra-exemplo, corre-se o risco de perder muito tempo juntando informações totalmente irrelevantes para compreender como ele chega à resposta problemática.

Esse tipo de contra-exemplo positivo costuma ser uma "mina de ouro" de informações, não apenas sobre o problema, mas sobre exatamente o que é necessário para resolvê-lo. Ele é utilizado em uma ampla variedade de padrões da PNL, desde a diminuição de uma resposta alérgica (Andreas, Andreas, 1993, capítulo 5) até as muitas formas de "mapeamento" de submodalidades de um problema para determinada solução. Os padrões incluem a resolução da perda (Andreas, 2002a; Andreas, Andreas, 1993, capítulo 11), a resolução da vergonha (Andreas, 2002b; Andreas, Andreas, 1993, capítulo 13) e o padrão do perdão.

Self versus comportamento A distinção entre "*self*" e "comportamento" é um exemplo muito eficaz para redirecionar a atenção a um aspecto mais específico de experiência. Quando as pessoas têm uma experiência ruim, às vezes pensam em *si mesmas* como "ruins", uma categoria muito mais geral que de nada serve para descobrir como mudar sua resposta.

Se o *self*, o responsável por encontrar uma solução, é ruim, será bem difícil chegar a uma *boa* solução, e isso facilmente leva ao desespero, mesmo quando alguém não está consciente da lógica subjacente. Para fazer essa distinção entre *self* e comportamento, você pode dizer: "Então, você teve uma experiência ruim e quer ter certeza de que isso não vai acontecer novamente. Isso não tem nada que ver com quem você é como pessoa, significa apenas que você cometeu um erro." Essa recategorização refocaliza a atenção no *comportamento* que ele quer mudar e não em sua conclusão a respeito de si mesmo – que *ele* é incompetente, maldoso, incapaz etc. Ainda que ele pense no comportamento específico como um de um *conjunto* de comportamentos, essa ainda é uma categoria muito mais específica do que todo o seu *self*. Isso diminui a pressão e torna muito mais fácil a tarefa de encontrar uma nova resposta mais efetiva.

Encaixando categorias Quando alguém tem uma categorização firme que parece inabalável, você pode aceitar isso e descrever uma nova categoria como se estivesse encaixada *dentro* daquela que seria difícil mudar.

Um ex-soldado anunciou que era uma pessoa extremamente tradicional, que nem mesmo acreditava que as mulheres já haviam adquirido o direito de votar. Para ele, uma família deveria ter disciplina, e as atitudes da esposa estavam minando sua autoridade e as crianças ficando fora de controle. Estava claro que fora consultar o terapeuta para provar à esposa que os terapeutas não ajudavam em nada.

Perguntaram ao homem se ele via a si mesmo como um general da Primeira ou da Segunda Guerra Mundial. Ele pediu esclarecimentos e lhe explicaram que o primeiro não havia aprendido muito em mais de quatro anos e demonstrara pouco interesse pelo bem-estar psicológico de suas tropas ou em salvar vidas. No final do conflito, as pessoas ainda faziam as mesmas coisas que eram claramente ineficientes desde o início da guerra. O segundo, entretanto, aprendeu com suas experiências, prestou considerável atenção às questões do bem-estar psicológico e limitação do número de baixas, e se adaptou às mudanças das circunstâncias. Após pensar na questão por alguns minutos, o homem suavemente admitiu: "Acho que me tornei um pouco como um general da Primeira Guerra Mundial".

(CADE, O'HANLON, 1993, P. 71)

Encaixar uma nova categoria dentro da que já está lá significa que você não precisa contestar a crença existente, mas somente trabalhar *dentro* dela, em um nível lógico mais baixo. Ao contrário, a maior parte dos terapeutas provavelmente tentaria desafiar a crença desse homem de que ele deve administrar a família como se fosse uma unidade militar. Isso seria muito difícil e demoraria demais – mesmo supondo que o pai estivesse disposto a voltar para outras sessões!

Generalizando com base nesse exemplo, se uma pessoa está certa de que quer o divórcio, você pode responder: "Tudo bem, então, *que tipo* de divórcio você gostaria? Algumas pessoas são realmente desagradáveis umas com as outras, tentam ganhar até o último centavo no acordo e acabam gastando quase todo o dinheiro com advogados. Outras fazem o melhor que podem para se entender e chegar mais facilmente a um acordo mais barato, com muito menos raiva e ressentimento. Ou talvez existam outras alternativas ainda melhores para você. O que *você* quer?"

Assim que elas se comprometem com um objetivo positivo para o divórcio, surgem oportunidades nas quais é adequado sugerir que elas pelo menos considerem a possibilidade de continuar juntas. Como essas oportunidades ocorrem *dentro* de um contexto que pressupõe que elas vão se divorciar, elas ficam à vontade para considerá-las livremente. Enquanto discutem os diversos aspectos difíceis do divórcio, isso proporciona um contexto no qual a idéia de permanecer juntas pode começar a parecer muito mais atraente do que anteriormente.

Sempre que alguém está firmemente comprometido com uma categoria (X), pense em trabalhar dentro dela perguntando: "Que *tipo* de X você deseja?" ou "Você quer *esse* tipo de X ou *aquele* tipo de X?". Aceitar a categoria X evita conflitos e, dentro da menor categoria inclusa, você pode oferecer alternativas que do contrário seriam sumariamente rejeitadas.

> **Resumo:** Podemos recategorizar um evento no *mesmo* nível lógico usando uma redescrição que enfatiza diferentes aspectos do evento. A redescrição tem uma abrangência categórica deduzida diferente, bem como uma abrangência categórica agregada diferente e com freqüência evoca uma resposta diferente.

Por exemplo, redescrever um "desvio" de comportamento como "competência" ou "incompetência" pode facilitar a mudança, na medida em que essas palavras têm diferentes conotações e conseqüências.

Reverter uma pressuposição problemática sobre um evento reverte a resposta do cliente. As objeções a uma mudança muitas vezes são vistas como resistência a ela, quando na verdade oferecem informações que facilitam a elaboração de uma mudança adequada e duradoura.

Redescrever *fracasso* como *feedback* pressupõe que é possível aprender com os erros para responder com mais recursos no futuro.

Uma vez que muitas pessoas pensam em seus problemas, ou em si mesmas, como esquisitos ou patológicos, recategorizá-los como *normais* ajuda a permitir que elas refocalizem o problema e o que pode ser feito para solucioná-lo. *Exagerar* um problema às vezes faz o verdadeiro problema parecer normal, por comparação.

Alternativamente, podemos *entrar* numa categoria até uma subcategoria mais *específica* inclusa nela, em um nível lógico inferior, ou entrar ainda mais profundamente numa categoria para encontrar um *exemplo* específico e trabalhar com ele. Um exemplo específico terá informações mais detalhadas, tornando muito mais fácil compreender o problema, bem como saber que mudanças seriam mais úteis.

Os *contra-exemplos* de um problema simplificam a busca pelo padrão de um problema, oferecendo formas para determinar exatamente aquilo que precisa ser modificado.

A distinção entre o *self* de alguém e um *comportamento* específico ou *conjunto* de comportamentos é uma maneira bastante eficaz de simplificar um problema e facilitar sua solução. *Encaixar* uma nova categoria dentro de uma categoria problemática existente significa aceitá-la, em vez de desafiá-la ou revê-la.

Todos esses diferentes meios de se mudar uma categorização no *mesmo* nível lógico, ou em um nível mais *específico*, oferecem diversas formas alternativas para mudar a experiência de alguém. No próximo capítulo, exploraremos de que maneira se deve recategorizar em um nível mais *geral* para que a categorização existente seja inclusa numa categoria de nível lógico mais elevado. Esse tipo de recategorização, um dos mais poderosos, permite o máximo de liberdade para escolher uma nova categoria.

O PÁSSARO QUE CHEGA PRIMEIRO COME A MINHOCA,
MAS O SEGUNDO RATO COME O QUEIJO.

13

Recategorização de nível mais elevado
Juntando grupos

"SE AS PESSOAS SOUBESSEM O QUANTO EU TRABALHO PARA ADQUIRIR MINHA MESTRIA, NÃO PARECERIA NEM UM POUCO MARAVILHOSO."

MICHELANGELO

Recategorização em um nível lógico mais elevado

A recategorização de uma experiência em um nível lógico *mais elevado* não altera a categorização anterior; simplesmente a *inclui* em uma categoria mais geral. Podemos recategorizar de quase todas as maneiras, desde que de forma razoavelmente harmoniosa com as crenças, suposições e visão do mundo da pessoa – e, algumas vezes, mesmo que não seja! Quando recategorizamos em um nível mais elevado, os critérios da nova categoria mais geral *tornam-se* critérios para o nível mais específico devido à *hereditariedade*.

Por exemplo, se você tem um hábito que não lhe agrada, posso redescrevê-lo como "uma das coisas que você aprendeu a fazer de maneira muito sistemática e consistente".

Essa categoria mais geral incluirá vários *outros* exemplos adequados aos critérios da categoria geral "coisas que aprendi a fazer de maneira muito sistemática e consistente", associando o hábito original a comportamentos adicionais aprendidos. Essa abrangência categórica agregada normaliza o hábito, associando-o a todos os outros hábitos, muitos dos quais são úteis e positivos.

Pressuposições fundamentais Toda terapia ou método para trabalhar com mudanças tem pressuposições importantes, embora quase sempre implícitas ou fora da percepção. Qualquer pressuposição fundamental cria uma categoria que inclui *todas* as ações mais específicas, crenças e procedimentos nessa prática terapêutica. Pela *hereditariedade*, cada elemento dessa prática incluirá os critérios de uma pressuposição fundamental. Mesmo quando esses critérios e pressuposição são inconscientes, eles aparecem no comportamento do terapeuta e acabam comunicados ao cliente. Se o terapeuta tiver *rapport* suficiente ou uma posição de poder, o cliente tenderá a responder de acordo com isso e a confirmar as opiniões do terapeuta, quer sejam válidas ou proveitosas, quer não.

Por exemplo, diversas terapias baseiam seu trabalho em um modelo "médico" de "doença" ou "disfunção", evidente em termos como "doença mental" e "saúde mental". Se o comportamento problemático de alguém é considerado resultado de um processo de doença, então precisamos nos opor a ele, da mesma forma como a medicina combate doenças com antibióticos ou cirurgia.

Muitas das opiniões religiosas sobre as dificuldades das pessoas fundamentam-se no modelo de "pecado" ou "mal", que deve ser vigorosamente combatido na clássica luta entre as forças da escuridão e as forças da luz, sendo o único objetivo possível para isso consiste em algum tipo de exorcismo.

Doença e mal pressupõem conflito e oposição, portanto a idéia de juntar-se à "doença" ou ao "mal" jamais ocorreria a alguém com essas premissas. Se outra pessoa sugerisse essa possibilidade, ela seria rapidamente rejeitada por não se encaixar na idéia de combater um adversário.

Várias terapias são orientadas para causas na história do cliente e acham que compreender a história (*insight*) e/ou expressar sentimentos desagradáveis do passado (catarse) provocará a mudança. Então, quando esses métodos não resultam na mudança esperada, a única explicação possível é que o cliente não se aprofundou o suficiente na história ou não expressou totalmente seus sentimentos. A conclusão lógica e óbvia é que seria necessário mais do mesmo tipo de terapia. A pressuposição prende o terapeuta e o cliente a um processo circular infindável que só pode acabar se a pressuposição enganadora for reconhecida e modificada.

Uma pessoa que pressupõe que você precisa trabalhar com a história e as lembranças do cliente jamais pensaria em lidar diretamente com as estruturas mentais internas resultantes da história. Se alguém sugerisse o trabalho apenas na estrutura, isso seria sumariamente rejeitado. Quando alguém pressupõe que a terapia eficaz demora muito, então qualquer forma de terapia breve será descartada como ineficaz, superficial e temporária.

A PNL tem sido muito mais explícita do que a maior parte das abordagens a respeito do que são as pressuposições fundamentais e como elas facilitam demais o processo de mudança tanto para o terapeuta quanto para o cliente. Vamos examinar algumas delas.

Intenção positiva A pressuposição da PNL de que *"Todo comportamento tem uma intenção positiva"* recategoriza tudo que o cliente faz, bem como tudo que o terapeuta faz. Muitas pessoas pensam em duas categorias separadas: intenção negativa resultando em comportamento negativo e intenção positiva resultando em comportamento positivo. Embora algumas pessoas percebam que a intenção positiva algumas vezes gera comportamento negativo ("De boas intenções o inferno está cheio"), a maioria percebe que o comportamento negativo é sempre o resultado da intenção negativa. Se o comportamento destrutivo de uma pessoa deriva de uma intenção negativa, então uma resolução cooperativa do problema não faz nenhum sentido e a única escolha é agüentar o comportamento destrutivo ou combatê-lo.

Se aceitarmos que o comportamento desagradável ou destrutivo de alguém é sempre o resultado de uma intenção positiva, então o terapeuta, cônjuge ou sócio podem concordar com a *intenção positiva*, embora ainda desejando mudar o comportamento. Assim, têm a oportunidade de trabalhar *junto* com o cliente como aliados para encontrar um comportamento que satisfaça melhor a intenção positiva. Essa é uma maneira *completamente* diferente de trabalhar com alguém para mudar seu comportamento, eliminando a maior parte daquilo que chamamos de "resistência" à mudança.

Quando o comportamento de alguém é destrutivo, em geral sua intenção positiva baseia-se numa abrangência *muito* pequena no espaço e no tempo – alguma coisa é positiva para *ele*, no momento presente, sem nenhuma consideração pelos outros ou pelas conseqüências futuras. Aliar-se à intenção positiva, por mais limitada que seja sua abrangência, é um bom ponto de partida para ampliar a abrangência e trabalhar cooperativamente em direção a uma solução melhor para ele, bem como para os outros. A "Ressignificação em seis passos" é um método da PNL que utiliza explicitamente a intenção positiva na busca por comportamentos alternativos em situações problemáticas (Bandler, Grinder, 1986; Andreas, 1985b).

As pessoas sempre fazem a melhor escolha à sua disposição Quando alguém se arrepende ou sente culpa por alguma coisa que fez, significa que de algum modo violou seus padrões ou valores, sentindo-se mal por isso. Com freqüência, ele continua categorizando o fato como algum tipo de fraqueza ou fracasso pessoal – ou talvez até mesmo que ele é doente ou mau. Isso acrescenta outra razão para se sentir mal e essa categorização não é proveitosa para que no futuro ele aprenda a responder de acordo com seus valores.

A pressuposição da PNL de que as pessoas sempre fazem o melhor denota que por mais terrível ou destrutiva que seja uma escolha, aquilo era *o melhor que elas podiam fazer naquele momento*. Elas realmente *não podiam* ter feito diferente com as percepções, informações e limitações que possuíam naquela ocasião, portanto não precisam se culpar (ou que os outros as culpem). A culpa só as desvia da tarefa prática de lidar com aquilo que elas querem que seja diferente e como aprender a conseguir isso.

A idéia de que as pessoas sempre fazem a melhor escolha possível também pressupõe que *agora*, com o benefício da percepção posterior, mais informações, habilidades subseqüentes, compreensão e aprendizados etc., elas podem aprender a fazer escolhas muito melhores no presente e no futuro. Isso recategoriza o que elas fizeram de "ruim" ou "malvado" para "ignorância" ou "incompetência", desviando a atenção do castigo para a educação – aprender como fazer melhor na próxima vez.

"Modelo do mundo" Outra pressuposição fundamental na PNL é a de que "O mapa não é o território". Nossa experiência dos eventos é sempre um "mapa" ou representação, capaz apenas de se *aproximar* dos eventos no mundo real. A maioria das pessoas, na maior parte do tempo, *aceita* que a maneira como vemos ou compreendemos um evento é *"a maneira como ele é"*. Quando alguém diz "Tudo bem, esse com certeza é um modo de pensar nessa situação", ou "Quer dizer que é assim que você vê a situação

agora", isso sugere que a maneira de alguém ver um evento é *uma* entre muitas formas alternativas. Implicitamente, isso cria uma categoria mais geral que poderia ser chamada de "maneiras de perceber e compreender eventos".

Quando você tem apenas *uma* compreensão, provavelmente está absolutamente convicto dela e acredita que é assim que *é*. Quando isso se mostra insatisfatório, com freqüência resulta na sensação de estar preso e impotente. Considerar uma compreensão atual como "uma entre muitas possibilidades" pode ser o primeiro passo para libertar alguém de uma compreensão limitante de duas maneiras muito diferentes.

Primeiro, isso cria uma separação ou *dissociação* da compreensão associada anterior, libertando a pessoa da sensação de estar presa. Em segundo lugar, pode libertá-la da *certeza* de aceitar que é assim que *é*, possibilitando que ela pelo menos considere compreensões alternativas. Ao pensar na sua atual compreensão como *uma* entre diversas alternativas, torna-se muito mais fácil examiná-la junto com outras possibilidades e levar em conta a escolha de uma maneira diferente de compreensão, se ela fizer sentido.

Quando tudo que um terapeuta diz e faz é permeado com essas pressuposições fundamentais, isso direciona o cliente para abrangências e categorias de experiência muito diferentes e eficazes. Agora vamos examinar outras maneiras de categorizar em um nível lógico mais elevado.

Qualificadores cognitivos Advérbios como "felizmente", "infelizmente", "interessantemente", "alegremente", "compreensivelmente" etc. são chamados de "qualificadores cognitivos", pois recategorizam e qualificam as palavras que acompanham. Por exemplo, digamos que uma pessoa considera uma experiência negativa ou desagradável. Se você disser "Interessantemente, você pensa nesse evento como algo desagradável", o desagrado não é eliminado, mas incluído em uma categoria mais geral de coisas e eventos que são "interessantes". Os critérios para "interessante" refocalizam a atenção no evento em si, e não na resposta desagradável a ele, facilitando a solução do problema.

Alguns qualificadores como "infelizmente" ou "lamentavelmente" introduzem uma avaliação emocional que pode piorar ainda mais a experiência de alguém. Logo depois de aprender os qualificadores cognitivos, tive um cliente deprimido que começava quase *toda* frase com "infelizmente" ou "lamentavelmente". Como um primeiro passo, pedi-lhe para iniciar todas as frases com "alegremente" ou "felizmente". Isso pareceu *muito* estranho e inadequado para ele, mas o sensibilizou em relação ao poderoso impacto que suas palavras exerciam sobre ele e também começou a recuperar um pouco de equilíbrio.

Então, solicitei a ele que mudasse para "curiosamente", "compreensivelmente" ou "interessantemente", termos que pressupõem um estado agradável de *aprendizado*. Essas palavras redirecionaram sua atenção para a abrangência do problema em si, tirando o foco dos sentimentos mais gerais de tristeza ou pesar, que estavam em um nível lógico mais elevado do que seu comportamento.

"Como se" "Isso é apenas simulação, não é real" se trata de uma das categorias mais eficazes para permitir que as pessoas explorem diferentes maneiras de ser e responder. Fingir "como se" uma situação fosse daquele jeito retira-a das limitações da "realidade", ou do passado, ou ainda das amarras daquilo que alguém acredita ser possível ou adequado – um mundo imaginário no qual não há castigos por se cometer um erro. Alguém pode imaginar o que bem entender, criar uma variedade de cenários e então examiná-los para descobrir se eles o ajudariam a conquistar o que ele quer. Após criar um objetivo desejado detalhado, ele volta ao mundo real a fim de descobrir se realmente consegue fazer isso acontecer.

Uma variação da estrutura "como se" consiste em pedir a alguém para se imaginar fazendo algo que sabe que *nunca* faria. Como a pessoa *sabe* que isso *nunca* aconteceria, ela se sente totalmente protegida de quaisquer conseqüências desagradáveis que acha que aconteceriam se *realmente* fizesse aquilo, podendo imaginar livremente. Contudo, ao imaginar livremente, ela também está ensaiando como seria fazer aquilo de fato. Enquanto ensaia, ela nota se aquilo se encaixa ou não em seus objetivos e valores, e talvez descubra que seria seguro e até mesmo proveitoso e agradável.

Por exemplo, uma mulher que era muito inibida com relação ao sexo recebeu a tarefa de se imaginar fazendo algo que ela na realidade *jamais* pensaria em fazer com o marido. Ela também não devia contar ao terapeuta, para evitar o constrangimento de imaginar na presença de outra pessoa. Uma das coisas que lhe veio à mente foi recebê-lo na porta de casa sem roupa nenhuma a não ser um plástico transparente com um grande laço vermelho. Ao se imaginar fazendo isso, achou tudo muito agradável e inofensivo, portanto decidiu concretizar sua idéia – e o fez. Essa experiência tornou-se um protótipo que rapidamente juntou outras experiências semelhantes numa categoria que poderia ser chamada de "liberdade de expressão sexual".

A pergunta do milagre A terapia focalizada na solução cria uma categorização "como se" da seguinte maneira:

Enquanto você dorme essa noite, acontece um milagre...

E os problemas que o trouxeram aqui estão resolvidos, num piscar de olhos!...

Contudo, isso acontece enquanto você dorme, portanto você não pode saber como isso aconteceu...

Ao acordar pela manhã, como você vai descobrir que esse milagre aconteceu? *Ou como seu melhor amigo saberá que esse milagre aconteceu com você?*...

Observe que essa instrução oferece uma escolha entre descobrir as mudanças estando associado ou dissociado, como notou um melhor amigo. Uma vez que a dissociação acrescenta distância à categorização "como se", muitos acharão mais fácil exercitá-la assumindo o ponto de vista do melhor amigo ou de outra pessoa.

Reorientação no tempo Milton Erickson costumava criar uma categorização "como se" usando o transe para ampliá-la. Após hipnotizar um cliente, ele primeiro o desorientava no tempo, dizendo: "Você sabe, ontem, ontem era hoje e hoje era amanhã, enquanto o dia anterior a esse era ontem e amanhã era o dia depois de amanhã. Se você pensar em um ano a partir de hoje, isso não é real, mas daqui a um ano, hoje estará no passado distante, apenas uma lembrança daquilo que já foi real" etc. Esse tipo de linguagem é *muito* mais difícil de acompanhar quando ouvida do que lida, quando se pode voltar e reler o que está escrito, e a maior parte das pessoas responde entrando mais profundamente no transe. Então, ele o reorientava para uma época alguns meses ou um ano no futuro e perguntava não somente o quanto ele estava gostando das mudanças em sua vida, mas também o que ele havia *feito* no passado para alcançar essas mudanças.

"Há algum tempo, creio que na primavera de 2006, você veio me pedir ajuda para determinado problema que o perturbava há algum tempo. Agora que estamos no outono de 2006 e você deixou permanentemente para trás essas dificuldades, eu gostaria que você examinasse novamente apenas aquilo que fez de maneira diferente para provocar essas mudanças com as quais está tão satisfeito agora. Tenho péssima memória e não consigo lembrar o que foi que fizemos que se mostrou tão eficaz em ajudá-lo nessas mudanças." Com freqüência, o cliente relatava em detalhes o que ele havia feito de modo diferente e então Erickson o tirava do transe sem que ele lembrasse disso e usava a informação que juntara para lhe dizer exatamente o que fazer a fim de concretizar as mudanças que ele queria realizar.

"Antes de começarmos" ou "Isso não é terapia" Assemelha-se a uma categorização "como se", particularmente com pessoas inibidas, indecisas ou que possam ter alguma resposta desfavorável ao saber que estão envolvidas numa "terapia" ou "trabalho". "Antes de começarmos esse processo (ou sessão etc.), precisamos fazer alguns arranjos" (ou "checar certas coisas", "considerar algumas questões" etc.). Então continue a trabalhar na direção do que pretende alcançar. Quando terminar, vá diretamente para outro assunto, dizendo apenas que vocês terminaram ou que mudou de idéia e decidiu que não precisa mais do processo que pretendia utilizar.

Você pode usar "Antes de começarmos" no consultório ou no contexto familiar para o trabalho de mudança, ou combinar isso com um encontro num contexto muito diferente, que habitualmente não seria usado para mudança pessoal. Se vocês se encontrarem num saguão, estacionamento, restaurante ou outro local, o contexto não-terapêutico implicitamente categorizará o que você está fazendo como "não-terapia" de modo ainda mais natural e convincente.

Isso também se aplica a qualquer outro contexto no qual alguém apresenta comportamentos ou respostas prejudiciais. Por exemplo, uma pessoa que tende a "assumir o comando" em reuniões de negócios realizadas em salas de reunião, às vezes fica muito mais relaxada, receptiva e aberta a alternativas em um piquenique, jogando bola ou em outro contexto "não profissional".

Louco Muitos terapeutas cometem o erro de pensar que os clientes precisam acreditar ou concordar com o que eles dizem. Uma afirmação ridícula ou grosseira em geral é *bem* mais lembrada do que uma afirmação comum ou séria, e um cliente tem muito mais probabilidade de pensar na primeira, mesmo quando conscientemente rejeita totalmente a idéia.

O terapeuta familiar Carl Whitaker costumava começar a primeira sessão com uma família dizendo: "Sou apenas um velho maluco que fala tudo que lhe vem à cabeça". Ao categorizar *todo* o seu comportamento como louco, os clientes nunca se sentiam pressionados a concordar com seus comentários (evitando qualquer "resistência") e Whitaker *nunca* precisou se defender ou justificar. Isso tornou muito mais fácil para os clientes simplesmente responder ao que ele dizia.

Whitaker afirmava coisas como: "Às vezes, quando as crianças se comportam mal, aposto que vocês gostariam de prendê-las dentro do freezer por uma semana". Se um membro da família discordava de algo, ele o lembrava de que ele lhes avisara que ia dizer coisas malucas e que eles não deviam levar para o lado pessoal, a menos que achassem que aquilo se encaixava para eles. Quando um cliente dizia algo como "Você está sendo totalmente irracional!", Whitaker calmamente respondia "Sabe, minha esposa me disse quase a mesma coisa ontem". Whitaker gostava de dizer sobre os clientes: "Eles podem *concordar* comigo ou *discordar* de mim, mas *não podem me ignorar*".

É realmente difícil convencer os terapeutas de como uma recategorização pode ser eficaz mesmo quando os clientes discordam disso. Por exemplo, um terapeuta em treinamento relatou:

> [...] *que ela e o marido discutiam quase diariamente a respeito da porta de um armário. Ela tinha o hábito de deixar a porta aberta e isso o irritava. Quando ele começou a se queixar, ela rebateu e a troca de idéias logo se tornou uma discussão.*
>
> (FURMAN, AHOLA, 1992, P. 77)

Na opinião da mulher, o problema era causado pela rigidez e mania de organização do marido – categorizações que não contribuíam para sua felicidade, fossem ou não verdadeiras. O treinador do grupo, o terapeuta Tapani Ahola

> [...] *sugeriu que ela contasse ao marido que discutira seu hábito de deixar a porta do armário aberta com o grupo de treinamento, que incluía muitos psicólogos experientes. Ela deveria dizer que, de acordo com o grupo, o fato de ela deixar a porta do armário aberta era na verdade um ato inconsciente ou talvez um gesto simbólico "pré-consciente", significando sua vontade de fazer sexo com o marido. Por um instante, ela ficou surpresa com essa explicação improvável, mas como tinha a mente aberta, começou a rir e aceitou a tarefa.*
>
> **(FURMAN, AHOLA, 1992, P. 77-78)**

Quando ela repetiu isso para o marido, "Ele disse que era a coisa mais maluca que já havia escutado!". Contudo, a partir daí, sempre que ele encontrava a porta do armário aberta, não dizia nada e apenas a fechava.

Essa é uma recategorização *brilhante*, porque, apesar de direcionada ao marido, ela influenciaria *tanto* ele *quanto* a esposa. Não importa que eles a considerem maluca; ela ficará em sua mente, de maneira indelével, sempre que encontrarem a porta do armário aberta. O marido certamente pensará na porta aberta de maneira muito diferente, que evocará pensamentos agradáveis e expectativa, em vez de irritação! E, como em geral os homens querem fazer sexo com maior freqüência do que as mulheres, provavelmente ela tentará fechar a porta mais vezes, para evitar um convite ao sexo quando não estiver com vontade.

Enfatizo que essa intervenção *não* surgiu de uma preocupação freudiana com sexo e simbolismo sexual. Ela surgiu do compromisso de reorientar o casal *para longe* de suas categorizações anteriores e *na direção* de novas categorizações muito mais agradáveis. Anteriormente, é provável que ambos estivessem prestando atenção no passado. Ela olhava para a insistência do marido em fechar a porta como resultado de uma categoria geral, sua "mania de organização", enquanto ele pensava que ela deixava a porta aberta como resultado de seu "desleixo", "rebeldia" ou "indiferença aos seus desejos" etc.

Agora *ambos* vão pensar nela como um sinal da sua vontade de fazer sexo, o que está no presente e direciona sua atenção para um evento agradável compartilhado no *futuro*, uma abrangência significativamente diferente no espaço e no tempo. A idéia dela a respeito de sua "mania de organização" não é desafiada e as idéias dele sobre desleixo, rebeldia ou indiferença não precisam ser modificadas. A porta do armário aberta mudou, passando de um sinal para uma discussão para um sinal a fazer pensar em um tipo muito diferente de interação.

Recategorização aversiva Descrever o que alguém já faz de uma forma que se opõe a seus valores e critérios muitas vezes ajuda a levá-lo a fazer alguma coisa diferente. Quando o fato de um adolescente ficar fora de casa até tarde é descrito como algo que satisfaz o desejo secreto dos pais de que ele seja independente e auto-suficiente, provavelmente ele fará isso menos vezes. Se a atitude de provocação de um jovem com a irmã é descrita como uma expressão de carinho por ela e como um esforço para fortalecê-la contra as provocações de outras pessoas, ele provavelmente vai parar.

Houve o relato da presença de um "exibicionista" nas imediações de uma escola católica para meninas e a equipe achava que mais cedo ou mais tarde ele "se mostraria" na escola. Assim, instruíram todas as alunas sobre o que fazer caso ele aparecesse. Uma semana depois, o exibicionista chegou em seu carro e chamou algumas garotas. Várias delas se aproximaram do carro e quando ele "fez o seu *show*", todas elas pareciam tristes enquanto diziam: "Ah, sentimos *tanto* por você. Ele é tão *pequeno!*". Ele fez uma careta, partiu imediatamente e nunca mais foi visto perto da escola.

Conheci um menino de 14 anos que freqüentemente assumia o papel de "pai" com o irmão de 9 anos, dizendo-lhe o que fazer, num tom de voz superior e cheio de desprezo. Sugeri ao mais novo que sempre que o irmão falasse com ele daquela maneira, ele respondesse com um tom de voz alegre: "Obrigada, mamãe". Já a primeira vez que ele fez isso foi um impacto para o irmão mais velho; com apenas algumas repetições, suas mensagens parentais diminuíram e, quando aconteciam, o "Obrigada, mamãe" o fazia sorrir e ele deixava o pequeno em paz.

Joel Bergman (1991) descreveu Melvin, um rapaz de 27 anos residente de um centro de cuidados da comunidade, que passou mais de quinze anos em escolas para deficientes mentais, hospitais psiquiátricos e na prisão. Melvin se recusava a participar de qualquer atividade e ficava sentado em cima de um tambor de óleo do lado de fora do centro. A equipe decidiu dizer a ele que o centro estava fazendo uma campanha para levantar fundos e precisava de um modelo idiota que ficasse sentado lá fora a fim de evocar compaixão. Ele também deveria girar 360 graus sobre o tambor para maximizar a resposta solidária da comunidade. Ao ouvir isso, Melvin imediatamente saiu de cima do tambor de óleo e se envolveu em todas as atividades do dia.

É provável que, anteriormente, o comportamento de Melvin tenha sido categorizado como "louco" pela equipe do centro, mas ele provavelmente o categorizava como "rebeldia" ou de outra maneira que sugeria uma habilidade para escolher a resistência. Quando teve seu comportamento categorizado como "idiota", isso pressupunha pouca inteligência e a incapacidade para resistir, o que ele achou aversivo.

Bergman descreveu outro residente, Luigi, 30 anos, que passara seis anos em um hospital psiquiátrico. Ele só falava em italiano ou de forma incompreensível, caminhava durante horas pela sala e também em seu quarto à noite, fazendo muito barulho, e choramingava incessantemente durante o dia.

A equipe pediu desculpas a Luigi por ter tentado mudá-lo e por não perceber que na verdade ele era um espião do hospital psiquiátrico. Ele foi encorajado a falar de maneira incompreensível, o que era um código necessário para proteger seu disfarce como espião. Eles lhe disseram que planejavam construir uma pista especial para caminhada no gramado, onde ele poderia ter uma recepção melhor dos sinais do hospital, já que ele os recebia pelos pés. Disseram também que haviam percebido que o choramingo era seu aviso para o hospital psiquiátrico, informando que ele recebera nitidamente seus sinais.

Imediatamente, Luigi insistiu em inglês perfeito que não era um espião do hospital. A equipe disse que naturalmente qualquer espião negaria ser um espião e o avisou de que falando inglês ele poderia "destruir seu disfarce". Em dois dias, Luigi parou de ficar andando e em duas semanas deixou de choramingar e falar de modo incompreensível. Depois disso, ocasionalmente ele fazia alguma coisa louca, mas quando lhe pediam para virar na direção do hospital a fim de receber os sinais, ele parava na hora.

Todos os sintomas de Luigi – falar de maneira incompreensível ou em italiano, andar e choramingar – foram categorizados como aspectos diferentes do fato de ele ser um espião do hospital psiquiátrico. Como ele detestava o hospital, isso lhe causou aversão. Quando ele tentou negar, falando em inglês, sua negação também foi descrita como parte do disfarce de espião. Portanto, a única maneira eficaz para Luigi negar a categorização aversiva foi parar com aqueles comportamentos.

Limites de recategorização Apesar desses exemplos maravilhosos, há limites para a recategorização. Chamar um carro de "alimento" não fará nem mesmo o construtivista mais radical comê-lo, e seria tolice tentar. Uma recategorização precisa se encaixar *de algum modo* na visão de mundo da pessoa. Mesmo se ela for aceita apenas como "uma idéia maluca", a idéia precisa ser plausível. Por exemplo, embora Luigi negasse ser um espião do hospital psiquiátrico, ele aceitou a possibilidade de que outra pessoa fosse esse espião.

Se você olhar em volta, descobrirá que algumas pessoas categorizam *muitos* eventos de maneira *bastante* diferente da sua. Outras pagam caro para fazer coisas que seriam terrivelmente desagradáveis para mim, porque eu as categorizo de modo diferente. A maioria das pessoas ficaria angustiada pensando em passar alguns anos escrevendo um livro, mas eu gostei de aprender com um projeto que espero também seja útil para outros. Portanto, as oportunidades para que a recategorização sirva a determinada pessoa são *muito* maiores do que imaginamos. Na maior parte do tempo, não precisamos nos preocupar com as limitações da recategorização; precisamos nos preocupar, sim, com *nossas* limitações ao pensar em uma recategorização que pode funcionar.

Por exemplo, Virginia Satir trabalhou certa vez com uma mulher que sofrera abuso do pai quando jovem. Ele batera muito nela com um açoite de couro cru, então uma dia a levou para a casa dos avós, deixou-a lá e nunca mais voltou. Virginia recategorizou isso afirmando que abandoná-la dessa maneira foi o gesto derradeiro de amor do pai; percebendo que estava fora de controle, deixou-a na casa dos avós e nunca mais a viu para evitar qualquer oportunidade de machucá-la ainda mais. Pessoalmente, acho que a categorização de Satir era bastante improvável. Mas era aceitável para a mulher, permitindo que ela se sentisse com mais recursos a respeito de si mesma e de seu passado doloroso, e continuasse com sua vida.

Cloe Madanes, uma terapeuta familiar especializada em estratégia, descreve seu trabalho com um suicida:

> Recentemente, um empresário amigo meu me pediu para fazer uma consulta com um de seus clientes, que lhe contou que estava planejando cometer suicídio. Em nosso primeiro encontro, perguntei a esse homem, com excesso de peso, de aparência triste, como eu poderia ajudá-lo. Ele me disse que viera de uma família pobre, sem instrução e fora o primeiro na família a se formar na faculdade. Sucesso e muito trabalho sempre foram fundamentais em sua vida. Então ele explicou que fora demitido havia um ano e estava tão desesperado por não conseguir encontrar trabalho que pensava em se suicidar.

Antes de continuar a leitura para descobrir o que Madanes fez, pare para pensar em como você poderia ajudar esse homem a recategorizar sua situação e mudar sua depressão...

> *"Você vai ter de me explicar isso melhor porque não compreendo", eu disse. "Você está dizendo que vai se matar porque não está trabalhando? Isso é estranho. Você poderia me explicar?"*
>
> *Ele pareceu confuso e respondeu: "O trabalho é muito importante para a auto-estima de uma pessoa. Eu me sinto inútil".*
>
> *"Você precisa explicar melhor", repeti. "Ainda não entendi."*
>
> *Ele sorriu um pouco, sem saber se eu estava brincando.*
>
> *"Estou falando sério", eu disse. "Sou bem mais velha que você – uma criança dos anos 1960. Em minha geração, ninguém queria trabalhar. Sentíamos orgulho de não trabalhar. Queríamos cair no mundo. Portanto, o que há de tão bom no trabalho para você querer se matar porque não o tem?".*

Ele olhava para mim como se eu tivesse vindo do espaço. "Sempre achei que o trabalho era importante. Tenho uma forte ética no trabalho."

"Hummm, qual era o seu trabalho?"

"Sou engenheiro e sempre trabalhei em fábricas de armas."

"Ah, legal!", eu disse. "Portanto, o mundo é um lugar melhor porque você não trabalha!"

Ele já estava sorrindo. Continuei: "Veja, no final, você voltará a trabalhar, isso é inevitável. E então olhará para trás, para esse período em que poderia ter feito tantas coisas e se divertido muito, com tristeza, porque não terá mais tempo para fazer as coisas que quer fazer. Você tem namorada?"

"Não", ele respondeu, "não tenho dinheiro".

"Desde quando o amor está relacionado com o dinheiro?!", perguntei. "Se eu fosse você, encontraria uma mulher e iria à praia, ao parque, às montanhas. Vá ao zoológico."

Ele me ligou no dia seguinte em meu consultório e disse: "Só quero que você saiba que hoje está um dia lindo".

"Sim", concordei.

"E estou no zoológico", ele continuou, e então fez uma pausa, "com uma mulher".

Eu disse: "Ótimo. Eu estou no consultório, trabalhando".

Ele me escreveu uma carta um ano depois contando que estava feliz e trabalhando e para me agradecer por nossa conversa.

(MADANES, 2004, P. 55-56)

Algumas pessoas relutam em tentar uma recategorização por medo de que um cliente vá rejeitá-la. Quando você tenta uma recategorização que não funciona, sempre pode dizer: "Ah, portanto essa maneira de pensar nisso não serve para você", deixá-la de lado e tentar outra, como Virginia Satir sempre fez.

Se um cliente claramente rejeita o que você disse, simplesmente peça desculpas e continue: "Não sei por que eu disse isso, acho que me deu um branco. Isso já lhe aconteceu?". Se um cliente ficar aborrecido ou zangado, dê um passo para o lado, fale para o espaço que você estava ocupando um minuto antes e coloque a culpa em outra pessoa, como uma maneira de se juntar ao cliente e recuperar o *rapport*. "Droga, eu *sabia* que isso não serviria para você, mas meu supervisor insistiu que eu tentasse" ou "Li a esse respeito em um artigo e não achei que funcionaria, mas precisava descobrir se serviria para você".

Humor e criatividade

Há muitos tipos de humor e grande parte daquilo que é considerado engraçado implica "ridicularizar" os outros e diminuí-los. Certos tipos de humor são direcionados a pessoas pomposas e presunçosas, "colocando-as no devido lugar". Muitos espetáculos de "comédia *stand-up*" – mesmo quando brilhantes – são essencialmente uma maneira de criticar a ignorância ou a estupidez dos outros, o que o alvo desse tipo de humor pode não achar nada engraçado.

Infelizmente, "humilhar os outros" é algo que se encontra em todas as culturas e parece ser uma expressão de competição social por *status* e importância. É muito mais fácil chamar a atenção para os que são *menos* inteligentes do que você do que demonstrar a própria inteligência.

Grande parte dos outros tipos de humor fala de assuntos "proibidos", como sexo e agressão, e o prazer parece estar principalmente na expressão nítida daquilo sobre o qual não se "deveria" falar, um pequeno exemplo de bravura ou rebeldia que também pode aumentar o *status*.

Mas há outro tipo de humor muito diferente; ele é leve, agradável, surpreendente, criativo e sobre *toda* a humanidade, e não à custa de algum grupo "alvo". Embora ele possa envolver assuntos "proibidos", é a inteligência, e não o sexo ou a agressão, que o torna engraçado e o final inesperado nos faz pensar em coisas antigas de maneiras novas.

Quando examinamos a *estrutura* desse tipo de humor em piadas, descobrimos que os *padrões* do humor contêm *exatamente* o mesmo tipo de mudanças na abrangência e na categoria que estivemos explorando, e esses padrões *também* são os mesmos da experiência de criatividade e da resolução de problemas. Como alguém já disse, realmente não há diferença entre HAHA! e AHAH! Ou há uma mudança de abrangência que resulta numa mudança de categoria ou há uma recategorização direta ou implícita que muda o significado de um evento.

Algumas pesquisas experimentais indicam de que forma as piadas e o riso mudam a maneira como o cérebro funciona. O riso equilibra a atividade dos dois hemisférios cerebrais, conforme determinado pela ausência de rivalidade binocular (Pettigrew, 2005). Quando listras horizontais são mostradas a um dos olhos e listras verticais ao outro, os sujeitos em geral enxergam um padrão *ou* outro, indo e vindo entre os dois.

As pessoas deprimidas olham de um lado para o outro muito mais lentamente do que as demais. Apenas ocasionalmente as pessoas enxergam ambos os padrões ao mesmo tempo, resultando em uma hachura, e acredita-se que isso indique equilíbrio entre a atividade dos dois hemisférios, sem predominância de um deles. Rir de uma piada (não o riso forçado) resulta na visão da hachura que indica atividade equilibrada.

No momento de mudar categorias, ocorre o que Arthur Koestler (1964) chamou de "bissociação": algum elemento na piada está "associado" a duas categorias diferentes simultaneamente. Algo que foi compreendido como membro de uma categoria, repentinamente é visto como membro de outra, muito diferente. Sempre há um ponto de ambiguidade, o que chamo de "eixo" da piada, quando uma antiga categoria desaparece e do nada surge uma nova.

Por exemplo, o tipo mais comum de história em quadrinhos usa uma série de duas ou três molduras para criar uma situação que podemos facilmente categorizar. Como sabemos pelo formato que é uma história em quadrinhos e esperamos que alguma coisa mude, podemos imaginar: "O que está acontecendo?" Então, o quadro final proporciona uma abrangência maior ou diferente, incluindo normalmente alguma informação que não apareceu nos quadros menores anteriores. Às vezes, as palavras chamam a atenção para algo que já estava presente, mas era quase imperceptível. Essa nova informação muda nossa maneira de categorizá-lo.

Por exemplo, em um dos meus favoritos, um homem está pescando com outro a seu lado, sentado na posição de lótus. Quando o pescador pergunta ao outro homem o que ele está fazendo, este responde: "Estou expandindo minha consciência". O pescador: "Acho que não está funcionando". O homem na posição de lótus: "Por que não?" Ao que o pescador finalmente responde: "Porque você está sentado em cima dos meus anzóis". Quando a mudança na compreensão é suficientemente hábil, sorrimos ou rimos diante da mudança surpreendente. Mesmo nas vezes em que o conteúdo dos quadrinhos não é muito brilhante, esse padrão estrutural é o mais comum entre os cartunistas.

O maravilhoso livro de Scott McCloud, *Understanding comics* (1993), é um dos melhores que conheço para ajudar a compreender não somente as tiras, mas muitos outros princípios fundamentais de como a mente funciona. Ele também é o único livro que conheço que é totalmente congruente; tudo o que ele traz *sobre* tiras é apresentado no *formato* de uma revista de tiras. Agora considere a seguinte piada:

"O que estas três coisas têm em comum: datas de nascimento, aniversários e vasos sanitários?" *

O final aponta para um critério comum às três, uma categorização mais geral que tem a ambigüidade adicional na palavra "acertar", usada de maneira diferente para o terceiro item. Nos dois primeiros, "acertar" se refere a um acerto no tempo, enquanto no terceiro, a um acerto no espaço.

Como os primeiros dois itens são membros da categoria "comemorações anuais", naturalmente pensamos nessa categoria. Então, quando chegamos aos "vasos sanitários", descobrimos que a categoria não se encaixa mais! Mesmo percebendo que a antiga categoria já não serve, em geral é complicado abandoná-la e essa insistência torna difícil pensar em uma nova. Se a ordem das palavras fosse invertida para "vasos sanitários, aniversários e datas de nascimento", não teríamos a experiência de pensar em uma categoria e depois descobrir que ela não se encaixava. Ainda ficaríamos confusos, naturalmente, mas o efeito seria muito diferente.

Existem muitos outros padrões de humor, claro. Um deles é exagerar, criando um extremo incongruente com base em alguma coisa comum. Outro coloca um tema comum dos seres humanos num contexto diferente de animais se comunicando, no qual ele parece incongruente ou "fora do lugar". Seja qual for o padrão ou mecanismo, todo humor muda a abrangência ou recategoriza a experiência, algumas vezes no mesmo nível lógico, outras em um nível inferior ou mais elevado.

---

* Os homens tendem a não acertá-los.

Com freqüência, uma mudança na categorização depende da ambigüidade auditiva; uma palavra ou frase ambígua tem dois significados muito diferentes. Elas costumam surgir nas manchetes de artigos em jornais, em que não há espaço para muitas palavras, como:

"Garota de Utah se apresenta bem em *show* de cães"

"Médico testemunha em ação judicial de cavalo"

"Irmãs se encontram após 18 anos na fila do supermercado"

Observe como cada frase se refere a duas abrangências de experiência totalmente diferentes em sua mente, baseadas em dois significados muito diferentes (categorizações) do mesmo conjunto de palavras. Note também seu estado emocional após ler essas manchetes engraçadas. Além da diversão, eu as descreveria como um tipo de movimento borbulhante, uma ambigüidade agradável, uma prontidão para encontrar múltiplos significados em quase *qualquer* situação. Esse é um estado muito proveitoso sempre que você se envolver em qualquer tipo de resolução de problemas.

Contar piadas, mesmo que não sejam muito boas, é uma maneira de acessar esse estado de ambigüidade e prontidão para encontrar uma nova compreensão – no cliente e em você, ainda que o conteúdo das piadas seja irrelevante para o problema de uma pessoa.

Se você assistir a um vídeo (Satir, 1989) ou ler uma transcrição (Andreas, 1991b) de Virginia Satir, descobrirá que ela faz *muitas* piadas, com freqüência a respeito de si mesma, mas em geral sobre *todos nós* – sobre a condição humana. O humor era um poderoso elemento de seu trabalho espantosamente eficaz com famílias. Frank Farrelly (1974) é outro grande exemplo de alguém que utiliza muito o humor, conforme demonstrado nas citações do capítulo anterior.

A seriedade, pelo contrário, torna muito mais difícil encontrar uma recategorização capaz de proporcionar uma solução para determinado problema. Infelizmente, a maior parte dos terapeutas é séria demais, geralmente porque querem assemelhar a experiência do cliente e sentir empatia por eles. Outras vezes, eles têm medo de perder o *rapport*. Com freqüência, ficam hipnotizados pelos clientes, enxergando seus problemas da maneira como *eles* os enxergam – e como a única *maneira* para enxergá-los –, um lugar inadequado para ser criativo e lhes oferecer novas possibilidades. Humor, criatividade e ambigüidade são outros nomes para essa prontidão agradável e revigorante que tem como propósito compreender eventos alegremente, de um novo modo.

> **Resumo** A recategorização em um nível lógico mais elevado introduz uma categoria mais *geral* e nos dá mais liberdade para a introdução de novos critérios. Os critérios para a categoria mais geral tornam-se critérios para a categoria existente pelo princípio da *hereditariedade*. Uma categoria mais geral inclui *outras* categorias e as associa à categoria original (abrangência categórica agregada).

As pressuposições fundamentais de qualquer terapia ou método de mudança estão em um nível lógico mais elevado, categorizando cada aspecto dessa abordagem, verbal e não-verbal. Por exemplo, a maioria das terapias baseia-se no modelo médico de combater a doença ou na visão religiosa de combater o mal. Ambas pressupõem uma batalha de opostos. Ao contrário, diversas premissas da PNL possibilitam uma aliança com o cliente para juntos encontrarmos novas alternativas.

A pressuposição da PNL da *intenção positiva* nos permite evitar batalhas e nos aliar à intenção de alguém na busca de alternativas para comportamentos destrutivos.

A idéia de que *as pessoas sempre fazem a melhor escolha à sua disposição* evita o comportamento destrutivo do passado e pressupõe que a pessoa é capaz de aprender a compreender e a se comportar de maneira diferente no futuro.

As intervenções *modelo do mundo* estabelecem uma separação entre a maneira como um evento parece ser e como ele realmente "é", dando espaço a formas alternativas de compreensão.

Os *qualificadores cognitivos* como "interessantemente", "curiosamente" ou "compreensivelmente" criam uma categoria de interesse para compreender exatamente *como* alguma coisa acontece, em vez de focalizar a infelicidade que resulta dela. Freqüentemente, isso leva ao entendimento de como as coisas poderiam acontecer de maneira diferente.

"*Como se*", "*Antes de começarmos*" e "*Louco*" são categorias "irreais", particularmente eficazes, capazes de nos libertar dos limites e das conseqüências da "realidade" que muitas vezes nos impedem de considerar mudanças. A recategorização *aversiva* inclui os critérios de alguém para evitar comportamentos problemáticos apresentados anteriormente.

A recategorização tem seus limites, mas a maioria deles está na mente de quem faz a recategorização, limitando as tentativas alternativas. Quando um cliente rejeita uma categorização, você pode simplesmente tentar outra ou pedir desculpas se for necessário.

O humor e a criatividade empregam *todos* os *mesmos* tipos de mudanças na abrangência e na categorização que exploramos neste livro. A utilização do humor – mesmo que não seja muito bom ou irrelevante para as mudanças pretendidas – ativa e evoca os processos de mudança de abrangência e de categoria que estão na essência da mudança. E isso vale *tanto* para o terapeuta *quanto* para o cliente.

> "A PERCEPÇÃO AGUÇADA É O SÚBITO CASAMENTO DE IDÉIAS,
> QUE ANTES DE SUA UNIÃO NÃO PARECIAM TER NENHUMA RELAÇÃO."
> **MARK TWAIN**

Nota de encerramento

"A ARTE NUNCA É TERMINADA, APENAS ABANDONADA."
LEONARDO DA VINCI

Examinamos os princípios básicos de abrangência e categoria, como eles interagem e algumas das muitas maneiras de utilizar essa informação para mudar a sua experiência e a de outros. Algumas das primeiras partes deste livro podem ter parecido um tanto monótonas e técnicas, mas as aplicações cotidianas, na vida real, da mudança de abrangência e categoria são intermináveis; todas as horas de todos os dias apresentam várias oportunidades de fazer essas informações funcionarem para você, tornando sua vida melhor. Se você praticar e se tornar fluente na mudança de significado, também poderá aplicar essas habilidades em eventos extraordinários.

Ernst Beier escreveu sobre suas experiências logo após ser capturado e colocado em um campo de concentração na Segunda Guerra Mundial, quando um prisioneiro de outro alojamento o confrontou e exigiu metade de sua ração mínima de pão, dizendo: "Quero metade do seu pão e se você não me der, direi aos alemães que você é um judeu alemão" (2002, p. 415).

Pare e coloque-se na posição de Beier, que parece ser ou/ou e "sem chance de vitória". Se você não der ao prisioneiro metade de seu pão, será denunciado e morto. Se lhe der o que ele pede, morrerá de fome ainda mais rápido. Como responder para salvar sua vida? O que você poderia dizer?...

Beier respondeu assim: "Não posso acreditar que o ouvi direito. Você com certeza parece um cara decente. Sei que a fome pode transformar todos nós em bestas – mas tão rápido?" (2002, p. 415-416).

O prisioneiro olhou para ele durante alguns segundos e então foi embora – e não o denunciou. Por que a sua breve resposta foi eficaz para salvar-lhe a vida? Sabendo aquilo que você aprendeu sobre abrangência e categorização, pare para rever a resposta de Beier e note as diferentes abrangências e níveis de categorização nela...

Em vez de responder no nível lógico da exigência por pão, no qual teria de escolher entre as alternativas ou/ou apresentadas pelo prisioneiro, ele respondeu categorizando a comunicação do prisioneiro em um nível lógico mais elevado.

Primeiro, Beier coloca que "Não posso acreditar que o ouvi direito", dando ao prisioneiro uma oportunidade para esclarecer, reafirmar ou rever sua comunicação.

Em seguida, ele muda a abrangência do próprio prisioneiro, e não a da sua exigência, categorizando-o de maneira amigável. "Você com certeza parece um cara decente" é uma categoria mais geral incompatível com sua exigência de pão, oferecendo a ele uma escolha implícita ou/ou, entre ser um cara decente ou continuar com sua exigência.

Ao dizer "Sei que a fome pode nos tornar bestas", ele categoriza a exigência como um exemplo da categoria mais geral da fome, transformando homens em bestas. Isso redirecionou o pensamento do prisioneiro para longe de sua exigência específica e, ao mesmo tempo, deu-lhe um fundamento lógico para tê-la feito, normalizando-a.

E ele também se junta ao prisioneiro incluindo *a si mesmo* nessa categorização mais ampla, dizendo "todos *nós*" e evitando qualquer conflito ou oposição.

Finalmente, ele pergunta "mas tão cedo?", indicando que se o prisioneiro insistisse na exigência, ela deveria acontecer *mais tarde*.

Provavelmente, nenhum desses significados se tornou totalmente consciente para o prisioneiro que exigiu o pão, mas tiveram seu efeito. A compreensão de abrangência e categoria revela níveis de comunicação que se encontram ocultos para a maior parte das pessoas, possibilitando responder com escolha e criatividade, muitas vezes completamente fora da percepção dos outros.

O volume 2 deste livro amplia esse processo aplicando as compreensões fundamentais de abrangência e categoria a alguns padrões adicionais de comunicação mais sutis, obscuros e complexos do que a simples categorização e recategorização. A seguir, os títulos dos capítulos:

1. Implicação: *dizendo sem dizer*

2. Negação: *nem isso, nem aquilo*

3. Julgamento: *a armadilha do bom e do ruim*

4. Modos de operação: *atitudes básicas*

5. Auto-referência: *circularidade*

6. Autocontradição: *sim e não*

7. Paradoxo lógico: *auto-reversão*

8. Certeza: *o cálice profano*

9. Duplos vínculos: *estreitando a escolha*

10. Metáfora: *sobrepondo grupos*

11. Perdão: *sessão com um cliente*

Embora todos esses padrões possam ser compreendidos utilizando abrangência e categoria, a maior parte das pessoas não está consciente deles e em geral os utiliza ou responde a eles inconscientemente. Como acontece com todos os padrões, podemos aplicá-los de maneiras positivas – e muitos deles foram elementos essenciais no trabalho de Milton Erickson e outros eficientes terapeutas.

334 · STEVE ANDREAS

Mas eles também podem ocorrer nas armadilhas dolorosas e confusas da comunicação na qual muitas vezes as pessoas se encontram. Compreender como esses padrões funcionam torna possível reconhecê-los e ajudar a si mesmo e aos outros a sair deles, melhorando a vida de todos.

"SE CONSEGUI ENXERGAR MAIS LONGE
FOI APENAS PORQUE ME APOIEI NOS OMBROS DE GIGANTES."
SIR ISAAC NEWTON

Apêndice

O "problema dos nove pontos"

A seguir, a solução do problema dos "nove pontos" já apresentado. A maioria das pessoas presume inconscientemente que o problema tem de ser resolvido *dentro* do quadrado formado pelos nove pontos. Contudo, para solucioná-lo, as três linhas precisam se estender um pouco para o espaço *fora* desse quadrado, um exemplo simples de como ampliar a abrangência de um problema possibilita uma solução.

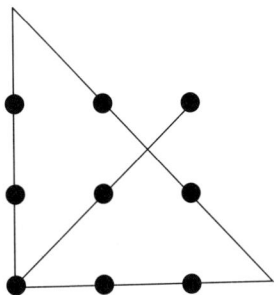

Com uma abrangência ainda mais ampla, resolve-se o problema de maneira ainda mais simples, usando apenas *três* linhas, conforme mostrado a seguir.

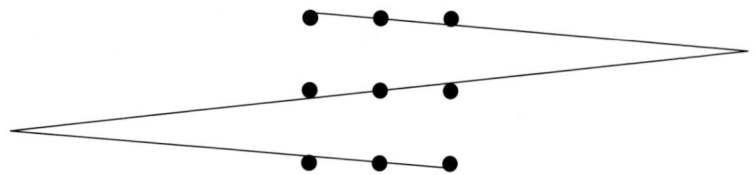

Finalmente, os pontos podem ser unidos com uma única linha, usando uma caneta de ponta bem grossa. Alguns leitores talvez achem que isso seja "trapacear", indo além da definição de "caneta" como ela é comumente compreendida. Mas esse tipo de "ir além da compreensão comum" é exatamente o que as pessoas fazem quando usam uma abrangência mais ampla para solucionar problemas de maneira nova e criativa.

O problema "unir os quadrados"

A seguir, uma das duas soluções para esse problema. Se você unir os dois quadrados "A" com uma linha reta, encontrará mais facilmente a segunda solução.

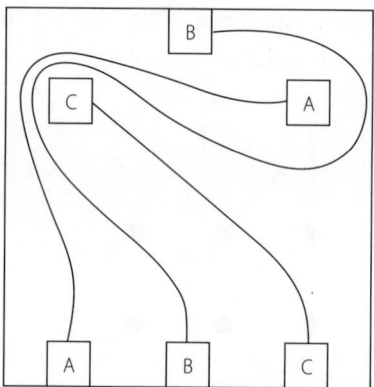

Note que eu o enganei deliberadamente oferecendo uma linha de "amostra" na apresentação original do problema, mostrado a seguir. Essa ilustração o fez parecer insolúvel, embora a descrição verbal ainda permitisse uma solução. Se a sua abrangência excluísse a linha de "amostra", teria sido mais fácil resolvê-lo.

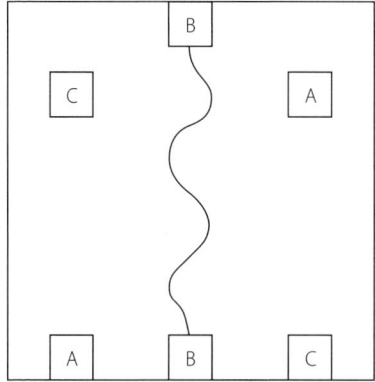

Muitas vezes, a maneira como um problema é apresentado ou ilustrado o faz parecer insolúvel; pensar nele de maneira diferente pode revelar uma solução. Se eu tivesse ilustrado a linha de "amostra" unindo os dois quadrados "C" conforme mostrado no primeiro diagrama (ou os dois quadrados "A" no mesmo diagrama), isso teria estreitado a abrangência da sua atenção e você encontraria facilmente a solução. Se eu o apresentasse sem nenhuma linha, ele teria parecido difícil de resolver, porém não impossível. Vários de nossos problemas só são insolúveis devido à maneira como pensamos neles ou os descrevemos, não pela maneira como eles realmente são.

"Nenhum problema pode ser resolvido no mesmo nível de consciência que o criou."
Albert Einstein

Referências bibliográficas

ANDREAS, Connirae. "Aligning perceptual positions: a new distinction in NLP". *Anchor Point Magazine*, Salt Lake City, Utah, Estados Unidos, v. 5, n. 2, fev. 1991a. Disponível em http://www.steveandreas.com/Articles/comaligning.html. Último acesso em abr. 2008.

_____. *Resolving grief* (vídeo/DVD). Evergreen: NLP Comprehensive, 1985a.

_____. *Six-step reframing* (vídeo/DVD). Evergreen: NLP Comprehensive, 1985b.

ANDREAS, Connirae; ANDREAS, Steve. *A essência da mente: usando seu poder interior para mudar.* São Paulo: Summus, 1993.

ANDREAS, Connirae; ANDREAS, Steve. *Transformando-se*: mais coisas que você não sabe que não sabe. São Paulo: Summus, 1991.

ANDREAS, Connirae; ANDREAS, Tamara. *Transformação essencial: atingindo a nascente interior.* São Paulo: Summus, 1996.

ANDREAS, Steve. "Resolving grief". *Anchor Point Magazine*, Salt Lake City, Utah, Estados Unidos, v. 16, n. 2, fev. 2002a. Disponível em http://www.steveandreas.com/Articles/grief02.html. Último acesso em abr. 2008.

_____. "Resolving shame". *Anchor Point Magazine*, Salt Lake City, Utah, Estados Unidos, v. 16, n. 3, mar. 2002b. Disponível em http://www.steveandreas.com/Articles/shame.html. Último acesso em abr. 2008.

_____. "Selecting a resource to anchor". *Anchor Point Magazine*, Salt Lake City, Utah, Estados Unidos, v. 14, n. 7, jul. 2000. Disponível em http://www.steveandreas.com/Articles/resource.html. Último acesso em abr. 2008.

_____. *Transforme-se em quem você quer ser*. São Paulo: Summus, 2005.

_____. *The fast phobia cure* (vídeo/DVD). Evergreen, CO: NLP Comprehensive, 1984.

_____. *Virginia Satir: the patterns of her magic*. Moab: Real People Press, 1991b.

BANDLER, Richard; GRINDER, John. *Ressignificando: programação neurolingüística e a transformação do significado*. São Paulo: Summus, 1986.

BATESON, Gregory. *Steps to an ecology of mind*. Nova York: Ballantine Books, 1972.

BAUMEISTER, Roy F. *Meanings of life*. Nova York: The Guilford Press, 1991.

BEIER, Ernst G. *A question of belonging: the memoirs of a psychologist*. The Woodlands: New Century Books, 2002.

BERGMAN, Joel. "Paradoxical interventions with people who insist on acting crazy". *American Journal of Psychotherapy*, Nova York, v. 26, n. 2, 1991.

BRONOWSKI, J. "The logic of the mind". *American Scientist*, Carolina do Norte, n. 54, p. 1-14, 1966.

CADE, Brian; O'HANLON, William Hudson. *A brief guide to brief therapy*. Nova York: W. W. Norton, 1993.

CAMERON-BANDLER, Leslie. *Lasting feelings* (vídeo/DVD). Evergreen: NLP Comprehensive, 1987.

_____. *Solutions: enhancing love, sex, and relationships*. Moab: Real People Press, 1985.

COLGRASS, Michael. *My lessons with Kumi: How I learned to perform with confidence in life and work*. Moab: Real People Press, 2000.

COVEY, Stephen. *The seven habits of highly effective people*. Nova York: Simon & Schuster, 1989.

DILTS, Robert B. *The encyclopedia of NLP*. Disponível em http://nlpuniversitypress.com/. Último acesso em abr. 2008.

_____. *Sleight of mouth: The magic of conversational change*. Capitola: Meta Publications, 1999.

EDELMAN, Gerald M. *Bright air, brilliant fire; on the matter of the mind*. Nova York: Basic Books, 1992.

ERICKSON, Milton H. *Healing in hypnosis: the seminars, workshops, and lectures of Milton H. Erickson*. V. I. Nova York: Irvington Publishers Inc., 1983.

FARRELLY, Frank; BRANDSEMA, Jeff. *Provocative therapy*. Capitola: Meta Publications, 1974.

FRAENKEL, Peter. "What ever happened to family therapy?" *Psychotherapy Networker*, Washington D.C., mai./jun. 2005.

FURMAN, Ben; AHOLA, Tapani. *Solution talk: Hosting therapeutic conversations*. Nova York: W. W. Norton & Co. Inc., 1992.

GORDON, David; MYERS-ANDERSON, Maribeth. *Phoenix: therapeutic patterns of Milton H. Erickson*. Capitola: Meta Publications, 1981.

HALEY, Jay. *Conversations with Milton H. Erickson, vol. I, Changing individuals*. Nova York: Triangle Press/W. W. Norton, 1985.

HALL, L. Michael. *The matrix model: the seven matrices of neuro-semantics*. Clifton: Neuro-semantics publications, 2002.

JAMES, William. *Some problems of philosophy*. Nova York: Longmans, Green & Co, 1911.

KEENEY, Bradford P. *Aesthetics of change*. Nova York: Guilford Press, 1983.

KOESTLER, Arthur. *The act of creation*. Londres: Hutchinson & Co., 1964.

LAKOFF, George. *Women, fire, and dangerous things: what categories reveal about the mind*. Chicago: University of Chicago Press, 1987.

LAKOFF, George; JOHNSON, Mark. *Metaphors we live by*. Chicago: University of Chicago Press, 1980.

LAWLEY, James; TOMPKINS, Penny. *Metaphors in mind; transformation through symbolic modeling*. Londres: Developing Company Press, 2000.

MADANES, Cloe. "Remembering our heritage". *Psychotherapy Networker*, Washington D.C., nov./dez. 2004.

MATTILA, Antti. *Seeing things in a new light: reframing in therapeutic conversations*. Helsinki: University of Helsinki, 2001. Disponível em http://ethesis.helsinki.fi/julkaisut/laa/kliin/vk/mattila/seeingth.pdf. Último acesso em abr. 2008.

McCLOUD, Scott. *Understanding comics: The invisible art*. Northampton: Kitchen Sink Press, 1993.

McCULLOCH, Warren S. *Embodiments of mind*. Cambridge: MIT Press, 1988.

MILLER, George A. "The magical number seven, plus or minus two: some limits on our capacity for processing information". *The Psychological Review*, Washington D.C., v. 63, p. 81-97, 1956.

NARDONE, Giorgio; PORTELLI, Claudette. *Knowing through changing*. Carmarthen: Crown House Publishing, 2005.

O'HANLON, Bill. *Do one thing different: And other uncommonly sensible solutions to life's persistent problems*. Nova York: William Morrow & Co., 1999.

PAULOS, John Allen. *I think, therefore I laugh; the flip side of philosophy*. Londres: Penguin Books, 2000.

PETTIGREW, John D. "Laughter abolishes binocular rivalry". *Clinical and Experimental Optometry*, Carlton South, Austrália, n. 88, a. 1, p. 39-45, jan. 2005.

SATIR, Virginia. *Forgiving parents* (vídeo/DVD). Evergreen: NLP Comprehensive, 1989.

ST. CLAIR, Carmen Bostic; GRINDER, John. *Whispering in the wind*. Scotts Valley: J & C Enterprises, 2001.

SIMONS, D. J.; CHABRIS, C. F. "Gorillas in our midst: sustained inattentional blindness for dynamic events". *Perception*, Londres, n. 28, a. 9, p. 1059-1074, 1999. Disponível em http://www.perceptionweb.com/abstract.cgi?id=p2952. Último acesso em abr. 2008.

TOMPKINS, Penny; LAWLEY, James. *A strange and strong sensation* (vídeo). Londres: The Developing Company Press, 2003.

WATZLAWICK, Paul. *How real is real?* Nova York: Random House, 1976.

WEAVER, Warren. "The imperfections of science". *Proceedings of the American Philosophical Society*, Filadélfia, v. 104, n. 5, out. 1960.

Outros livros sobre programação neurolingüística (PNL):

ANDREAS, Steve. *Seis elefantes cegos – Aplicações e explorações de abrangência e categoria na programação neurolingüística*. v. 2. São Paulo: Summus, 2008.

_____. *Transforme-se em quem você quer ser*. São Paulo: Summus, 2005.

_____. *Virginia Satir: The patterns of her magic*. Moab: Real People Press, 1991.

ANDREAS, Steve; ANDREAS, Connirae. *Transformando-se*. São Paulo: Summus, 1991.

_____. *A essência da mente*. São Paulo: Summus, 1993.

ANDREAS, Connirae; ANDREAS, Tâmara.*Transformação essencial*. São Paulo: Summus, 1996.

COLGRASS, Michael. *My lessons with Kumi – How I learned to perform with confidence in life and work*. Moab: Real People Press, 2000.

SBPNL é pioneira em Programação Neurolingüística no Brasil

Criada em 1981, a Sociedade Brasileira de Programação Neurolingüística foi a primeira empresa a trabalhar esta ciência no Brasil. Associada à American Society of Neurolinguistic Programming, tem o aval de qualidade dos criadores mundiais da PNL. Mantém intercâmbio de tecnologia com o Dynamic Learning Center (Robert Dilts e Todd Epsteim), Grinder DeLozier & Associates (John Grinder) e NLP Comprehensive (Steve e Connirae Andreas).

A SBPNL é referência em PNL no país, tornando-se igualmente um centro gerador e formador de novas idéias, estudos e pesquisas na área. Seus cursos vão desde a introdução à PNL até seu aperfeiçoamento, como o Practitioner e o Master Practitioner.

Os cursos são ministrados por Gilberto Cury e pela equipe de instrutores da SBPNL, formados pelos principais nomes da PNL no mundo, como Richard Bandler, John Grinder e Robert Dilts. Todos com sólida formação e experiência. Também participam assistentes treinados pela SBPNL, que, além de qualificados, passam por constante atualização.

Escrever para a SBPNL é a maneira de garantir a qualidade de treinamento recebido, com o endosso de Richard Bandler, John Grinder e de Steve Andreas.

Sociedade Brasileira de Neurolingüística
Rua Fernandes Borges, 120 – São Paulo/SP
Telefone: (11) 3887-4000
Internet: **www.pnl.com.br**
E-mail: **pnl@pnl.com.br**

IMPRESSO NA
sumago gráfica editorial ltda
rua itauna, 789 vila maria
02111-031 são paulo sp
telefax 11 **2955 5636**
sumago@terra.com.br